동학농민혁명운동의 사회사

신 용 하

지식산업사

동학농민혁명운동의 사회사

Social History of Donghak Peasant Revolutionary Movement of 1894 in Korea

초판 1쇄 인쇄 2005. 7. 5.
초판 1쇄 발행 2005. 7. 9.

지은이 신용하
펴낸이 김경희
펴낸곳 (주)지식산업사
　　　　서울시 종로구 통의동 35-18
　　　　전화 (02)734-1978(대) 팩스 (02)720-7900
　　　　인터넷 한글문패　　지식산업사
　　　　인터넷 영문문패　　www.jisik.co.kr
　　　　전자우편　　　jsp@jisik.co.kr
　　　　　　　　　　jisikco@chollian.net
　　　　등록번호 1-363
　　　　등록날짜 1969. 5. 8.

책값은 뒤표지에 있습니다.

ISBN 89-423-1086-9 (93910)

이 책을 읽고 지은이에게 문의하고자 하는 이는
지식산업사 전자우편으로 연락 바랍니다.

머 리 말

1894년 동학농민혁명운동은 한국사회가 전근대사회로부터 근대사회로 이행하는 대변혁의 정점에 있는 위대한 민족민중운동이었다. 저자는 이 운동의 100주년을 기념하여 그 때까지 쓴 연구논문을 정리하여 1993년에 단행본을 한 책 간행한 바 있다.

이 책은 그 후 1994년부터 2004년까지 저자가 동학농민혁명운동과 그 배경에 대해 쓴 논문들 가운데서 10편을 뽑아 하나의 체계가 되도록 편집한 것이다.

이 책은 2부로 나누어 편집하였다.

제1부는 '1894년 동학농민혁명운동의 사회사'라는 주제로, 동학사상의 형성과 그 사회사적 성격, 동학사상의 내용과 그 사회사적 특징, 동학과 농민혁명운동의 '결합', 고부농민폭동과 제1차 동학농민혁명운동의 차이, 제1차 동학농민혁명운동의 내용과 특징, 집강소의 성립과 집강소 농민통치의 폐정개혁 내용 및 성격, 항일 민족운동으로서의 제2차 동학농민혁명운동, 동학농민혁명운동의 사회사적 성격과 의의 등을 주로 다룬 8편의 논문을 수록하였다. 동학농민혁명운동의 내용은 제1부에서 모두 다룬 셈이다.

제2부는 동학농민혁명운동의 사회적 배경을 고찰하기 위해서 이 혁명운동 전후의 농촌사회와 농민생활을 다룬 2편의 논문을 수록하였다. 사회적 배경을 다룬 논문을 앞에 두는 것이 보통이지만, 바로 동학농민혁명운동으로 들어가 먼저 읽는 것이 독자들에게 더 흥미가 있을 것 같아 사회적 배경을 뒤로 돌렸다.

　이 책의 특징은 100주년을 계기로 학계에서 새로 발굴된 자료들을 소화해서 서술에 흡수했고, 동학농민혁명운동에 대한 사회학적, 사회사적 해석을 대폭 강화한 점에 있다고 할 것이다. 책 이름을 《동학농민혁명운동의 사회사》라고 한 이유도 여기에 있다.

　이 책의 출판을 맡아 준 김경희 지식산업사 사장님의 우의에 깊이 감사드리며, 편집과 교정에 정성을 기울여준 편집부 여러분들께도 깊이 감사하는 바이다.

　이 책이 동학농민혁명운동에 대한 독자들의 이해에 도움이 되기를 간절히 소망한다.

2005년 6월
저자 삼가 씀

차 례

제2부 동학농민혁명운동기의 농촌사회와 농민생활

제1부

1894년 동학농민혁명운동의 사회사

I. 수운 최제우의 동학 창도

1. 동학 창도의 배경

동학은 19세기 중엽에 조성된 민족적 위기를 타개하기 위한 구국 사상의 하나로 창도된 것이었다.[1] 동학 창도의 배경은 큰 구조에서는 개화사상 형성의 배경과 같고 작은 인식문제에서는 차이가 있다.

1860년 수운(水雲) 최제우(崔濟愚, 1824~1864)가 동학을 창도한 배경으로서 먼저 들어야 할 것은 서양세력과 서학(西學)의 조선 침투로 말미

---

[1] 동학사상에 대한 대표적 글들은 다음과 같다.

金龍德, 〈東學思想硏究〉(《中央大論文集》9, 1964).

金義煥, 〈初期東學思想에 관한 硏究〉(《우리나라 近代史論考》, 1964).

韓㳓劤, 〈東學사상의 本質〉(《東方學志》10, 1969).

崔東熙, 〈東學사상의 調査硏究〉(《亞細亞硏究》12-3, 1969).

申一澈, 〈崔水雲의 歷史意識〉(《韓國思想》12, 1974).

金敬宰, 〈崔水雲의 神개념〉(《韓國思想》12, 1974).

趙鏞一, 〈近菴에서 찾아본 水雲의 思想的 系譜〉(《韓國思想》12, 1974).

李炫熙, 〈東學思想의 배경과 그 意識의 성장〉(《韓國思想》18, 1981).

朴容玉, 〈東學의 男女平等思想〉(《歷史學報》91, 1981).

鄭鎭午, 〈東學의 政治思想〉(《濟州大論文集》20, 1985).

表暎三, 〈水雲大禪師의 生涯〉(《韓國思想》20, 1985).

愼鏞廈, 〈東學의 社會思想〉(《韓國近代社會思想史硏究》, 一志社, 1987).

朴明圭, 〈東學思想의 종교적 전승과 사회운동〉(《한국의 종교와 사회운동》, 韓國社會史學會論文集 7, 1987).

申福龍, 〈東學의 集團化過程과 甲午農民革命의 思想的 展開〉(《朝鮮朝 政治思想硏究》, 평민사, 1987).

趙惠仁, 〈東學과 朱子學—유교적 종교개혁의 맥락〉(《한국의 사회조직과 종교사상》韓國社會史學會論文集 17, 문학과지성사, 1990).

朴孟洙, 〈東學革命에 있어서 東學의 役割〉(《韓國思想》22, 1995).

암아 조성된 민족적 위기의 상황이다.

19세기에 들어오자 '이양선(異樣船)'이라고 불리는 서양의 증기선들이 조선 연안에 해마다 나타나 서양 열강의 조선 침입이 임박하고 있음을 알리던 때 조선에서 서학의 포교도 본격적으로 이루어지기 시작하였다. 1831년에는 천주교의 조선교구가 독립되어 제1대 교구장이 임명되었다. 그는 결국 조선에 오지 못하고 죽었지만, 제2대 교구장 앙베르(Mgr. Imbert)는 1838년 1월 극비리에 서울에 잠입하여 본격적으로 조직적 포교를 감행하였다. 이에 조선에서 천주교의 세력은 급속히 커지기 시작하여 1839년 초에는 천주교도의 숫자가 이미 약 9천 명에 이르게 되었다.

조선조정은 서학(천주교)의 침투와 그 급속한 세력 증가에 위협을 느껴, '위정척사(衛正斥邪)'를 명분으로 내세우고 1839년 천주교 탄압을 재개해서 서양인 신부 3명과 많은 천주교도를 체포하여 처형하였다. 이른바 '기해사옥(己亥邪獄)'이 이것이다. 조선왕조 정부는 그 이후에도 천주교도 박해를 계속하다가, 1846년에는 다시 천주교 탄압을 강화하여 한국인 최초의 신부인 김대건(金大建)과 8명의 남녀 교도를 처형하였다.

그러나 양반관료들의 학정과 차별 속에서 정신적으로 의지할 곳이 없는 백성들과 부녀자들 사이에서는 죽음의 위험을 무릅쓰고 서학(천주교)에 입교하여 정신적 구원과 안정을 얻으려는 추세가 계속되었다. 그리하여 1850년대에는 조선에서 천주교도의 숫자가 급속히 증가하기 시작하였다.

뿐만 아니라 중국으로부터 들려오는 소식은 서양세력과 서학의 위협이 보국(保國)의 문제까지 거론되는 단계에 이르렀음을 알려주었다. 1840~1842년의 '아편전쟁'에서 청국의 패전으로 말미암은 1842년의 남경조약(南京條約), 1850년의 홍수전(洪秀全)의 태평천국(太平天國) 혁명운동, 1856년의 '애로우(Arrow)호 사건'과 그로 말미암은 영국·프랑스 연합군의 광동(廣東) 점령과 천진(天津) 공격 소식은 조선에도 알려졌다. 중국은 이 서양의 무력 공격에 굴복하여 1858년에 천진조약(天津條約, 텐진조약)을 체결해서, 천진을 비롯한 10개 항구를 서양 열강에게 개항하고 양자강을 서양 상선에 개방할 것을 약속하였다.

중국 조정이 천진조약의 비준과 실행을 지연시키려고 하자 영국·프랑스 연합군은 다시 무력 공격을 시작하여 1860년 7월에 천진을 점령하고, 이어서 8월에는 청국의 수도 북경(北京)을 점령하여 버렸다. 청국 황제는 황급히 열하(熱河)로 피난을 가고, 청국은 결국 서양 열강의 무력 침략 앞에 완전히 굴복하여 1860년 9월에 굴욕적인 북경조약을 체결하여 서양 열강의 요구를 다 들어준 뒤 그들을 수도 북경에서 철수시켰다.

북경조약의 내용에는 천진의 개항, 구룡반도의 할양, 배상금 1,600만 달러의 지불, 서양인의 중국인 노동자 모집과 해외 송출 허용 이외에, 무엇보다도 서양인들에게 천주교(서학) 포교의 완전한 자유와 교회당 설립 자유의 허용 및 서양 신부들의 토지·가옥의 건조 또는 임대차 자유의 허용이 포함되어 있었다. 서양 열강은 북경조약의 체결을 통하여 중국에서 천주교 포교의 완전한 자유를 얻은 것이었다.

조선의 관료들과 지식인들은 동양의 최강국이라고 믿어 왔던 중국이 서양의 무력 침략 앞에서 완전히 굴욕적으로 굴복하여 서양 열강의 중국 침략이 본격적으로 전개되고 있다는 소식을 듣고 심대한 충격을 받았으며, 조선의 안전에 대한 커다란 위기의식을 절감하게 되었다.

최제우는 그의 동학 창도와 포교의 시작이 서양 열강의 동양과 중국 침략으로 말미암은 위기의식과 관련된 것임을 다음과 같이 스스로 기록하였다.

경신(1860)년에 이르러 전하여 들으니 서양 사람들은 천주의 뜻이라고 하여 부귀를 취하지 않고 천하(중국)를 공격하여 취해서 (서학의) 교당을 세우고 그 도(서학의 도)를 행한다고 하였다. 그러므로 나는 또한 '그럴 수 있을까, 어찌 그럴까' 하는 의문이 있었다.

그러다가 뜻밖에 경신년 4월에 갑자기 가슴이 두근거리고 몸이 떨리기 시작하여, 무슨 병인지 병의 증세를 알 수 없고 말로 형상하기도 어려울 즈음에, 어디선가 갑자기 선어(仙語)가 귀에 들려왔다.2)

여기서 명백한 것은 최제우의 동학 창도가 1860년 전후 서양 열강의 중국 침략 및 '영국·프랑스 연합군의 북경점령 사건'과 그에 따른 북경 조약에 따른 중국에서 서학(천주교)의 자포교 허용과 직결되어 있다는 사실이다.

최제우는 서양 열강의 중국에 대한 무력 침략과 북경점령 사건에서 중국의 멸망뿐만 아니라 자기의 조국인 조선이 당면한 심각한 위기를 절감하게 된 것이었다. 이것은 서양 열강의 동양 침입으로 말미암아 조성되기 시작한 새로운 민족적 위기를 그 나름의 관점에서 인식하게 된 것이었다고 볼 수 있다. 최제우는 민족적 위기에 대한 그 자신의 위기의식을 스스로 다음과 같이 기록하였다.

서양은 전쟁을 하면 승리하고 공격하면 빼앗아 이루지 못하는 일이 없다. 천하(중국)가 모두 멸망하면 또한 (우리나라도) 입술이 없어지는 탄식이 없지 않을 것이니 보국안민(輔國安民)의 계책을 장차 어떻게 낼까.3)

최제우는 여기서 "입술이 없어지면 이가 시리게 된다"는 동양식 표현을 빌어 중국을 입술, 조선을 이에 비유하면서, 서양 열강이 중국과의 전쟁에서 연전연승하여 막강한 힘으로 침입해 오고 있으니, 입술인 중국이 망할 경우 조선이 심각한 위기와 위험에 놓이게 됨을 지적하고 '보국안민의 계책'으로서 동학의 창도를 추구했음을 시사한 것이었다.

---

2) 〈布德文〉, 《東經大全》.

3) 〈布德文〉, 《東經大全》.

최제우는 그의 저작 〈논학문(論學文)〉에서도 서양 세력의 동양 침입에 따른 민족적 위기의식을 다음과 같이 거듭 강조하여 기록하였다.

저 경신(1860)년 4월에 이르러 천하가 혼란하고 민심이 효박하여 어디로 가야 할지 알지 못할 즈음에, 또한 괴이한 말이 세간에 요란하게 퍼져 이르기를 "서양 사람들은 도(道)를 이루고 덕(德)을 세워 그 조화가 미치는 곳에 이루지 못하는 일이 없고, 무기로 공격하여 전투를 함에 그 앞에 맞설 사람이 없다"고 하였다. 중국이 멸망하면 (우리나라도) 어찌 입술이 없어지는 근심이 없겠는가.

이는 딴 연고가 아니라, 이 사람들(서양인)은 도를 서도(西道)라고 칭하고 학(學)은 천주(天主)라고 칭하며 교(敎)는 성교(聖敎)라고 하니, 이것은 천시(天時)를 알고, 천명(天命)을 받은 것이나 아닐까 하는 말도 있었다.

이러한 말들을 낱낱이 들려면 끝이 없는지라, 나도 또한 늦게 태어난 것을 한탄할 즈음에, 갑자기 몸이 떨리기 시작하여 밖으로 영기(靈氣)가 몸에 접하고 안으로 (하느님의) 가르침이 내리는데 보아도 보이지 않고 들어도 들리지 않았다.[4]

최제우가 쓴 위의 세 개의 글에서 보면, 먼저 최제우는 중국을 멸망시키고 있는 서양의 힘을 두 개의 차원에서 보았는바, 그 하나는 도(서도)·학(천주학)·교(성교) 등 서학의 힘과, 다른 하나는 무기·전쟁에서 보이는 것과 같은 서양의 무력이었다. 최제우는 이 두 차원에서 서양의 힘을 모두 관찰하면서도 특히 '서학의 힘'을 더욱 본질적인 것으로 보았다.

최제우는 서학이야말로 서양이 가진 힘의 근원적 원천이며 서양의 무력도 궁극적으로는 이에 바탕하여 유도되고 있는 것이라고 생각하였다.

---

4) 〈論學文〉, 《東經大全》.

최제우는 서양 서학의 힘이 서양의 무력을 매개수단으로 하여 중국을 멸망시키게 되면, 그 다음에는 서학의 힘이 조선에 들어와 입술을 잃어버린 조선을 멸망시키게 되지 않을까 매우 두려워하여 심각한 위기의식을 갖게 된 것이었다.

최제우는 서학이 천시(天時)를 알고 천명(天命)을 받았기 때문에 그러한 막강한 힘을 가진 것이 아닌가 두려워하고, '서학의 창도자'보다 뒤늦게 태어난 것을 한탄하면서, 서학의 침입에 대한 대결의식에 지배되어 '보국안민의 계책'의 하나로서 크게 깨달은 바가 있어 동학(東學)을 창도한 것이었다.

다음, 동학 창도의 또 하나의 배경으로 들어야 할 것은 조선왕조 전근대사회의 해체과정에 따르는 '체제적 위기'의 상황들이었다. 19세기 중엽에 이르면 조선왕조의 전근대 신분사회는 급속한 해체과정이 진행되어 도처에서 말기적 현상이 나타나게 되었다. 통치계층인 양반관료들은 그들 자신이 제정한 법률과 제도를 스스로 위반하고, '삼정(三政)의 문란'이라고 통칭되고 있는 바와 같이, 농민들에 대한 가렴주구를 기탄없이 자행하여 백성들을 더욱 도탄에 빠트렸다.

양반관료들의 절제 없는 가렴주구와 학대에 견디지 못한 하위신분층과 농민들은 이에 대해 '민란'으로 맞섰기 때문에, 19세기는 전국 도처에서 '민란'이 연속적으로 일어나 조선왕조의 통치질서를 근저에서부터 무너뜨려 나갔다.

이러한 사회적 상황에서는 양반관료들이 정립한 전근대의 도덕이나 윤리는 하위신분층 사이에서는 물론이거니와 양반신분층 자신들 사이에서도 잘 준행되지 않고 무시되어 도덕적 타락이 만연하였다. 이 위에 19세기 초엽에는 콜레라 전염병까지 유행하여 조선왕조의 체제적 위기를 심화시키는 작용을 하였다.

최제우는 이러한 조선왕조 전근대사회의 체제적 위기 상황을 관찰하고, 조선왕조 4백년은 이미 시운(時運)이 다해 이제 막 종언을 고하려는

말세에 이르렀으며, 그 속에서 백성들은 도탄에 빠져 구원을 기다리고
있는 것이라고 생각하였다.

> 삼각산 한양도읍 4백년 지난 뒤에 하원갑(下元甲) 이 세상에 남겨간 자식
> 없이…….5)
> 우리나라는 악질(惡疾)이 온 세상에 가득하여 백성들이 사시사철 편안할
> 때가 없으니 이 역시 상해(傷害)의 운수이다.6)
> 일세상(一世上) 저 인물이 도탄중 아닐런가.7)

최제우는 조선왕조 사회의 지배신분인 양반들이 백성을 억압하고 학
대하면서 '군자(君子)'를 말하고 '도덕'을 논하는 것 자체를 우스운 일이
라고 부정하였다. 그는 조선왕조의 온 세상이 '말세'가 되어 온 세상 사
람들이 도덕적으로 타락해서 각자 딴 마음을 품어 천리(天理)에 따르지
않고 천명(天命)을 돌아보지 않는 혼탁하고 어지러운 세상이 되었다고
관찰하였다.

> 우습다. 저 사람은 지벌(地閥)이 무엇이게 군자를 비유하며, 문필이 무엇
> 이게 도덕을 의론하뇨.8)
> 이 근래에는 온 세상 사람들이 각기 딴 마음을 품어 천리를 따르지 아니
> 하고 천명을 돌아보지 아니할 새, 나도 항상 두려워서 어찌해야 할지 모르
> 게 되었다.9)

---

5) 〈夢中老小問答歌〉, 《龍潭遺詞》.
6) 〈布德文〉, 《東經大全》.
7) 〈勸學歌〉, 《龍潭遺詞》.
8) 〈道德歌〉, 《龍潭遺詞》.
9) 〈布德文〉, 《東經大全》.

최제우는 당시 조선왕조 사회의 부패와 타락, 혼돈에 대하여, "아서라 이 세상은 요순지치(堯舜之治)라도 부족이오 공맹지덕(孔孟之德)이다"[10]고 개탄하였다.

최제우의 동학 창도에서 또 하나의 배경으로 들어야 할 것은 백성들이 정신적으로 의지할 수 있는 사상과 종교를 잃고 방황하고 있음에도, 새로운 사상, 새로운 종교, 새로운 도덕이 나타나지 않은 상황이었다.

최제우는 이제까지의 학문과 종교인 유교와 불교는 이미 시운이 다하여 낡고 병들어서 생동력과 생명력을 상실하여 백성들이 정신적으로 의지할 수 있는 학문과 종교가 될 수 없다고 관찰하였다.

유도(儒道) 불도(佛道) 누천년에 운이 역시 다했던가.[11]
온 세상 사람들이 각기 딴 마음을 품어 천리에 순하지 아니하고 천명을 돌아보지 아니하니.[12]

최제우는 정신적으로 의지할 곳을 잃은 백성들에게 서학은 위험한 것이라고 보았다. 왜냐하면 최제우는 서학을 서양 열강의 동양 침입을 인도하는 종교적 힘이며 첨병이고, 서양세력에서 힘의 원천이라고 보았기 때문이었다. 따라서 그는 당시 조선의 일부 백성들이 정신적 지주를 구하기 위해 서학에 들어가는 것을, 백성들을 위해서만이 아니라 나라를 위하여서도 매우 위험한 것이라고 생각하였다.

최제우는 이러한 배경 위에서 결국 보국안민하고 광제창생(廣濟蒼生)하는 새로운 종교와 사상을 창도할 필요를 절감하고, 스스로 이 새 사상과 종교의 창도를 자기의 사명으로 삼아 동학을 창도하게 된 것이었다.

---

10) 〈夢中老小問答歌〉, 《龍潭遺詞》.

11) 〈敎訓歌〉, 《龍潭遺詞》.

12) 〈布德文〉, 《東經大全》.

2. 동학의 창도 과정

동학을 창도한 최제우는 1824년 지금의 경상북도 월성군 견곡면 가정리(柯亭里)에서 몰락한 양반의 서자로 출생하였다. 최제우의 가문은 조선 초기에는 지방향리였다가, 최제우의 7대조인 최진립(崔震立, 1568~1636)이 1592년 '임진왜란'이 일어났을 때 의병에 참가해서 공을 세우고 1594년에 무과(武科)에 합격하여 무반(武班)으로 상승하였다. 최진립은 매우 애국적인 인물로서, 1636년에 '병자호란'이 일어나 국왕이 청군

최제우

에 의해 남한산성에서 포위되었다는 소식을 듣고 국왕을 구하려 북상하다가 경기도 용인에서 청군을 만나 전투 중 전사하였다. 호란 뒤에 국왕은 그에게 병조판서를 추서하고 정무공(貞武公)이라는 시호를 내려주었다. 그 뒤 이 집안은 문반(文班)으로 전환하기 위하여 많은 노력을 했으나 실패하였다. 최제우의 아버지 최옥(崔鋈, 1762~1840)은 뛰어난 유생으로서 과거에 5, 6차례나 응시했으나 번번이 낙방하였다. 최옥은 두 번째 부인에서도 아들을 얻지 못하고, 세 번째로 이웃의 과부 한 씨를 맞아들여 63세에 마침내 아들 하나를 얻은 것이 최제우였다.[13]

최제우는 8세부터 공부를 본격적으로 시작했는데, 재능이 매우 탁월

---

13) 《慶州崔氏大同譜》권 1・4.
　　李敦化編, 《道敎創建史》.
　　吳知泳, 《東學史》(永昌書館, 1940).
　　崔東熙, 〈水雲의 基本思想과 그 狀況〉(《韓國思想》12, 1973).

하여 수많은 고전들을 일찍 독파했으나, 10여 세를 지나자마자 그의 사회적 신분이 차별받는 서자임을 알고 사회신분제도의 모순을 개탄하기 시작하였다. 최제우 스스로 다음과 같이 기록하였다.

8세에 입학해서 허다한 만권시서(萬卷詩書) 무불통지(無不通知)하여내니 생이지지(生而知之) 방불하다. 10세를 지내나니 총명은 사광(司曠)이오 지국(智局)이 비범하고 재기(才器) 과인(過人)하니 평생에 하는 근심 효박한 이 세상에 군불군(君不君) 신불신(臣不臣)과 부불부(父不父) 자부자(子不子)를 주야간에 탄식하니 우울한 그 회포는 흉중에 가득하되 아는 사람 전혀 없다.[14]

당시의 사회제도와 관습은 서얼차별제도로 말미암아 서자들을 사회적·법제적으로 극심하게 차별하였다. 서자들은 아무리 재주가 비범하고 실력이 있어도 과거에 응시할 자격부터 박탈당하였다. 최제우가 10여 세 되어, 자기가 이 사회에서는 버림받은 서자 출신이며, 아무리 재주가 뛰어나고 공부가 탁월해도 과거에는 응시할 자격조차 없고, 사회적 제도적으로 완전히 버림받은 신분임을 알았을 때, 그의 남모르는 절망과 탄식과 울분이 어떠했었는가는 그 자신이 기록한 그대로이다.

최제우의 아버지는 불우한 아들을 위하여 13세 때에 울산의 박씨에게 결혼시켰다. 최제우는 일찍이 6세에 어머니를 여의고, 또 17세 때에는 아버지마저 잃어 고아가 되었다. 부친의 3년상을 지내는 도중 집에 화재가 일어나 부친의 서책들이 모두 소실되었다. 최제우는 부친의 3년상을 마치자마자 부인을 처가에 맡기고, 새로운 활로를 열어보려고 집을 나와 전국 유랑의 길에 나섰다. 최제우 나이 20세(1843) 때였다.

최제우는 이때부터 다시 부인에게 돌아간 31세(1854) 때까지 만 11년

---

14) 〈夢中老少問答歌〉, 《龍潭遺詞》.

동안 전국 각지를 유랑하며 온갖 일과 공부를 다해가며 자기의 활로를 찾아보려고 탐색하였다. 최제우는 이 시기 그의 행적에 대하여 백천만사(百千萬事)를 다해 보았으나 한 가지도 성공하지 못했다고 스스로 기록하였다.[15] 최제우가 11년 동안 전국을 방랑하면서 한 일들을 몇 가지 찾아보면, 처음에는 무술을 익히어 이따금 서자들에게 기회가 열릴 수도 있는 무과에라도 응시해 볼까 하고 활쏘기와 말달리기도 익혀 보았다.[16] 시장에 나가 상업도 해 보았는데,[17] 포목상을 했던 것으로 전해지고 있다. 의술과 침 등 한의학도 공부해 보았다. 점치는 방법 등 잡술에도 손을 대 보았다. 도통을 하려고 선교[仙敎(道敎)] 공부를 하기도 하고, 전국의 유명한 도사(道士)를 찾아다니기도 하였다. 또한 그는 전국의 유명한 사찰과 암자를 돌면서 고승(高僧)을 만나 불교의 진리를 깨쳐 보려고도 하였다. 그는 심지어 서학에 오묘한 진리가 있다는 말을 듣고 서학(천주교)도 섭렵해 보았다.[18] 그러나 최제우는 고생만 하고 그 어느 것에도 성공하지 못했으며, 그 어느 곳에서도 활로를 찾지 못했고, 득도도 하지 못하였다. 그는 고향과 처자를 떠난 지 11년 만에 실의와 절망에 빠져 31세 때인 1854년 9월에 울산의 처가에 기대어 살고 있는 처자에게로 돌아오게 되었다.

그러나 최제우의 11년에 걸친 전국 유랑은, 비록 득도는 하지 못했다 할지라도, 헛된 것은 아니었다. 그는 11년 동안의 유랑을 통하여 당시의 조선왕조 사회의 실상과 백성들의 처지를 유감없이 체험하여 자기 자신의 새로운 관점을 정립하게 되었다. 그는 유랑생활의 결산에 대하여 스스로 다음과 같이 기록하였다.

---

15) 〈敎訓歌〉, 《龍潭遺詞》.

16) 李敦化, 《天道敎創建史》(제1편, 1933), p.4 참조.

17) 吳知泳, 《東學史》, p.1 참조.

18) 吳知泳, 《東學史》, p.2 참조.

편답강산(遍踏江山) 아니하면 인심풍속(人心風俗) 이런 줄을 아니 보고 어찌 알꼬. 대저 인간 백천만사(百千萬事) 보고 나니 한(恨)이 없네.[19]

최제우는 11년 동안의 전국 유랑을 끝내고 귀가하면서 기존의 사상과 종교에 더 이상 기대할 수 없을 바에는 나라와 백성을 구제하여 보국안민, 광제창생할 수 있는 새로운 도를 자기 자신이 창도하려는 뜻을 세웠다. 그는 귀가한 뒤에도 5년 동안 울산과 그 부근의 명산을 돌아다니면서 열심히 공부하고 사색하며 치성을 드렸다. 그러나 최제우는 득도에 성공하지 못했다.

최제우는 절망적 상태에서 36세 때인 1859년 10월에 처자를 이끌고 고향인 경주로 돌아왔다.[20] 그러나 그가 태어난 가정리의 팔아버린 집이 그를 기다리고 있을 리 없었다. 그는 가정리 남쪽 구미산(龜尾山) 계곡에 그의 아버지가 일찍이 지어놓고 책을 읽던 정자인 용담정(龍潭亭)을 찾아가 거처를 정하였다. 부모가 남겨준 유산마저 모두 탕진하고 득도에도 성공하지 못한 채 부모가 남겨놓은 정자에 초라하게 찾아와 몸을 기탁한 불효막심한 자신을 까막까치들도 조롱하는 듯했다고 최제우는 스스로 기록하였다.[21]

최제우는 이 구미산 용담정에서 세상을 구원할 새로운 도를 깨치지 못하면 세상에 다시 나아가지 않겠다는 굳은 결심을 한 다음, 이름도 본래의 '제선(濟宣)'에서 '제우(濟愚)'로 고쳤다. '(우매한) 백성을 구제한다'는 뜻이었다. 그리고 자를 '성묵(性默)'이라고 지었다.[22] 그는 이곳에서 정결한 곳에 제단을 차려놓고 정성껏 기도를 드렸으며, 매일같이 밤에 잠도 제대로 자지 않고 공부를 열심히 하면서 득도를 위한 명상과

---

19) 〈勸學歌〉, 《龍潭遺詞》.

20) 〈修德文〉, 《東經大全》.

21) 〈龍潭歌〉, 《龍潭遺詞》.

22) 〈教訓歌〉, 《龍潭遺詞》.

정신통일을 계속하였다. 그의 이러한 비장하고 처절한 구도(求道)의 노력으로 몸은 쇠약해지게 되었다. 뿐만 아니라 인편에 들리는 소문은 안으로 조정의 정치가 더욱 어지러워지고, 밖으로 서양세력은 다시 중국을 침략하여 굴복시켜서 중국 수도 북경에 천주교회당을 높이 짓고 포교를 활발히 한다는 소식이었다.

최제우에게 마침내 득도의 날이 왔다. 1860년 음력 4월 15일(양력 5월 25일), 최제우가 치성을 드리고 정신집중을 하는 중에 정신이 무아지경(無我之境)에 든 가운데 공중에서 천지가 진동할 때와 같은 큰 소리로 외치는 소리가 들려왔다. 최제우가 벌떡 일어나 물으니 대답이 들려오기를 "두려워하지 말고 겁내지 말라 하고 세상 사람들이 나를 '하느님(한울님)'이라고 부르는데, 너를 택하여 하느님의 도를 사람들에게 가르치도록 했다"고 하면서 '동학'의 원리를 가르쳐 주었다는 것이다. 최제우는 이를 스스로 다음과 같이 기록하였다.

> 4월이라 초5일에 꿈일런가 잠일런가 천지가 아득해서 정신수습 못할러라. 공중에서 외치는 소리 천지가 진동할 때…….23)

뜻밖에도 경신년(1860) 4월에 갑자기 가슴이 두근거리고 몸이 떨리기 시작하여 무슨 병인지 병의 증세를 알 수 없고 말로 형용하기도 어려울 즈음에 어디선가 갑자기 신선(神仙)의 말씀이 들려왔다. 나는 깜짝 놀라 일어나서 캐어 물어보았더니 하느님(한울님, 上帝)이 대답하시기를 "두려워하지 말고 겁내지 말라, 세상 사람들이 나를 하느님이라 하니 너는 하느님을 모르느냐"고 하였다. "왜 그러십니까"하고 물었더니, 하느님이 대답하시기를 "나 역시 지금까지 공(功)이 없으므로 너를 세간(世間)에 태어나게 하고 세상 사람들에게 이 법(法)을 가르치게 하노니 의심하지 말고 의심하지 말라"고 하였다. 내가 묻기를 "서도(西道)로써 사람을 가르쳐야 합니까" 하니, 하

---

23) 〈安心歌〉, 《龍潭遺詞》.

느님이 대답하시기를 "그렇지 않다"고 하셨다.[24)]

최제우에게는 이러한 하느님의 말씀이 천지를 진동하는 듯한 큰 소리로 들려왔으나, 아내와 아들 등 집안 사람들에게 물으니 아무 소리도 듣지 못했다고 하였다. 최제우는 이것을 보고 이것이 자기만이 들은 '하느님의 말씀'이라고 더욱 확신하였다.

최제우는 나라를 보전하고 도탄에 빠진 백성들을 구제할 새로운 도를 찾으려고 몇 년 동안을 밤마다 잠도 제대로 자지 않으면서 열심히 공부하고 지극한 정성을 드리며 정신통일을 하며 명상과 사색을 거듭해 오다가, 극도로 몸이 쇠약해진 상태에서 문득 영감이 떠올라 새로운 도의 원리를 깨치고 희열에 넘쳐서 그 자신 내면의 소리를 들은 것이었다고 볼 수 있다.

최제우는 결국 온갖 정신적 작업과 노력 끝에 이제까지의 유교·불교·도교(선교)를 종합 지양하고 음양오행설, 역학사상, 풍수지리설, 영부신앙 등 각종 동양사상을 흡수 지양해서 그 자신의 새로운 사상과 종교를 창도한 것이었다.

최제우는 자신의 새로운 도를 창도하자, 그 이름을 '동학(東學)', '천도(天道)'라 하고, 문답형식으로 다음과 같이 설명하였다.

> 묻기를, 그렇다면 도의 이름은 무엇이라고 합니까.
> 대답하기를, 천도이니라.
> 묻기를, 서양의 도와 다름이 없습니까.
> 대답하기를, 서양의 학(學)은 우리 도와 같은 듯하나 다름이 있고 기도하는 것 같으면서 실(實)이 없다. 그러나 운수인즉 같고, 도인즉 한가지로되, 이(理)인즉 다르니라. ……

---

24) 〈布德文〉, 《東經大全》.

묻기를, 도는 같다고 말씀하셨으니 이름을 '서학'이라고 합니까.

대답하기를, 그렇지 않다. 나는 동에서 태어나서 동에서 도를 받았으니 도는 비록 천도이나 학인즉 '동학'이다. 하물며 지구가 동과 서로 나뉘어 있는데, 서를 어찌 동이라 하며 동을 어찌 서라 하리오.

공자는 노(魯)나라에서 태어나 추(鄒)나라에서 도를 폈으므로 추로의 풍(風)이 이 세상에 전하여 남아 있는 것이다. 우리 도는 이곳에서 받아 이곳에서 펴고 있으니 어찌 서학(西學)이라고 이름하겠는가.25)

최제우가 말한 위의 설명을 보면, 그가 창도한 동학과 서양의 서학은 도(道)와 시운(時運)은 같고 학(學)과 이(理)만 다른데, 양자를 구분하는 기준은 '지역'과 '문화'이다. 그에 따르면 도는 '천도'로서 동일하다 할지라도 지구가 동양과 서양으로 나뉘어져 있으니 '동학'과 '서학'은 다를 수밖에 없는 것이다. 이때의 '동'은 '동양'을 의미하는 것이었다고 볼 수 있다.

또한 최제우는 새로운 도의 창시자인 자신이 '동'에서 태어나서 '동'에서 도를 받았으니 학이 또한 '동학'이 된다고 하였다. 이때의 동은 '동국(東國)' 즉, 조선(朝鮮)을 의미한다고 볼 수 있다.

또한 최제우의 설명에 따르면, 마치 공자가 노(魯)나라에서 태어나 추(鄒)나라에서 유학의 도를 폈기 때문에 공자의 유학에 추노(鄒魯)의 문화가 전하여 내려오는 것과 같이 최제우 자신은 이 땅 동국(조선)에서 하느님으로부터 도를 받아 이 땅(동국=조선)에서 도를 펴니 역시 '동학'이라고 하였다. 이때의 동도 또한 동국(조선)을 가리키는 것이다.

따라서 '동학'은 두 개의 의미를 하나로 통합한 개념을 갖고 있음을 알 수 있다. 즉 그 하나는 '동학의 천도학'이라는 의미이고, 다른 하나는 '동국=조선의 천도학'이라는 의미이다. 동학의 '동'에는 '동양'과 '동

---

25) 〈論學文〉, 《東經大全》.

동경대전 경주판(1883)

국'의 의미가 하나로 통합되어 있는 것이다.

자기가 창시한 '동학'에 대한 최제우의 자부심은 매우 커서 자기의 학문을 자주 공자의 학문에 비유했으며, 자기의 동학을 이제도 듣지 못했고 예전에도 듣지 못했으며 이제도 견줄만한 것이 없고 예전에도 견줄만한 것이 없는[26] '만고에 없는 무극대도(無極大道)'[27]라고 스스로 표현하였다.

최제우는 그의 '동학'을 1861년부터 본격적으로 포교하기 시작하였다. 소문이 퍼지자 사방에서 어진 선비들과 농민들이 구름같이 몰려와 6개월 동안에 약 3천 명의 인사들이 최제우로부터 도를 받고 그의 제자가 되었다. 최제우는 이때의 첫 성공을 공자가 제자들을 가르쳤던 일에 비유하였다.[28]

최제우의 첫 포교가 큰 성공을 거두자, 이를 시기하는 사람들이 동학을 '천주교=서학'의 일종으로서 사교(邪敎)라고 모함하는 일이 늘어났다. 그는 동학을 서학이라고 몰아붙이는 세상인심과 관헌의 핍박을 감

---

26) 〈修德文〉, 《東經大全》.

27) 〈論學文〉, 《東經大全》.

28) 〈修德文〉, 《東經大全》.

당하기 어려워 1861년 말부터 1862년까지 전라도 남원으로 피란하였다. 최제우가 경주로 돌아온 뒤 1862년 9월에 경주 관헌은 사학을 퍼뜨려 혹세무민한다는 죄목으로 최제우를 체포했으나, 수백 명 교도들이 경주 군아에 몰려가 집단항의를 했기 때문에 석방하였다.

교도들이 계속 물밀듯이 밀려오자 최제우는 1862년 12월에 경주·영덕·영해·대구·청도·청하·연일·안동·단양·영양·신녕·고성·울산·장기 등지에 접소(接所)를 설치하고 접주(接主)를 두어 이른바 '접주제(接主制)'를 실시하기 시작하였다.

조선왕조의 중앙조정에서는 동학세력의 급속한 성장에 큰 위협을 느끼고, 1863년 1월 중앙관리를 경주에 파견하여 최제우를 체포하였다. 처음에는 최제우를 서울에 데려다 처형할 계획이었다가 계획을 바꾸어 대구감영에 투옥시킨 뒤 1864년 2월 29일 참형을 결정하고 그 집행을 지시하였다. 대구감영이 1864년 3월 10일 최제우에 대한 참형을 집행하여 최제우는 자기가 창도한 동학(東學)에 순도하였다.

최제우는 의연하고 당당하게 참형을 맞으면서 경상 관찰사를 훈계하여, "나의 하는 바 도는 나의 사심이 아니요 천명이니 순상(巡相)은 그 뜻을 알라. 오늘날은 비록 순상이 나를 죽이나 순상의 손자대에 가서는 반드시 내 도를 따르고야 말리라"[29]고 최후의 말을 남겼다. 자기 '동학'에 대한 최제우의 자부심과 신념이 얼마나 확고부동했는가를 알 수 있다.

최제우의 순교 이후 1864년부터 동학은 제2세 교주 최시형(崔時亨)에 의하여 지도되고 포교되었다. 최시형은 관의 탄압을 피하여 태백산맥과 소백산맥의 산촌에 잠행하면서 비밀리에 포교하였다. 조선조정이 동학을 사학으로 규정하여 완전히 불법화하고 동학에 입도하는 자들을 가혹하게 탄압했지만, 백성들은 정부의 가혹한 탄압에도 불구하고 계속 동

---

29) 吳知泳, 《東學史》, p.18.

학에 입도하여 동학세력은 꾸준히 늘어났다.

동학은 당시의 민족적 위기를 타개하고 백성들을 구제하기 위한 사상으로 형성되었다. 그리고 당시 백성들이 죽음을 무릅쓰면서도 입도하고 싶도록 하는 사상적 요소를 갖고 있었다.

3. 동학사상 창도와 그 특징

동학사상의 가장 큰 특징 가운데 하나는 강렬한 민족주의와 당시 백성들에게 강한 호소력을 가진 대외관이었다고 할 수 있다.

먼저 서학과 서세에 대한 동학의 관점을 보면, 서양을 위정척사사상처럼 무조건 사학으로 보거나 기기음교(奇技淫巧)에 의존한 금수와 같은 세력으로 경멸하지 않고, 도리어 '도성덕립(道成德立)하여 무사불성(無事不成)하고 전쟁과 전투에서도 무인재전(無人在前)하는'30) 막강하고 두려운 세력으로 보았다. 또한 서학의 운수도 동학과 동일하게 융성하는 운이오, 서학과 동학의 도가 모두 '천도'라고 본 것은 동학이 가진 보편주의적 천도관(天道觀)을 나타내는 것으로서, 하느님을 자기 종교의 것이라고만 생각하는 모든 종교들보다 훨씬 더 보편주의적 객관적 관점을 정립한 것이었으며, 위정척사사상처럼 서양문명을 금수·오랑캐의 문화라고 폄하하지 않고 동양문명과 서양문명을 대등하게 본 합리적 사고를 나타낸 것이었다. 그러나 서학은 천국을 지상에 건설하려 하지 않고 죽은 뒤에 건설하려 하고, 개인의 구원만 빌어 부모형제를 제사할 줄 모르며, 서세의 앞장 노릇을 하여 동학보다 부족한 종교라고 그는 지적하였다.

한편 최제우 동학의 청국에 대한 관점은 과거 청의 '병자호란' 침략에

---

30) 〈論學文〉, 《東經大全》.

대하여 "한이(汗夷, 만주 오랑캐)의 원수를 갚아보세"라고 하여 만주족의 침략사실에 대해 적의를 나타내었다.

> 대보단에 맹세하고 한이 원수 갚아보세. 중수(重修)한 한이 비각(碑閣) 헐고나니 초개 같고 붓고 나니 박산일세.[31]

그러나 명·청을 포함한 현실의 중원을 차지한 중국에 대해서는 이를 '입술과 이의 관계'로 파악하여, 서세와 서학의 침입으로 중국이 멸망해 가는 추세에 대해서, 조선은 중국이라는 입술이 없어지는 근심에 직면했다고 설명하였다.[32] 여기서 주목할 것은 중국과 조선을 '입술과 이의 관계'로 파악하면서도 '조선을 이', '중국을 입술'에 비유하여 언제나 조선중심적으로 파악하고 있다는 사실이다.

한편 최제우 동학의 일본에 대한 관점은 과거의 침략에 매우 강력한 적개심을 나타내었으며, '개 같은 왜적놈'이라고 표현할 정도였다.

> 기험하다 기험하다 아국운수 기험하다. 개 같은 왜적놈아 너의 신명 돌아보라. 너희 역시 하륙해서 무슨 은덕 있었던꼬.[33]
>
> 내 나라 무슨 운수 그다지 기험할꼬, 거룩한 내집 부녀 자세 보고 안심하소. 개 같은 왜적놈이 전세 임진(壬辰) 왔다 가서 술싼 일 못했다고 쇠술로 안 먹는 줄, 세상사람 누가 알꼬. 그 역시 원수로다.[34]

특히 주목해야 할 것은, 최제우는 만일 미래에 일본의 재침략이 있을 경우에는 그가 죽은 뒤에 영혼이 되어서라도 이를 멸하겠다는 굳은 결

---

31) 〈安心歌〉, 《龍潭遺詞》.

32) 〈安心歌〉, 《龍潭遺詞》.

33) 〈安心歌〉, 《龍潭遺詞》.

34) 〈安心歌〉, 《龍潭遺詞》.

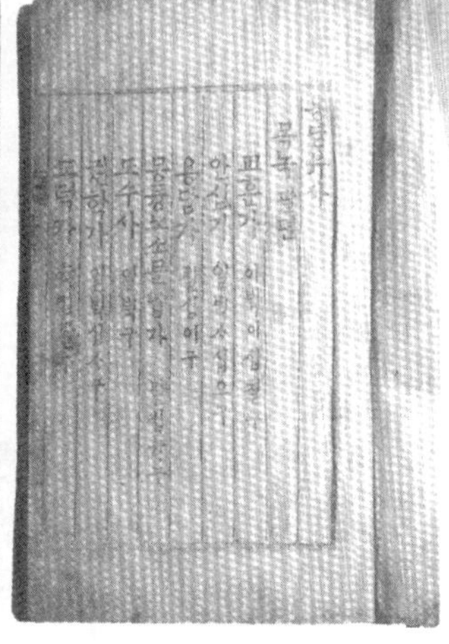

《용담유사》 1883

의를 노래하고 있다는 사실이다.

> 내가 또한 신선 되어 비상천(飛上天)한다 해도, 개 같은 왜적놈을 하느
> 님께 조화(造化)받아 일야(一夜)에 멸하고서 전지무궁(전지무궁)하여 놓
> 고.35)

최제우는 만일 그가 죽은 뒤에 일본이 재침략하는 일이 있으면 영혼
이 되어서라도 이 '개 같은 왜적놈'을 하룻밤 사이에 멸하겠다고 굳은
결의를 《용담유사(龍潭遺詞)》의 〈안심가(安心歌)〉로 노래하였으며, 그
뒤 모든 동학도들이 이 노래를 찬송가처럼 복창했으니, 동학이 얼마나
일본의 재침략에 저항하는 민족주의적 사상을 가졌는가를 알 수 있다.
동학은 외세의 침략에 대해서는 한사코 이를 싸워 물리치려는 강력한
저항민족주의를 정립하여 갖고 있었던 것이다. 이러한 동학의 민족주의
를 더욱 근대적으로 만들어 하위신분층과 농민층에게 열렬한 환영을 받

---

35) 〈安心歌〉, 《龍潭遺詞》.

게 한 것은 평등사상과 휴머니즘(인본주의)이었다.

동학사상은 우주와 만물이 모두 '지기(至氣)'로 구성되었다는 '지기일원(至氣一元)'론을 주창하면서 '천일합일(天一合一)'론을 도출하고 '시천주(侍天主)'사상을 정립하여 매우 독창적인 구조의 평등사상과 휴머니즘을 만들어 냄으로써 사회신분제도의 폐지와 인간다운 대우를 갈망하는 농민층의 요구에 잘 부응하였다. 즉 최제우는 동양의 전통적인 '천일합일'사상에서 '천(天)'에 무게와 중심을 두었던 이제까지의 관점을 역전시켜 '인(人)'에 무게와 중심을 둠으로써 '인(人)'이 모두 마음속에 '천(天)'을 모시고 있다는 '시천주'사상을 만들었다. 동학에 따르면, 사람은 누구나 마음에 하느님을 모시고 있는데, 이 하느님은 신분·계급·남녀·노소·빈부에 전혀 차별 없이 모두 똑같은 하느님이며, 모든 사람들이 바로 동일한 하느님을 모시고 있기 때문에 평등하다는 동학의 새로운 평등사상을 정립한 것이었다. 예컨대 신분평등의 경우를 보면, 양반도 그의 마음 안에 하나의 하느님을 모시고 있고, 양인(평민·상민)과 천민·노비도 마음 안에 똑같은 하나의 하느님을 모시고 있기 때문에 양반과 양인과 천민·노비는 서로 완전히 평등하다고 설파한 것이었다. 이러한 평등사상이 양인·천민·노비 등 하위신분층과 농민층으로부터 열렬한 환영을 받았음은 물론이다.

동학의 제2세 교주 최시형은 더욱더 평등사상을 강조하고, "우리 도를 깨달을 자는 호미를 들고 지게를 지고 다니는 사람 속에서 많이 나오리라"36)고 했으며, "부(富)한 사람과 귀(貴)한 사람과 글 잘하는 사람은 도를 통하기가 어렵다"37)고도 하였다. 뿐만 아니라 동학은 여성도 '하느님을 낳는 하느님'이라고 하여 남녀평등을 강조했으며, 어린이는 '어린 하느님'이라고 하여 어린이 존중을 강조하였다.38)

---

36) 吳知泳, 《東學史》, p.42.

37) 吳知泳, 《東學史》, p.42.

38) 崔時亨, 〈內修道文〉 및 〈內則〉.

또한 동학은 '사람이 곧 하느님이요, 하느님이 곧 사람이다'는 '인시천(人是天)'사상을 정립하여 인간의 지고지귀한 존엄성을 강조하였다. 최시형은 최제우를 계승하여 "사람은 곧 하느님이다(人是天). 사람 섬기기를 하느님같이 하라(事人如天)"면서 다음과 같이 강조하였다.

> 내 꿈인들 어찌 선생(최제우)의 유훈(遺訓)을 잊으리오. 선생이 일찍이 유교(遺敎)가 있어 가로되 '사람은 하늘이니라. 그러므로 사람 섬기기를 하늘같이 하라' 하였도다.39)

동학의 '사람이 곧 하느님이다'라는 '인시천'사상은 하느님을 사람 밖에 있는 별개의 주재자로 설정하고 사람은 하느님 밑에서 그 지배를 받는 하느님의 '종'이라고 가르친 모든 다른 종교들의 사상과는 크게 다른, 고도의 휴머니즘 사상이었다. 동학은 인간을 지고지귀한 하느님과 동격에 설정함으로써 그때까지 전 세계 모든 종교들이 창안한 휴머니즘 가운데서도 최고도의 휴머니즘을 창도한 획기적인 것이었다.

동학의 위와 같은 독특한 구조의 평등사상과 최고도의 휴머니즘은 당시 양반관료들로부터 차별받고 학대받으며 천시되어 오던 평민들과 천민들에게 인간의 평등성과 지고지귀함을 가르쳐 그들에게 새로운 희망을 주었고, 그들로부터 열광적 환영을 받았다.

또한 최제우의 동학은 '후천개벽(後天開闢)' 사상을 정립하여 보급하였다. 최제우는 인류역사를 '선천(先天)'과 '후천(後天)'으로 나누어 '선천'의 시대 5만 년이 다하면 시운에 따라 '후천' 5만 년이 시작되는 '개벽'이 이루어진다고 설명하였다. 그는 조선왕조 말기 자기의 시대를 '선천'시대가 마지막 종언을 고하는 시대라고 보았으며, 그의 '동학'의

慎鏞廈, 〈崔時亨의 '內則' '內修道文' '遺訓'〉(《韓國學報》12, 《東學史》), p.64) 참조.
39) 李能和, 《天道敎創建史》, 제2편의 pp.37~38.

득도와 포교의 시작이 '후천세계'의 시작을 알리는 것이라고 주장하였다. 최제우 동학의 이러한 '후천개벽' 사상에는 일반적으로 '선천세계'를 모두 부정하면서 실제로는 조선왕조에 대한 부정의 뜻을 그 속에 내포했다는 의미에서 혁명성이 있었다고도 볼 수 있다.[40]

또한 최제우의 동학은 천국을 서학에서와 같이 죽은 뒤에 하늘에 세울 것이 아니라 생전에 지상에 세워야 한다는 '지상천국'사상을 정립하여 강조하였다. 최제우는 사람들이 '수심정기(守心正氣)'하여 수양을 하고 동학에 귀의하여 '지상신선(地上神仙)'과 '지상군자(地上君子)'가 되면 이 땅 위에 '지상천국'을 건설할 수 있다고 설명하였다. 이것은 동학이 지상에다 동학에 입도한 교도들을 중심으로 '군자공동체'의 유토피아 건설을 추론한 것이었다고 볼 수 있다.

동학의 위와 같은 '후천개벽'사상과 '지상천국'사상은 당시 동학의 민족주의와 평등사상 그리고 휴머니즘으로 말미암아 해방과 자유의 의지를 갖게 된 하위신분층의 농민들에게 외세를 몰아내고 새로운 국가와 사회를 이 땅 위에 건설하고자 하는 의욕을 드높였다고 볼 수 있다. 최제우는 후천개벽 뒤의 지상천국이 오는 시절을 다음과 같이 가사로 기록하였다.

> 부하고 귀한 사람 이전 시절 빈천(貧賤)이오, 빈하고 천한 사람 오는 시절 부귀(富貴)로세.[41]

동학사상이 가지고 있는 이러한 독특한 구조의 민족주의와 휴머니즘, 평등사상, 개벽사상·지상천국사상 등은 당시의 시대적 요청에 부응한 근대적 사상이었을 뿐 아니라, 당시 열강을 비롯한 외세의 침입을 염려

---

40) 金龍德,〈東學思想硏究〉《中央大論文集》9, 1964) 참조.
41)〈敎訓歌〉,《龍潭遺詞》.

하면서 양반관료들의 학대와 차별 앞에서 신음하며 사회신분제 폐지와 평등 그리고 인간적 대우를 갈망하고 있던 하위신분의 농민들에게 고도의 '선택적 친화력'을 갖고 결합되어 수용되었다. 농민들은 동학을 그들에게 무한한 희망을 주고 용기와 자부심을 주는 복음과 구세종교로 생각하여 연이어 입도하게 되었다.

그리하여 조선왕조 조정이 1864년 동학을 불법화하고 이의 시행을 엄금하여 가혹하게 탄압했지만, 하위신분층의 농민들은 죽음을 무릅쓰고 입도하여 최제우의 순교 이후에도 산촌과 농촌을 중심으로 농민들 사이에서 동학세력은 날로 커지게 되었다.

동학사상은 이상과 같이 서양 열강의 동양 및 조선왕국 침입에 대한 사상적 대응의 한 양식으로 형성·창도된 한국민족의 매우 독창적인 사상과 종교였다. 동학이 보국안민과 광제창생을 목적으로 독창적인 민족주의와 근대적 평등사상 및 휴머니즘을 정립하고 새 시대를 열려는 후천개벽 사상까지 갖추어 광범위한 하위신분층의 농민들을 장악했기 때문에, 이후에 동학세력은 서양 열강과 외세의 침입에 대응하고 체제를 개혁하기 위하여 실제로 '보국안민'·'광제창생'의 민족운동을 일으키며 거대한 영향을 전국에 끼치도록 성장하고 있었다고 볼 수 있다.

(《한국사》(국사편찬위원회), 제37권, 2000)

II. 동학사상의 기본구조와 사회사적 성격

1. 최제우의 동학(東學) 창도(創道)의 사회사적 동기

최제우가 동학을 창립한 것이 민족문화의 정수를 응집시킴과 동시에 '서학(西學)'에 대한 대결의식 때문이었음은 우리가 이미 알고 있는 바와 같다. 최제우는 서양이 중국과 벌인 전쟁에서 연전연승하는 막강한 힘으로 침입해 들어오고 있으니 중국이 망할 경우에 중국이라는 입술을 잃어버린 조선이 멸망의 심각한 위기에 놓이지 않을까 두려워하여 보국안민(輔國安民)의 계책 가운데 하나로서 동학을 창립한 것이었다.

최제우는 중국을 멸망시켜 가고 있는 서양의 힘을 도(道, 西道)·학(學, 天主學)·교(敎, 聖敎) 등 서학의 힘과 무기·전쟁에서 보인 것과 같은 서양의 무력이라는 두개의 차원에서 보았는 바, 이 가운데에서도 '서학'의 힘을 더욱 본질적인 것으로 보아, '서학의 창립자'보다 늦게 태어난 것을 한탄하면서 '서학'에 대한 대결의식에서 '동학'을 창도한 것이었다. 최제우는 자기의 새로운 사상을 '동학'이라고 이름하고, 그가 창립한 '동학'과 서양의 '서학'이 도(道)는 천도로서 양자가 같고 시운(時運)도 양자가 같은데, '학(學)'이 양자가 다르기 때문에, '동학'과 '서학'이 구분된다고 주장하고 있다.1)

이 글에서 강조하고 지적하고 싶은 것은 최제우가 동학과 서학을 엄격히 구분한 근거로서 내세운 기준이 먼저 지역과 문화라는 사실이다.

---

1) 〈論學文〉, 《東經大全》.

그에 따르면, 도는 천도로서 동일하다 할지라도 지구가 동양(동반구)과 서양(서반구)으로 나뉘어 있으니 ‘동학’과 ‘서학’은 다를 수밖에 없다는 것이다. 이때의 ‘동’은 ‘동양’을 의미하는 것이라고 볼 수 있다.

한편 최제우는 새로운 도의 창립자인 자기 자신이 동에서 도를 ‘하느님’으로부터 받았으니 학(學)이 또한 ‘동학’이 된다고 하였다. 이때의 ‘동’은 ‘동국(東國)’(=조선)을 뜻한다고 볼 수 있다. 최제우의 시대에 대부분의 지식인들은 자기 나라를 조선이라고 부르기보다는 ‘동국’이라 부르고 있었다.

또한 최제우의 설명에 따르면, 마치 공자가 노(魯)나라에서 태어나 추(鄒)나라에서 유학의 도를 폈기 때문에 공자의 유학에 추노(鄒魯)의 문화가 전하여 내려오는 것과 같이, 그 자신이 이곳(동국=조선)에서 하느님으로부터 도를 받아 이곳(동국=조선)에서 도를 펴니 또한 ‘동학’이 되는 것이다. 이때의 ‘동’ 또한 ‘동국=조선’을 가리키고 있음이 명백한 것이다.

여기서 우리가 알 수 있는 것은 최제우의 ‘동학’의 ‘동’ 개념에는 두 개의 차원과 내용이 병존하면서 통합되어 있다는 사실이다. 그 하나는 ‘동양’의 뜻이고 다른 하나는 동국(=조선)의 뜻이다. 따라서 최제우의 ‘동학’의 개념에는 ‘동양의 천도학(天道學)’이라는 의미와 ‘조선(동국)의 천도학’이라는 의미가 동시에 포함되어 있는 것이라고 볼 수 있다.

서세(西勢)와 서학에 대한 최제우 동학의 관점을 보면, 먼저 그는 서세를 위정척사파(衛正斥邪派)와 같이 무조건 경멸하거나 기기음교(奇技淫巧, 서양 과학기술에 대한 위정척사파의 개념)에 의존한 금수와 같은 세력으로 경멸하지 않을 뿐 아니라, 도리어 도성덕립(道成德立)하여 무사불성(無事不成)하고 전투에서도 그 앞에 맞설 사람이 없을 만큼 막강하고 두려운 세력으로 보았다.2) 이것은 최제우 동학의 서세에 대한 인

---

2) 〈布德文〉, 《東經大全》 참조.

식이 상당히 객관적이고 현실주의적 관찰에 바탕을 두고 있음을 나타내는 것이라고 볼 수 있다.

또한 최제우의 동학은 서학에 대해서도 "운(運)인즉 동일하고 도(道)인즉 동일하되 학(學)과 이(理)가 다르다"고 하여, 서학이 동학과 마찬가지로 상승하는 성운(盛運)이며, 도를 동학과 서학이 모두 동일하게 '천도'라고 본 것은 동학이 가진 보편주의적 천도관(天道觀)을 나타내는 것이라고 할 수 있다. 이것은 전 세계의 많은 종교들이 '하느님'을 자기 종교의 것이라고만 여기는 주관주의적(主觀主義的) 생각보다도 '하느님'에 대한 최제우 동학의 생각이 훨씬 더 보편주의적이고 객관적 관점을 가졌던 것이라고 볼 수 있으며, 동양문명을 폄하하지 않는 합리적 사고를 나타내는 것이라고 볼 수 있다. 이것은 동시대의 위정척사 사상이 삼강오륜(三綱五倫)의 유교적 윤리가 없다고 하여 서양문명을 금수와 같은 사악한 문명이라고 폄하한 관점과는 매우 대조적인 것이라고 볼 수 있다.

최제우가 동학을 창립하는 데 활용한 지적(知的) 자원은 일차적으로 이제까지의 유교·불교·선(도)교의 지식체계와 서적들이었다. 최제우는 유교·불교·선교가 이미 낡아서 생명력을 잃고 보국안민의 과제를 담당할 수 없다고 보았으면서도, 그 지식체계를 지적 자원으로 하여 이를 종합하고 한 단계 더 지양해서 새로운 사상과 종교를 창조한 것이었다. 최제우는 제자인 해월(海月) 최시형에게 다음과 같이 말하였다.

우리 도는 원래 유(儒)도 아니며 선(仙)도 아니니라. 그러나 우리 도는 유·불·선이 아니로되 유·불·선은 천도의 한 부분이니라.[3)]

최제우가 동학 창립에 활용한 지적 자원은 이것만이 아니었다. 그는

---

3) 《天道敎創建史》, 제1편의 p.47 및 《天道敎書》, 《亞細亞硏究》, 제5권 제1호, p.216

이와 함께 양명학(陽明學),[4] 음양오행설(陰陽五行說),[5] 역학사상(易學思想),[6] 풍수지리설(風水地理說),[7] 귀신신앙(鬼神信仰),[8] 정감록사상(鄭鑑綠思想)[9] 등도 동학 창도의 자료로 활용하였다. 즉 최제우는 동학을 창립하는 데 그가 읽은 자기 시대까지의 모든 동양사상을 지적 자원으로 총동원하여 활용한 것이었다. 또한 최제우는 여기에 그치지 않고 서학에 대한 대결의식에서 서학도 반면교사(反面敎師)로서 적극적으로 검토하여, 그가 아는 서학 지식도 동학 창도의 지적 자원으로 활용하였다.[10]

2. 동학의 사상적 특징

위와 같은 과정으로 창립된 동학의 사상적 특징을 핵심적인 것만 추출하여 간단히 정리해 보면 다음과 같다.

(1) 지기일원사상(至氣一元思想)

최제우는 우주와 만물은 모두 '지기(至氣)'로써 만들어진 것이라고 보았다. 여기서 주목할 것은 최제우가 '기(氣)'와 '지기'를 구분하여 만물은 '기'로써 만들어진 것이라고 생각지 않고 '지기'로써 만들어진 것이라고 보았다는 사실이다. 그는 '지기'에 대하여 형체도 없고 보이지도

---

4) 〈敎訓歌〉, 《龍潭遺詞》 참조.

5) 〈論學文〉, 《東經大全》 참조

6) 〈修德文〉, 《東經大全》 참조.

7) 〈龍潭歌〉, 《龍潭遺詞》 참조

8) 〈道德歌〉, 《龍潭遺詞》 참조.

9) 〈夢中老少問答歌〉, 《龍潭遺詞》 참조.

10) 《東學史》, p.2 참조.

않으면서 모든 사물을 낳고 지배하는 힘이라고 설명하였다.11) 이것은 현대의 개념으로는 '에너지(energy)'를 가리키는 것이라고 이해된다.

최제우는 지기로 만들어진 만물 가운데서 오직 '천(天)'과 '인(人)'만은 '최고의 신령한 존재'이므로 다른 사물의 지기와는 달리 서로 감응하여 하나로 기화할 수 있다고 주장하였다. 이것은 그의 독특한 '지기일원론'이라고 볼 수 있다.

(2) 천일합일사상(天人合一思想)

최제우는 '천(天)'과 '인(人)'은 모두 신령성이 있고 지기로 만들어져 있으므로 서로 감응하여 신령한 지기의 기화를 매개로 해서 하나로 합쳐지는 것이며, 사람이 명덕을 더 발휘하면 이 천인합일의 신령한 지기의 상태가 되어 지극한 성인의 경지에 이를 수 있는 것이라고 주장하였다.12)

최제우 이전에도 동양사상에는 천인합일사상이 있었으나, 최제우 이전까지의 모든 천인합일사상은 '천'에 중심과 무게를 두어 '인'이 '천'에 매몰되는 천인합일이었다. 최제우의 위대한 독창적 발견은 반대로 '인'에 중심과 무게를 두어 '천'이 '인' 안에 들어오는 인간중심적 천인합일사상을 정립한 점에 있었다. 이것은 동양의 전통적 천인합일사상에 대한 코페르니쿠스적 대전환이라고 할 수 있다.

(3) 시천주사상(侍天主思想)

최제우의 '인(人)' 안에 '천(天)'이 들어오는 새로운 인간중심적 천인

---

11) 〈論學文〉, 《東經大全》 및 《東學史》, p.7 참조.
12) 〈論學文〉, 《東經大全》 참조.

합일사상은 바로 "사람이 하느님(천주)을 몸과 마음 안에 모시고 있다"13)는 시천주사상을 정립케 하였다. 즉 시천주사상은 모든 인간이 자기의 몸과 마음속에, 궁극적으로는 마음속에, 각각 하느님을 담아 모시고 살고 있다는 새로운 획기적 사상이 정립된 것이었다. 시천주사상은 동학사상의 핵심을 이루는 것이며, 최제우 득도(得道)의 본질을 이루는 것이었다.

최제우의 제자 해월은 사람의 마음이 하느님을 모시고 있음을 설명하여, "그러므로 사람의 마음은 하느님의 궁전이라 할 수 있으니, 만약 하느님의 유무를 의심하거든 먼저 자기의 유무를 의심하라"14)고 하였다. 시천주사상은 최제우가 만든 기도문에서 중심적 위치를 차지하는 사상이었다.

(4) 수심정기사상(守心正氣思想)

최제우는 이러한 그의 철학사상에 기초하여 수도(修道)의 핵심으로 '수심정기사상'을 정립하였다. '수심정기'란 안으로는 마음이 동요하지 않도록 깨달은 양심을 지키고 밖으로는 얼굴과 행동에 나타나는 기를 바르게 한다는 것이었다. 최제우는 이에 대하여 "인의예지(仁義禮智)는 선성[先聖: 공자(孔子)]의 가르침이요 '수심정기'는 오직 내가 새로 정한 것이다"15)라고 하여 동학의 수도의 독창성이 '수심정기'에 있음을 강조하였다.

최제우는 "군자의 덕은 기가 정(正)하고 심이 정(定)해져 있으므로 천지와 더불어 그 덕에 합하고, 소인(小人)의 덕은 기가 부정(不正)하고 심이 자주 변하므로 천지와 더불어 명(命)에 위배하게 되니, 이것은 성(盛)

---

13) 〈敎訓歌〉, 《龍潭遺詞》.

14) 《東學史》, pp.68~69.

15) 〈修德文〉, 《東經大全》.

하고 쇠(衰)하는 이치이다"16)고 하였다.

(5) 인시천사상(人是天思想)

최제우는 그의 천인합일사상과 시천주사상에 기초하여 "사람은 곧 하느님이다"는 '인시천사상'을 정립하였다.17) 사람이 모두 몸과 마음속에 각각 하느님을 모시고 있으니 당연히 사람은 곧 하느님이라는 논리인 것이다. 최제우의 제자 해월은 스승을 계승하여 "사람은 곧 하느님이다(인시천). 사람 섬기기를 하느님같이 하라(事人如天)"18)는 유명한 사상과 가르침을 정립하여 보급하였다.

동학의 "사람이 곧 하느님이다"라는 '인시천사상'은 하느님을 사람 밖의 몇 개 주재자로 설정하여 사람은 하느님 밑에서 그 지배를 받는다는 이제까지 모든 종교들의 사상과는 크게 다른 혁명적인 사상이었다. 동학의 이 인시천사상은 하느님은 지고지귀(至高至貴)한 존재이므로 하느님을 마음속에 모신 삶도 하느님과 똑같이 동등하게 지고지귀한 존재임을 설파한 것이다. 동학의 인시천사상은 인간을 지고지귀한 하느님과 동격에 설정함으로써 그때까지 전 세계 모든 종교들이 창안한 휴머니즘 가운데서도 지고의 휴머니즘을 창조한 획기적인 것이었다.

그리고 동학의 이러한 인시천사상과 최고도의 휴머니즘은 당시 양반 관료들로부터 천시 받고 학대 받던 모든 평민과 천민들에게 인간의 지고지귀함을 가르쳐 주어 그들에게 새로운 희망을 주고 그들로부터 열광적인 환영을 받은 것이었다.

---

16) 〈論學文〉, 《東經大全》.

17) 〈論學文〉, 《東經大全》 및 《東學史》 pp.5~6.

18) 《天道敎創建史》, 제2편의 pp.37~38.

(6) 평등사상(平等思想)

최제우의 동학은 시천주사상과 인시천사상에 기초하여 독창적인 구조의 평등사상을 정립하였다. 그 평등사상의 독특한 구조를 보면, 인간은 누구나 마음 안에 각각 하느님을 모시고 있는데, 이 하느님은 신분·적서(嫡庶)·노주(奴主)·남녀·노소·빈부의 차별 없이 똑같은 하느님이며, 모두 '동일한 하느님을 모시고 있기 때문에' 사람은 본래 모두 평등하다고 보고 주창한 것이었다.

예컨대 신분평등의 경우를 보면, 양반도 그의 마음 안에 하나의 하느님을 모시고 있고, 평민도 그의 마음 안에 동일한 하나의 하느님을 모시고 있으며, 천민도 그의 마음 안에 양반·평민이 모시고 있는 하느님과 완전히 동일한 하느님을 모시고 있기 때문에 양반과 평민과 천민은 서로 완전히 평등한 것이라고 생각하고 주장한 것이었다.

최제우는 이러한 평등사상으로 양반신분제도를 부정하고,[19] 앞으로 오는 시대에는 신분 차별 없이 만인이 평등하여 오늘의 빈천자(貧賤者)는 내일의 부귀자(富貴者)가 될 것이라고 주장하였다.[20]

동학은 또한 조선왕조 시대에 극심했던 남녀차별에 대해서도 반대하여 남녀평등을 주장하였다. 동학에 따르면 여성도 남성과 똑같이 마음 안에 하느님을 모시고 있는 '하느님'이며, 더 나아가서는 여성은 '하느님을 낳은 하느님'으로 존귀하기 이를 데 없는 것이라고 강조하였다.[21]

또한 동학은 '어린이도 하느님'임을 강조하고 어린이를 때리거나 차별하지 말 것을 강조하였다.[22]

동학의 이러한 평등사상은 당시 양반관료들에게 극심한 차별과 억압

---

19) 〈道德歌〉, 《龍潭遺詞》 참조.

20) 〈敎訓歌〉, 《龍潭遺詞》 참조.

21) 《天道敎創建史》. 제2편의 pp.36~37.

22) 《東學史》, p.64 참조.

과 학대를 받아오던 평민(平民)과 천민들에게 그들도 양반귀족과 마찬
가지로 완전히 평등한 지고지귀한 인간임을 가르쳐서 확고부동한 평등
의 신념을 불어 넣어 주었다. 당시 서학은 인간이 하느님의 종으로서 하
느님 밑에서 평등하게 창조되었다는 평등사상을 평민들에게 설파하여
신도들을 확보하였는데, 동학은 평민들은 물론 모든 사람들이 지고지귀
하고 동일한 하느님을 마음 안에 모시고 있으므로 모두가 하느님과 동
격이 되어 서로 완전하고 동일하게 평등하다는 훨씬 더 강도 높고 확고
한 평등사상을 정립하여 평민들과 천민들에게 평등사상을 설파하였다.
이러한 동학의 평등사상은 당시까지 세계 모든 종교들이 창안한 평등사
상 가운데서도 가장 강력하고 확고한 평등사상의 구조를 가진 것이었다
고 말할 수 있다.

　동학의 이러한 매우 강렬하고 확고한 평등사상은 당시 양반관료들의
차별과 억압과 학대 밑에서 '평등'을 갈구하고 있던 평민들과 천민들로
부터 열광적인 환영을 받아, 짧은 시일에 하위 신분층의 농민들을 신도
로 만드는 데 결정적인 작용을 하였다.

(7) 후천개벽사상(後天開闢思想)

　최제우는 인류역사를 크게 두 단계로 구획하여 '선천(先天)'과 '후천
(後天)'으로 나누고, 이 두 단계는 모두 '개벽(開闢)'으로 시작된다고 보
았다. '선천(先天)'의 기간은 모두 약 5만 년인데, 이는 다시 세 시기로
세분되었다. 제1시기는 미개시대이고, 제2시기는 공자가 탄생하여 그
학문을 가르쳐 준 시기이며(융성기), 제3시기는 최제우가 살았던 당시
(쇠망기)라고 설명하였다.[23] 선천 제3기의 말기가 되면 세상의 혼란이
극에 달하고 도덕이 극도로 타락되어 '후천'의 개벽을 요청하게 된다고

---

23) 〈布德文〉, 《東經大全》, 《龍潭遺詞》 참조.

한다.

최제우는 선천시기 5만 년이 원시미개기(原始未開期)와 융성기(隆盛期)를 다 거쳐 후천세계가 개벽할 시운에 도달하자 하느님께 그동안 보국안민(輔國安民) 광제창생(廣濟蒼生)을 위해 고민하면서 수도(修道)하고 있던 최제우 자신을 선택하여 동서고금에 없던 대도(大道)인 동학의 원리를 가르쳐 줌으로써 '동학(東學)'이 창립되었으며, 따라서 동학은 후천세계의 개벽을 담당한 새로운 사상·종교이며, 새로운 후천세계는 동학의 시대라고 주장하였다.24)

이것은 선천세계 제3기 말기까지의 모든 기존 종교와 사상과 학문을 부정하고 동학의 혁명적 새로움을 강조한 사상이었다고 볼 수 있다.

(8) 지상천국사상(地上天國思想)

최제우는 서학의 '천당설(天堂說)'에 반대하고, 천국은 지상에 만들어져야 한다고 주장하였다. 그는 전국의 모든 백성들에게 동학을 가르쳐서 모든 백성들이 동학에 입도(入道)하면, 입도한 백성들은 모두 군자와 지상신선이 되고, 모든 백성들이 동학에 입도하여 일체되는 날이면 동국과 이 세상은 군자와 지상신선이 모여 사는 지상천국이 건설되기 시작한다고 주장하였다.25) 그리고 모든 백성들이 동학 신도가 되어 굳게 단결하면 서양도 조선을 침입할 수 없게 된다고 강조하였다.

이것은 동학이 서학의 천당설에 대결하여 만든 강렬한 지상천국 건설의 유토피아 사상이었다고 볼 수 있다.

---

24) 〈夢中老少問答歌〉, 《龍潭遺詞》 및 〈布德文〉, 《東經大全》 참조.
25) 〈教訓歌〉, 《龍潭遺詞》 참조.

3. 동학사상의 사회사적 성격

최제우는 1861년부터 동학의 교리를 백성들에게 본격적으로 전도하기 시작했는데 처음부터 평민층과 천민층의 백성들로부터 열광적인 환영을 받아 크게 성공했으며,[26] 1862년부터는 입도자들을 조직적으로 관리하기 위하여 경상도 14개 군에는 군 책임자인 접주(接主)를 두어 접주제도를 실시하기 시작하였다.[27]

조선왕조 정부는 동학 세력이 급속히 성장하자 큰 위협을 느낀 나머지 1863년 12월 최제우를 체포하여 대구감영에 투옥했다가 1864년 3월 10일 대구에서 참형(斬刑)에 처해 버렸다. 최제우는 조금도 굽힘없이 의연하게 참형을 당하면서 "나의 하는 바 동학은 나의 사심이 아니오 천명이니 그대 관찰사는 내 뜻을 알라. 오늘날은 관찰사가 비록 나를 죽이나 관찰사의 손자대에 가서는 반드시 내 도를 따르고 말리라"[28]고 경상관찰사를 조용히 당당하게 꾸짖었다.

최제우의 순도(殉道) 뒤에 동학은 제2세 교주 해월 최시형(崔時亨, 1827~1898)의 지도에 따라서 포교되었다. 조선왕조 정부는 동학을 사학(邪學)으로 규정하고 최제우를 처형하면서 동학을 완전히 불법화했음에도 불구하고, 백성들은 정부의 가혹한 탄압을 받으면서도 계속 동학에 입도하여 동학세력은 비밀리에 날로 증가하여 갔다. 동학에는 당시의 백성들이 죽음을 무릅쓰면서도 입도하고 싶어하는, 강렬히 끌어들이는 매혹적인 사상적 요소가 있었던 것이다.

동학의 사회사적 성격은 서세의 도전으로부터 나라와 백성을 구하겠다는 보국안민의 강렬한 민족주의, "사람이 곧 하느님이다"고 설파하면서 인간을 하느님의 '종'이 아니라 '하느님' 바로 그 자신이라고 하여 하

---

26) 〈修德文〉, 《東經大全》 참조.

27) 《天道敎創建史》, 제1편의 p.42 참조.

28) 《東學史》, p.18 참조.

느님과 동격으로 인간을 지고지귀한 존재로 정립한 최고도의 강렬한 휴머니즘, 그리고 '평등'을 사막에서 물을 구하듯 목말라 찾고 있던 평민과 천민들에게 인간은 모두 동일한 하느님을 마음 안에 모셨으므로 완전 평등한 존재라는 강렬한 평등사상을 주어 당시의 문제에 창조적으로 대응한 것에 있었다. 이 때문에 당시 양반관료들로부터 온갖 차별을 받고 천시되어 오던 평민층과 천민층의 농민들은 죽음을 무릅쓰고 동학에 입도하여 정신적 구원을 얻으려고 했던 것으로 해석된다.

그리하여 동학은 최제우는 처형된 1세대 뒤인 1894년에는 조선왕조 정부의 가혹한 탄압 속에서도 당시 조선의 남부와 중부 농민들의 대부분, 그리고 북부 일부 농민들의 마음을 사로잡고 1894년 동학농민혁명운동 폭발 요인들 가운데 정신적 원동력이 되기에 이른 것이다.

III. 동학사상의 휴머니즘·평등사상·민주주의

1. 머리말

사회사상사적 관점에서 보면, 동학(東學)사상은 19세기 중엽 한국사회의 민족적 위기를 타개하기 위하여, 즉 보국안민(輔國安民)하고 광제창생(廣濟蒼生)하기 위하여, 창도한 한국인의 민족사상 또는 민족종교사상이라고 볼 수 있다.

19세기 중엽 당시 한국사회의 민족적 위기는 두 방향에서 온 도전과 압력이 중첩되어 만들어진 것이었다. 그 하나는 밖으로부터 들어온 압력으로서, 서양세력이 동점(東漸)해 오면서 조선왕국을 반식민지화 또는 식민지화하려는 심각한 압력과 도전이었다. 다른 하나는 안으로부터 나온 압력으로서, 도탄에 빠진 하위신분층(평민층과 천민층)의 창생(蒼生, 백성)들이 양반신분제를 골간으로 한 구체제(舊體制)를 이제는 폐지하고 그들도 사람답게 살 수 있는 더 자유롭고 평등한 신체제(新體制)를 수립하라고 요구하는 압력과 도전이었다. 이 두 방향의 큰 도전이 19세기 중엽에 동시적으로 중첩하여 폭발적으로 문제를 일으켜서 당시의 심각한 민족적 위기가 조성된 것이었다.

한국인들은 19세기 중엽에 이렇게 안팎으로 조성된 민족적 위기를 타개하고 도전해오는 과제들을 해결하기 위하여 ① 동학사상 ② 개화사상 ③ 위정척사사상 등 3대 사상을 형성하였다.

이 가운데에서 동학사상은 당시의 민족적 과제를 해결하기 위하여 한국인이 창조해낸 매우 독특하고 새로운 사상으로서, 그 창조성과 독특성에서 다른 두 개의 사상보다 훨씬 뛰어난 측면을 갖고 있었다.

뿐만 아니라 이 동학사상은 1894년 동학농민혁명운동과 결합하여 그 정신적 원동력이 되었다. 이 점에서도 동학사상은 사회과학의 중요한 연구대상이 되어야 할 필요가 절실한 것이다.

이 글에서는 동학사상의 특징에 대한 고찰로 문제를 한정하고, ① 동학의 휴머니즘 ② 동학의 평등사상 ③ 동학의 민주주의사상 등에 대하여 그 독창적 이론구조의 특징을 밝히려고 한다.

2. 동학사상의 휴머니즘

오늘날 동학사상이 정립하고 있는 휴머니즘이라는 용어는 매우 독특하고 독창적인 이론적 구조를 가지고 있다.

최제우는 우주와 만물이 모두 '지기(至氣)'로 만들어졌다는 지기일원(至氣一元)사상을 정립하였다.[1] 여기서 '지기'는 일종의 '에너지'로 해석된다. 최제우는 '천(天)'과 '인(人)'도 만물과 같이 지기(至氣)로 만들어졌지만 '천'과 '인'만은 '최고 신령(神靈)한 존재'이므로 다른 사물의 지기와는 달리 서로 감응(感應)하여 '기화(氣化)'할 수 있는 신령성(神靈性)을 가져서, 지기를 매개로 하여 '천=지기=인'이 되어서 '천인합일(天人合一)'이 된다는 사상을 펼쳤다.

동학사상에서 '천인합일'의 사상은 물론 최제우 이전에도 존재해 왔다. 그러나 최제우 이전까지의 모든 천인합일 사상은 '천'에 무게와 중심을 두어 '천'에 '인'이 매몰·합일되는 천인합일 사상이었다. 그러나 최제우의 독창적 발견은 '인'에 무게와 중심을 두어 '인'에 '천'이 들어와서 합일되는 인간중심적 천인합일 사상을 정립한 점이었다. 이것을

---

1) 〈論學文〉, 《東經大全》 참조.

'천심즉인심(天心卽人心)'2) "사람을 떠나 하느님을 생각할 수 없다"3)고 설파하였다. 이것은 동양의 전통적 천인합일 사상에서 최제우가 코페르니쿠스적 대전환을 이룬 것이라고 볼 수 있다. 최제우의 천재성은 여기서부터 본격적으로 발휘되기 시작한다고 볼 수 있다.

'인'의 안에 '천'이 들어오는 최제우의 새로운 인간중심적 천인합일사상은 바로 그의 '시천주(侍天主)'사상을 정립케 하였다. 즉 "사람은 누구나 모두 마음속에 하느님을 모시고 있다"는 사상이다. '시천주'사상은 동학사상의 핵심을 이루는 것이며, 최제우 득도(得道)의 본질을 이루는 것이다. 최제우는 이것을 "사람이 하느님[天主]을 자기 몸 안에 모시고 있다"는 뜻으로 설명하였다.

나는 도시 믿지 말고 / 하느님(한울님)만 믿어서라. / 네 몸에 모셨으니 / 사근취원(捨近取遠)하단 말가.4)

동학은 이 '시천주'사상에서 "사람은 곧 하느님이다(人是天)"고 하여 인간을 하느님과 동격(同格)으로 보는 '인시천(人是天)'사상의 독특한 휴머니즘을 창도하였다.

동학의 창시자인 최제우는 그의 시천주사상에 의거하여 "사람이 하느님이요, 하느님이 사람이라"5)고 설파하였다. 동학의 제2세 교조 해월(海月) 최시형(崔時亨)은 최제우를 계승하여 "사람이 곧 하느님이다(人是天). 사람 섬기기를 하느님같이 하라(事人如天)"고 가르쳤다. 해월 최시형은 다음과 같이 말하였다.

---

2) 〈論學文〉, 《東經大全》.

3) 吳知泳, 《東學史》, 1940, p.64.

4) 〈敎訓歌〉, 《龍潭遺詞》.

5) 《東學史》, p.5.

내 꿈엔들 어찌 선생(水雲-인용자)의 유훈(遺訓)을 잊으리오. 선생이 일찍 유교(遺敎)가 있어 가로되 '사람은 하늘(한울)이니라. 그러므로 사람 섬기기를 하늘(한울)같이 하라'고 하셨도다.6)

최제우는 제자들에게 다음과 같이 가르쳤다고 한다.

(문) 천도(天道)는 선천고래(先天古來)로부터 있었나니 고인(古人)의 이른바 천도와 다름이 있나뇨.

(답) 도칙동지(道則同地)이나 이칙비야(理則非也)니라. 고인이 이른바, 천도라 함은 인류 밖에 따로이 최고무상(最高無上)의 신일위(神一位)를 설(說)하여 그를 인격적 상제(上帝)로 두고 인류는 그 하위에 거하여 배복(拜服)하며 자기의 생사화복(生死禍福)을 모다 그의 생명 아래에 정한 바라 하는 것이요, 나의 이른바 천도는 이를 반(反)하여 사람이 하느님(한울)이오(人是天), 하늘이 사람이라 한 것이다.

(문) 사람이 하늘이라 함은 무엇이뇨.

(답) 유형왈(有形曰) 사람이오 무형왈(無形曰) 하늘이니, 유형과 무형은 이름은 비록 다르나 이치는 곧 하나이니라. 사람이 하늘이라고 하는 말에 대하여 혹은 말하되 물도 근원이 없는 물이 없고 나무도 뿌리 없는 나무가 없나니 사람의 위에 따로 주재(主宰)하는 하늘이 없다함은 깨닫기 어려운 말이라고 한다.

물에 만일 근원이 있어 흘러오는 것이라 하면 근원의 물은 처음 어디서부터 나오는 것이라 할 것이며, 나무에 만일 뿌리가 있어 나오는 것이라 하면 뿌리의 뿌리는 또 어디로부터 나왔다 하리요. 사람도 이와 같이 처음 하느님이 있어 낳다 할 것 같으면 하느님은 처음 누가 주었다 하겠느뇨. 누가 부모 없이 난 사람이 있으리오만은 부모의 부모를 거쳐 또 그 이상 천부모

---

6) 《天道敎 創建史》, 第2篇, pp.37~38.

(千父母) 만부모(萬父母)를 찾아 올라가 보아도 맨 처음 난 부모는 그 누구라고 할런지 알 수가 없는 것이다. (중략) 이럼으로써 사람의 근본을 찾는 데는 처음부터 끝까지 사람이라고 하는 것이 가장 옳은 말이라고 하는 바이다.[7]

즉 최제우에게는 '사람이 곧 하늘'(人是天)이어서 동일체(同一體)이고 동격체(同格體)인데, 구태어 구분한다면 유형의 것이 사람이고 무형의 것이 한울이라고 보는 것이다.

최시형은 '인시천(人是天)' 사상의 휴머니즘을 극히 강조하였다. 최시형은 '사인여천(事人如天)'을 동학의 중심적 사상과 덕목으로 권장하였다. 최시형은 동학 신도들에게 가르치기를 동학의 "도가에서는 사람이 오거든 천주가 강림한다고 말하라"[8]고 설파하였다. 오지영은 최시형의 가르침에 대하여 "선생이 도(道)를 선포할 때에는 '사인여천(事人如天)'이라는 말씀을 유일한 화제로 했었다"[9]고 기록하였다.

"사람은 곧 하느님이다(人是天)"고 하여 인간을 지고지귀(至高至貴)하신 하느님과 동격에 놓아 인간의 존엄성을 극도로 강조한 동학사상의 휴머니즘은 당시 하위신분층의 농민들에게 열광적인 환영을 받았다. 동학사상의 휴머니즘은 당시 양반관료에게 차별받고 학대받으며 사람대접을 받지 못하고 있던 양인신분층과 천인신분층의 농민들에게 인간이 하느님과 동격으로서 지고지귀함을 가

최시형

---

7) 《東學史》, pp.5~6. 이것의 水雲의 思想에 대한 吳知泳의 解說임.

8) 《東學史》, p.64.

9) 《東學史》, p.41.

르쳐 주고 그들에게 새로운 희망과 용기를 주어 마음을 사로잡았다.

또한 인간을 하느님과 동격의 지고지귀한 존재로 설정하는 동학의 휴머니즘은 당시 최고도의 휴머니즘이었기 때문에 농민들과 차별받는 사람들에게 서학(西學)보다도 더 호소력이 있었다.

당시 서학을 비롯한 세계의 모든 기성 종교들은 하느님[天主]을 인간의 외부에 있는 별개의 절대적 주재자(主宰者)로 설정하고, 인간은 하느님 밑에서 그 지배와 명령을 받고 하느님의 영광을 위해 봉사하는 하느님의 '종[奴僕]'이라고 설파하고 있었다. 서학을 비롯한 세계의 모든 종교들도 인간을 중시하지 않는 것은 아니지만, 그것은 하느님의 지배 밑에서 인간들끼리의 문제이지, 인간의 지고지귀함을 하느님의 지고지귀함과 동격에 놓는 것은 감히 상상도 하지 못하였다.

이에 견주어 동학사상의 휴머니즘은 "사람이 곧 하느님이다(人是天)" 하여 사람의 마음속에 하느님이 계신 것이지, 사람의 외부에 별개의 주재자 하느님이 계신 것이 아니라고 설파하고 인간의 지고지귀함과 하느님의 지고지귀함을 '완전한 동격'으로 설정하였다. 동학이 인간들끼리의 관계는 물론이요, 인간과 하느님의 관계에서도 인간을 하느님의 '종'이 아니라 '하느님 그 자체'라고 하여, 인간의 지고지귀함과 하느님의 지고지귀함을 '완전히 동격'으로 설정한 것은 그때까지 전 세계 모든 종교들이 창안한 휴머니즘 가운데서도 새로이 '최고도의 휴머니즘'을 창도한 참으로 획기적인 것이었다.

인류역사에서 과거부터 오늘까지 인간의 지고지귀한 존엄성을 하느님의 지고지귀함과 완전한 동격에 올려놓은 휴머니즘이 동학을 제외하고는 또 어디에 있는가? 서양의 계몽사상까지도 하느님이 주신 태어날 때부터의 천부인권(天賦人權)을 말했지만, 인간들끼리의 천부인권이지 절대자 하느님에 대해서만은 종과 같이 복종해야 함을 설파하지 않았는가?

동학의 휴머니즘이 세계 역사상 다른 휴머니즘에 견줄 수 없는 최고도의 휴머니즘을 창도한 것이었다.

일찍이 최제우가 그의 동학을 "지금에도 듣지 못하고 옛날에도 듣지 못했던 일이고 지금에도 비(比)할 수 없고 옛날에도 비할 곳 없는 고불문 금불문지사 고불비 금불비지법(古不聞 今不聞之事 古不比 今不比之法)"이라고 자부한 것은 동학사상의 극히 독창적인 새로운 최고도의 휴머니즘에 대해 극히 정당한 자부심이라고 보아야 하지 않을까?

3. 동학사상의 평등주의

필자는 동학사상에는 근원적인 기초적 평등사상이 있다고 관찰하고 있다. 그것은 모든 민주주의의 기초를 만드는 민주적 평등사상이다. 이 점에 대하여 간단히 설명하려고 한다.

모든 종류의 민주주의 사상은 인간의 자유와 평등사상에 바탕을 두고 있다고 볼 수 있다. 특히 전근대적 신분제도에서 벗어난 인간의 보편적 자유와 평등은 기초적 민주주의의 대전제가 되는 것이다. 동학사상에는 이러한 민주주의의 대전제가 되는 독특한 이론적 구조의 평등사상이 있다. 동학의 이 평등사상은 자유와 평등을 동시에 포함하고 있는 독특한 구조의 사상이다.

동학의 민주적 평등사상은 최제우와 최시형에 의해 정립되고 전개된 시천주사상과 인시천사상에서 발전한 것이다.

동학의 민주적 평등사상의 기본적 이론구조를 보면, 인간은 누구나 자기 마음 안에 하느님[天主]을 모시고 있는데, 이 하느님은 신분(身分), 적서(嫡庶), 노주(奴主), 남녀, 노소, 빈부에 전혀 차별이 없이 모두 똑같은 하느님이며, 인간은 모두 동일한 하느님을 각각 마음 안에 모시고 있기 때문에 본래 평등하다는 것이다.

예컨대 신분차별 폐지와 신분평등의 이론구조를 보면, 양반도 그의 마음 안에 하나의 하느님[天主]을 모시고 있고, 상민(평민, 양인)도 그의 마음 안에 동일한 하나의 하느님(천주)을 모시고 있으며, 천민(노비, 七班賤人)도 그의 마음 안에 양반, 상민이 모시고 있는 하느님과 완전히 동일한 하나의 하느님(천주)을 모시고 있기 때문에 양반과 상민과 천민은 서로 완전히 평등한 것이라고 설파하는 것이다. 동학은 이러한 이론 위에서 양반신분제도를 비판하고 그 철폐가 정당하다고 주장하였다.

최제우는 양반신분제도를 비판하고 부정하여 '우습다. 저사람은 / 지벌(地閥)(양반·벌열을 의미-인용자)이 무엇이게 / 군자(君子)를 비유하며 / 문필이 무엇이게 / 도덕을 의논하노'10)라는 가사를 지어 불렀다. 최제우는 몰락양반의 서자(庶子)로서 자기 스스로를 빈천자 집단과 동일시하여, '부귀자는 공경(公卿)이요 / 빈천자는 백성이라 / 우리 또한 빈천자로 / 초야(草野)에 자라나서'11)라고 읊으면서, 그 스스로를 '백성'의 하나로 생각하였다. 그는 후천개벽 이후 앞으로 오는 새 시대에는 양반신분제도가 폐지되고, 따라서 빈천자가 부귀자가 될 것임을 다음과 같이 노래하였다.

부하고 귀한 사람
이전 시절 빈천이요,
탐하고 천한 사람
오는 시절 부귀로세.12)

최제우의 뒤를 이은 최시형은 더욱더 민주적 평등사상을 강조하고, "우리 도(道)를 각(覺)할 자는 호미를 들고 지게를 지고 다니는 사람 속에서 많이 나오리라"13) 했으며, "부한 사람과 귀한 사람과 글 잘하는 사

---

10) 〈道德歌〉, 《龍潭遺詞》.

11) 〈安心歌〉, 《龍潭遺詞》.

12) 〈敎訓歌〉, 《龍潭遺詞》.

람은 도를 통하기 어렵다"14)고 하였다.

최시형이 1891년 전라도 지방의 포교상태를 순시하고 있을 때 전라도의 교구를 둘로 나누어 임시로 편의장(便義長)을 두어서, 전라우도 편의장에 윤상오(尹相五), 전라좌도 편의장에 남계천(南啓天)을 임명하여 교도를 관리하고 있었다. 그러나 남계천은 천인 출신이고 윤상오는 양반 출신이었기 때문에 신분 격차로 말미암아 이 지역 지도자들 사이에 갈등이 일어나고 있었다.

최시형은 이 같이 신분 갈등 문제가 일어나자 양반 출신 윤상오를 해임하고 천민 출신 남계천을 전라좌우도 편의장에 임명하여 전라도 전체를 지휘케 하였다. 대접주 김낙삼(金洛三)이 교도 1백여 명을 데리고 천민 출신 남계천에게는 복종할 수 없다고 최시형에게 고하니, 최시형은 선천(先天)의 썩어빠진 문벌제도·신분제도를 폐지해야 한다는 뜻을 말하고, 일찍이 수운대신사(水雲大神師)가 두 여종을 하나는 양녀로 삼고 하나는 며느리를 삼은 뜻을 공부하고 깨달아 신분을 타파하여 행동하도록 다음과 같이 훈시하면서 모두 천민 출신 남계천의 지휘를 따르도록 하였다.15)

들으라, 대신사께서 가로되 오도(吾道)는 후천개벽(後天開闢)이오 경정포태지운(更定胞胎之運)이라 하였으니 선천에 썩어진 문벌의 고하(高下)와 귀천의 등분(等分)이 무슨 관계가 있느냐. 그러므로 선사(先師)가 일찍이 두 여비(女婢)를 해방하여 한 사람으로 양녀를 삼고 한 사람으로 자부(子婦)를 삼았으니 선사의 문벌이 제군과 같지 못하냐. 제군은 먼저 이 마음을 깨치고 자격을 따라 지휘에 쫓으라.16)

---

13) 《東學史》, p.42.

14) 《東學史》, p.42.

15) 《天道敎會史草稿》, 《東學思想資料集》(亞細亞文化社版), 제1권, pp.434~435 참조.

16) 《天道敎創建史》, 제2편, p.44.

동학은 조선왕조 시대에 극심했던 적서의 차별에 대해서도 신분평등의 경우와 마찬가지로 적·서의 평등을 주장하였다. 동학에 입도하여 활동한 양반신분 출신 가운데에는 서자(庶子) 계통이 많았다. 동학에서는 적·서를 차별하지 않고 적·서의 평등을 주장하고 실천했기 때문이었다. 제 3세 교조 손병희가 동학에 입도한 동기도 서자 출신인 그가 적서 차별이 없는 평등주의에 감복했기 때문이었다.[17]

동학은 또한 조선왕조 사회에서 극심했던 남녀차별도 반대하여 남녀평등을 주장하였다. 동학사상에 따르면 여성도 남성과 똑같이 마음 안에 하느님(천주)을 모시고 있는 '하느님'이다. 비유하면, 더 나아가서 여성은 '하느님을 낳는 하느님'으로서 존귀하기 이를 데 없는 것이다. 최시형은 '여성도 하느님(천주)'임을 다음과 같이 설교하였다.

> 내 일찍이 청주 서택순가(徐宅淳家)를 지나다가 그 자부가 직포(織布)하는 소리를 듣고 서군에게 물으되 군의 자부가 직포하느냐 천주가 직포하느냐 함에 서군이 불변(不卞)하였나니, 어찌 서군 뿐이리요.[18]

최시형은 특히 여성들을 위하여 순국문으로 〈내칙(內則)〉과 〈내수도문(內修道文)〉을 지어서 보급하였다. 최시형은 여성도 마음에 하느님을 모신 존귀한 하느님이므로 남녀가 평등한 것임을 누누이 설교하고, 지아비들도 아내를 공경하여 부부가 화순(和順)할 것을 강조하였다.[19]

동학은 또한 노소도 평등한 것임을 주장했으며, 이제까지 홀대하여 오며 때로는 매질까지 자주 해오던 '어린이'도 존중할 것을 강조하였다. 특히 최시형은 '어린이도 하느님(천주)'임을 강조하고 어린이를 때리거나 차별하지 말 것을 설교하였다. 최시형은 〈내수도문〉을 지어 부인들

---

17) 《天道敎創建史》, 제3편, pp.1~5 및 《나라사랑》, 〈손병희선생 특집호〉 참조.
18) 《天道敎創建史》, 제2편, p.36.
19) 《天道敎創建史》, 제2편, p.37 참조.

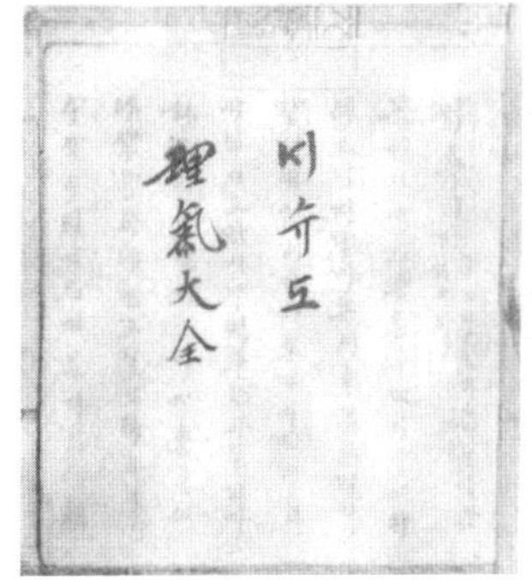 

최시형의 〈내수도문〉

이 지켜야 할 행동준칙을 제시하면서 "어린아이도 하느님을 모셨으니, 아이 치는 게 곧 하느님을 치는 게오니"[20]라고 어린이를 존중하고 절대로 때리지 말 것을 강조하였다. 그는 "(동학)도가에서 유아를 때림은 곧 천주를 때림이라 마땅히 삼갈지며"[21]라고 설교하면서 어린이를 존중하도록 가르쳤다.

동학의 이러한 평등사상은 양반관료들에게 극심한 차별과 억압, 학대를 받아오던 상민(평민)들과 천민들에게 그들도 양반귀족과 꼭 마찬가지로 지고지귀한 하느님(천주)을 마음 안에 모시고 있으므로 양반귀족과 완전히 평등한 지고지귀한 인간임을 가르쳐서 확고부동한 평등의 신념을 넣어 주었다.

동학의 이러한 평등사상은 매우 독특한 것이었다. 당시 서양의 다른 종교사상들의 평등론은 프랑스대혁명 이후임에도, 하느님 밑에서 인간이 하느님에 의하여 평등하게 창조되었으므로 평등한 것임을 설파했는데, 동학은 모든 인간들이 동일하고 지고지귀한 하느님을 자기들 마음속에 각각 모시고 있으므로 모두가 '하느님으로서' 평등한 것이라는 휠

---

20) 崔海月, 〈內修道文〉; 愼鏞廈, 〈崔時亨의 '內則' '內修道文' '遺訓'〉, 《韓國學報》, 제12집, 1978, '새자료 소개' 참조.

21) 《東學史》, p.64.

씬 더 강도 높고 확고한 평등사상을 정립해 준 것이었다.

동학의 이러한 이론구조의 평등사상은 당시까지 세계의 모든 종교사상들이 창안한 평등사상 가운데서도 가장 강도가 높고 확고한 사상 구조를 갖고 있었으며, 신도들에게 가장 확고한 평등의 신념을 배양해 줄 수 있는 것이었다고 말할 수 있다. 이러한 측면에서도 동학은 최제우가 스스로 말한 바와 같이 '古不聞 今不聞 古不比 今不比之法'이라고 보아야 하지 않을까?

당시 상민(평민)층과 천민층 등 하위신분층 사람들은 이렇게 철저한 동학의 평등사상을 사막에서 목마른 사람들이 물을 찾아 환영하듯이 열광적으로 환영하였다. 조선왕조 정부에 의하여 최제우가 처형되어 순도하고 동학이 불법화되었음에도 하위신분층의 농민들은 생명을 걸고 동학에 입도했으며, 확고한 평등의 신념을 갖게 되었고, 양반사회신분제도의 폐지를 위하여 활동하게 되었다.

당시 상민층이 생명의 위험을 무릅쓰고 동학에 입도한 동기는 주로 이 평등사상에 감복한 경우가 많았다. 예컨대 18세 때 동학에 입도한 백범 김구는 그의 입도 동기가 동학의 평등사상에 감복했기 때문이었다면서, 주로 '상놈들이' 평등주의 때문에 동학에 들어갔다고 다음과 같이 기록하였다.

내가 공손히 절을 한즉 그도 공손히 맞절을 하기로 나는 황공하여 내 성명과 문벌(상놈-인용자)을 말하고 내가 비록 성관(成冠)을 하였더라도 양반댁 서방님인 주인의 맞절을 받을 수 없거늘, 하물며 편발 아이에게 이런 대우가 과도한 것을 말하였다. 그랬더니 선비는 감동한 빛을 보이면서, 자기는 동학 도인(道人)이라 선생의 훈계를 지켜 빈부귀천에 차별이 없고 누구나 평등으로 대접하는 것이니 미안해 할 것 없다고 말하고, 내가 찾아온 뜻을 물었다. 나는 이 말을 들으매 별세계에 온 것 같았다 ……

하느님을 모시고 하늘 도를 행하는 것이 가장 요긴한 일일 뿐더러 상놈

된 한이 골수에 사무친 나로서는 동학의 평등주의가 더 할 수 없이 고마웠고, …… 나는 입도할 마음이 불같이 일어나서 입도 절차를 물은즉 …….

이때의 형편으로 말하면 양반으로 동학에 들어오는 이가 적고 나와 같은 상놈들이 모여들었다.22)

동학의 이러한 평등사상과 동학에 입도한 신도들의 평등신념은 갑오년의 동학농민혁명운동 때 집강소의 농민통치에서 사회신분제의 폐지로 곧바로 실천되었다. 위정척사파 유생 황현의 《오하기문(梧下記聞)》은 이때의 하위신분층 동학농민들의 양반사회신분제 폐지운동의 한 단면을 다음과 같이 기록하였다.

적당(賊黨, 동학농민군-인용자)은 모두 천인노예(賤人奴隷)이므로 양반·사족(士族)을 가장 증오하였다. 그래서 양반을 나타내는 뾰족관을 쓴 자를 만나면 곧바로 꾸짖으며 말하기를 "너도 역시 양반인가" 하고 관(冠)을 빼앗아 버리거나 그 관을 자기가 쓰고 거리를 돌아다니면서 양반을 욕주었다.

무릇 집안의 노비로서 도적들(동학농민군-인용자)을 따르는 자는 물론이요, 비록 도적들을 따르지 않는다 할지라도 모두 지극히 천한 자가 주인을 위협 강제하여 노비문권을 불사르고 종량(從良, 양인됨)을 강제로 승인케 하거나 또는 그 주인을 결박하여 주리를 틀고 곤장과 매를 치기도 하였다. 이에 노비를 가진 자들은 바람에 따라 노비문권을 불살라서 그 화를 덜었다. (노비로서) 삼가는 자가 혹시 노비문권을 불사르지 말기를 원하는 경우에도 기염(氣焰)이 널리 맹렬하게 타오르고 있어서 주인이 더욱 이를 두려워하였다.

혹은 노(奴)와 사족주인(士族主人)이 모두 함께 도적을 따르는 경우에는

---

22) 金九, 《白凡逸志》(백범김구선생기념사업협회판), pp.27~29.

서로 (평등하게) 접장(接長)이라고 칭하면서 그들의 법을 따랐다. 도한(屠漢, 백정)·재인(才人) 등 속의 무리도 역시 평민·사족과 평등하게 예(禮)를 했으므로, 사람들이 더욱 치를 떨었다.[23)]

황현의 이 기록은 동학농민들이 집강소 시기에 양반사회신분제를 철폐하고 평등을 실천하는 모습을 극명하게 묘사하여 알려주고 있다.

동학농민들은 집강소 시기에 양반신분제를 폐지하고 평등을 실천하는 운동으로서 주로 ① 불량한 양반들에 대한 응징과 양반신분제도의 부정 ② 노비문서의 소각과 노비해방 ③ 칠반천인의 해방 ④ 지벌을 타파한 인재등용 ⑤ 청춘과부의 개가 허용 등의 운동을 전개하였다.[24)]

뒤에 관군이 동학농민혁명운동에서 동학도의 10죄 가운데 여섯 번째 죄목에 "평등을 가칭하여 명분(신분을 의미-인용자)을 부수었음"[25)]을 든 것이나, 또 "양반과 부자를 모조리 짓밟았고, 종문서를 불질러 강상을 무너뜨렸으며"[26)]라고 힐문한 것은 모두 동학 신도들이 양반신분제를 철폐하고 평등을 추구하여 실천한 것을 잘 알려주는 것이다.

동학의 이러한 평등사상과 평등 실현을 위한 양반신분제 폐지운동은 동학사상의 민주주의 기초의 한 측면을 형성한 것이라고 볼 수 있다.

4. 동학사상의 민주주의

동학사상에서 보이는 민주주의적 요소는 동학농민혁명운동 기간 중에 민주적 사회정치기구를 모색한 곳으로 발전한 몇 가지 사료들이 눈

---

23) 黃玹, 《梧下記聞》, 제2필의 p.97.

24) 《梧下記聞》, 제2필의 p.96 ; 《東學史》, pp.126~127 및 《草稿本東學史》, pp.43~44 참조.

25) 《兩湖右先鋒日記》, 《東學亂記錄》(국사편찬위원회판), 상권, p.272.

26) 《東學史》, p.157.

에 띤다.

동학은 1893년 3월 최시형의 지휘 아래 전국에서 약 2만 7천여 명의 동학 간부들이 모여 '보은취회(報恩聚會)'를 개최하고, 척왜양창의(斥倭洋倡義), 교조신원(敎祖伸寃), 동학신앙의 자유 등을 요구했다. 정부는 보은취회에 대한 대응으로서 양호도어사(兩湖徒御使 ; 뒤에 兩湖宣撫使)로 어윤중(魚允中)을 파견하고, 그가 보은에 도착하자, 보은취회의 동학도들은 그들의 집회 목적이 '척왜양창의'에 있음을 강조하면서 탐관오리의 축출을 요구하는 문장(文狀)을 어윤중에게 제출하였다. 이에 대하여 어윤중은 동학도들의 취회를 '민회(民會)'라 하고 보은취회에 모인 동학도들을 '민당(民黨)'이라고 부르면서, "그대들의 이 회(會)가 무기를 전혀 들지 않았으니 곧 '민회'라고 할 수 있다. 각국 역시 민회가 있어서 조정의 정령(政令)이 백성과 나라에 불편한 것이 있으면 회의하여 강정(講定)한다고 일찍이 들었다. 이러한 측면에서 일에 접근하면 어찌 그대들을 비류(匪類)로 조치하겠는가"27)라고 하였다.

이것은 동학의 보은취회라는 집회를 조선왕조의 고급관리가 '민회'라고 볼 뿐만 아니라, 그 해석을 "각국의 민회가 조정의 정령이 백성과 나라에 불편한 것이 있으면 회의하여 강정하는데" 동학의 민회도 그 일종이라고 해석하고 있음을 나타내는 것이라고 볼 수 있다. 어윤중이 말한 민회는 '일종의 의회(議會)'를 지칭한 것이었다. 즉 보은취회를 비롯한 동학의 집회에는 민주주의적 요소가 있었던 것이다.

또한 동학농민들은 1894년 동학농민혁명운동 기간에 호남 일대에 농민통치기관으로서 '집강소(執綱所)'를 설치했는데, 이 집강소의 조직에는 '의원'으로 구성된 '의사기관(議事機關)'을 두었다. 《간행본 동학사(東學史)》는 집강소에 "의사원 약간인을 두었으며"28)라고 하여 의사기

---

27) 《聚語》, 〈宣撫使再次狀啓 魚允中 兼帶〉, 《東學亂記錄》, 상권, p.123 참조.

28) 《東學史》, p.126.

전봉준

관을 두었음을 확인하였다. 또 《초고본 동학사》는 집강소에서 "행정에서는 집강(執綱)이 주무로 십수인의 의원(議員)이 있어 협의체(協議體)로 조직되었고"29)라고 하여, 집강소에는 10여 명의 '의원'으로 구성된 의사결정의 협의체가 조직되어 있었음을 보고하였다.

이것은 집강소의 농민통치를 집강이 단독으로 정책결정과 의사결정을 하면 독재로 말미암은 착오와 폐단이 발생할 수 있고 농민들의 의사가 충분히 반영되지 않을 위험이 있으므로 이를 방지하기 위해서, 10여 명의 '의원', '의사원(議事員)'으로 구성되는 '의사기관', '협의체'를 두어 여기서 충분한 토의와 검토를 거친 뒤에 정책과 의사를 결정하도록 해서 이를 집행했음을 알려주고 있다. 이것은 동학농민들의 집강소가 일종의 '지방의회'와 비슷한 의사기관의 협의체를 두어 민주주의적 의결과정을 거쳐서 농민통치를 실시했었음을 시사하는 것이며, 동학도들이 민주적 사회정치기구를 조직하고 설치하기 시작했었음을 나타내는 것이라고 볼 수 있다.

동학혁명이 실패하고 전봉준(全琫準)이 체포되어 서울에 압송되어서 일제 영사관 경찰의 심문을 받을 때,30) 만일 동학군이 서울에 입성하여 일본군을 몰아내는 데 성공했더라면 어떠한 정치를 하려고 했는가라는 질문에 대하여, 전봉준은 서울에 입성하여 일본군을 몰아내고 간악한 관

---

29) 吳知泳, 《草稿本東學史》, pp.42~43.

30) 姜昌一, 〈甲午農民戰爭 자료 발굴 ; 全琫準 會見記 및 取調記錄〉, 《사회와 사상》창간호, 1988년 9월호 참조.

리들을 쫓아낸 다음에는 "국사(國事)를 들어 한 사람의 세력가에게 맡기는 것은 폐해가 있는 것을 알기 때문에, 몇 사람의 명사에게 협합(協合)해서 합의법(合議法)에 따라 정치를 담당하게 할 생각이었다"[31]고 대답하였다.《동경조일신문(東京朝日新聞)》은 이것을 〈동학수령과 합의정치(合意政治)〉라는 제목을 붙여 보도하였다.

전봉준이 말한 이러한 중앙의 합의정치(合意政治) 구상에도 민주적 사회정치기구의 모색이 보인다고 할 것이다. 전봉준의 이러한 중앙정치에서의 '합의정치' 구상은 집강소 통치에서 '의원'과 '의사기관'의 설치를 통한 합의정치의 실시와도 관련되어 있는 것이라고 볼 수 있다.

우리는 이러한 몇 개의 단편적인 자료를 통해서도 동학과 동학농민들의 사상과 행동·실천 속에 민주주의적 요소가 있으며, 민주적 사회정치기구의 설치가 모색되었음을 확인할 수 있다.

5. 맺음말

이상의 고찰에서 알 수 있는 바와 같이 '동학'의 명칭은 '동양지학(東洋之學)'과 '동국지학(東國之學)'이라는 이중의 중첩된 의미를 가진 천도학(天道學)이었다.

최제우의 동학은 이제까지 동양의 전통적인 천인합일 사상에서 '천(天)'에 무게와 중심을 두었던 것을 최제우는 이를 역전시켜 '인(人)'에 무게와 중심을 둠으로써, '인'이 모두 마음속에 '천'을 모시고 있다는 동학 특유의 '시천주(侍天主)' 사상을 정립하였다.

동학은 이 시천주사상을 발전시켜 "사람이 곧 하느님이요 하느님이 곧 사람이다"라는 '인시천(人是天)' 사상을 정립하여 인간의 지고지귀

---

31) 《東京朝日新聞》, 1895년 3월 6일자 〈東學首領と合意政治〉.

한 존엄성이 하느님의 지고지귀한 존엄성과 동격이라는 최고도의 휴머니즘을 정립하였다.

동학은 또 "사람은 곧 하느님이다(人是天), 사람 섬기기를 하느님 같이 하라(事人如天)"고 가르쳐서 최고도의 휴머니즘을 실천하도록 하였다. 이것은 하느님을 사람 밖에 별도로 존재하는 절대적 주재자로 설정하고 사람은 그 하느님 밑에서 하느님의 지배와 명령을 받는 하느님의 '종'이라고 설파한 전 세계 다른 종교들의 휴머니즘과는 차원이 크게 다른 최고도의 휴머니즘을 정립하여 실천하도록 한 것이다. 인간의 지고지귀한 존엄성을 하느님의 지고지귀한 존엄성과 완전한 동격으로 격상시키고 '인간과 하느님'을 일체로 통합시킨 동학의 휴머니즘은 당시까지 전 세계의 종교와 사상들이 창안한 휴머니즘 가운데서도 가장 격조 높은 최고도의 휴머니즘이며, 매우 독창적인 사상이라고 볼 수 있다.

또한 동학사상은 시천주사상을 발전시켜 민주주의 사상의 골간이 되는 독특한 이론구조를 가진 평등사상을 정립하였다. 즉 사람은 누구나 마음 안에 하느님을 하나씩 모시고 있는데, 이 하느님은 귀천(貴賤)·적서(嫡庶)·주노(主奴)·남녀·노소·빈부에 차별 없이 모두 똑같은 하느님인 것이며, 모든 사람들이 바로 동일한 하느님을 하나씩 평등하게 분유(分有)하여 내재화해서 모시고 있기 때문에 모든 사람은 평등하다는 사상이 정립된 것이었다.

이러한 동학 특유의 평등사상은 신분차별에 적용되어 신분평등사상, 남녀차별에 적용되어 남녀평등사상, 노소차별에 적용되어 어린이 존중사상으로 크게 발전하였다.

동학의 이러한 평등사상은 신성한 하느님을 사람의 마음 안에 넣어 내재화함으로써 평등을 설파하기 때문에, 사람은 하느님 밑에서 태어날 때부터 평등하게 인권을 갖고 태어난다는 서양 계몽주의의 평등사상보다 더욱 더 '평등'에 대한 강력한 확신을 심어준다는 데 큰 특징이 있었다.

동학사상의 이러한 최고도의 휴머니즘과 민주주의적 평등사상은 당시 양반관료들로부터 차별받고 학대받으며 천시되어 오던 하위신분층(평민층과 천민층)의 농민들에게 인간이 하느님과 동격이라는 지고지귀한 존엄성과 완전한 사회적 평등성을 가르쳐주고 확신을 심어주어 그들에게 새로운 희망과 용기와 활력을 주고, 동시에 그들에게 열렬한 환영을 받아 급속히 교세가 확대된 것이었다.

1894년 동학농민혁명운동이 일어나고 동학농민들이 집강소를 설치했을 때, 동학도들은 그들의 최고도의 휴머니즘을 실천하여 '불살인(不殺人) 불살물(不殺物)'의 원칙을 매우 잘 지켰으며, 그러면서도 사회신분제 폐지를 과감하게 단행하였다.

또한 동학도들은 집강소에서 독재를 방지하기 위하여 10명의 '의원'으로 구성된 '의사기관(議事機關)'을 두어 모든 정책결정과 의사결정을 민주적 토론과 검토를 거쳐 합의(合議)케 하는 민주주의적 사회정치기구의 수립을 모색하기에 이르렀다. 전봉준도 동학농민군을 이끌고 서울에 입성하여 일본군을 몰아낸 다음에는 독재를 방지하고 협의기관(協議機關)을 두어 합의정치(合意政治)를 실시할 것을 구상했다고 응답하였다. 이것이야말로 동학사상이 가지고 있는 민주주의 실천의 한 단면이라고 볼 수 있을 것이다.

IV. 동학과 갑오농민혁명운동의 결합

1. 머리말

동학사상은 최제우에 의해 1860년에 창도되어 한국민족이 19세기 중엽에 직면했던 민족적 위기와 봉건적 위기를 동시에 타개해서 보국안민하고 광제창생하고자 창조되고 포덕된 종교사상이다. 동학사상은 종전의 종교사상들과는 다른 매우 독특한 내용과 구조를 갖고 있었다. 한편 19세기 말인 1894년에 동학 농민교도들을 비롯해서 농민들의 봉기로 이루어진 동학농민혁명운동은 양반신분사회라는 구체제를 근본적으로 폐지해서 농민들도 가렴주구를 당하지 않고 잘 살 수 있는 신체제의 수립을 요구하여 일어난 수많은 '민란들'과 결론은 같은 운동이었다. 동학농민혁명운동은 그 이전의 수많은 민란들의 연속선 위에서 일어났으나. 이번에는 동학교도들이 선두에 서서 전국적 규모로 봉기하여 구체제를 해체하고 신체제 수립의 기반을 닦는 데 결정적으로 중요한 역할을 수행하였다.

그러면 이 '동학'과 '갑오농민혁명운동'은 구체적으로 볼 때 어떠한 관련을 가진 것일까? 지금까지 동학과 갑오농민혁명운동의 관련·관계에 대해서는 ① 동학사상이 혁명사상을 갖고 있어서 이 동학의 혁명사상에 의거하여 농민혁명운동이 일어났다고 보고 동학농민혁명운동 자체를 동학혁명이라고 보아야 한다는 '동학혁명설'과, ② 동학은 갑오농민혁명운동 봉기에서 진정한 힘은 아니었고 오직 농민혁명운동의 외피(外皮)·외의(外衣)에 불과했다는 '동학외피설', ③ 동학은 그간의 민란·농민혁명운동에 사상과 조직을 주어 양자가 결합함으로써 전국적 규모의 갑오농민혁명운동이 일어날 수 있었다는 '동학과 농민혁명운동의 결합설'이 제시되어 왔다. 이 가운데서 셋째의 '동학과 농민혁명운동의 결합설'은 필자의 주장이다.1)

이 글에서는 '동학과 농민혁명운동의 결합설'의 결합 매개 요소로 작용한 ① 조직과 ② 사상 가운데서 주로 동학의 어떠한 사상적 요소가 농민군과 결합한 요소였으며, 동학의 조직은 어떻게 발전하여 농민혁명운동과 결합하게 되었는가를 더 상세히 구명함으로써 '동학과 농민혁명운동의 결합설'을 설명하려고 한다.

2. 최제우의 동학 포덕의 시작

최제우는 조선왕조의 부패와 타락이 극에 달하여 못쓸 사람이 부귀하고 어진 사람은 도리어 궁박하며, 덕을 닦은 사람도 지벌(신분)과 가세를 보아 쓰고, 양반들이 말하는 '군자'나 '도덕'은 모두 타락한 헛소리가 되었으며, 온 세상 사람들이 각각 딴마음을 가져 어디로 가야 할지 정신적 구원의 방향을 상실한 상태라고 개탄하였다. 이러한 상태에서 기존의 종교와 도인 유교·불교 등은 이미 운이 다하여 아무런 생명력·생동력도 갖지 못하게 되었다고 지적하고, 이 세상은 요순의 정치와 공자·맹자의 학덕으로도 구제할 수 없는 극단의 타락한 상태에 도달했다고 그는 탄식하였다.

최제우는 11년 동안의 전국 유랑을 통하여 백성들이 새로운 사회, 새로운 질서, 새로운 학문, 새로운 사상, 새로운 종교, 새로운 도덕, 새로운 세상을 간절히 요구하고 있음을 명확하게 관찰하였고, 그 자신이 백성

---

1) 愼鏞廈, 〈동학과 갑오농민혁명운동의 민족주의〉, 《한국학보》, 제47집, 1987.

들과 함께 스스로 이를 절감하였다. 그리고 만일 기존의 학문과 사상 그리고 종교와 도덕이 생명력을 잃고 백성들의 이러한 요구에 응할 수 없다면, 최제우 자신이 백성들의 이 간절한 요구에 응하여 보국안민을 할 수 있는 새로운 도를 창도하기로 결심하여 동학을 창도한 것이다.

최제우는 그러나 거의 모든 새 종교의 창시자들이 그러한 것과 같이 그의 득도에 대하여 '하느님'과 대화를 통하여 하느님의 계시를 받고 이룬 것이라고 신비주의적으로 설명하였다.2)

즉 1860년 음력 4월 5일 (양력 5월 25일) 최제우가 목욕재계하고 수도에 들어간 즈음에, 몸이 떨리면서 심심에 이상을 느껴, 심심의 이상을 이겨내려고 마음 을 가다듬어 치성을 하고 정신집중을 하는데, 더욱 몸이 떨리고 가슴이 두근거리며 정신이 무아지경에 든 가운데 공중에서 천지가 진동할 때와 같은 '하느님의 말씀'이 들려왔다는 것이다. 하느님 말씀의 요지는 "나(하느님) 역시 지금까지 공을 세운 바가 없어 너(최제우)를 이 세상에 태어나게 해서 세상 사람들에게 천도(동학)라는 새 도를 가르치게 하는 것이니, 이 법을 사람들에게 잘 가르치라"는 하느님의 위탁 말씀이었다.

최제우에 따르면, 이 하느님의 말씀은 천지를 진동하는 것 같은 큰소리였는데, 바로 최제우의 옆에 있던 그의 아내와 아들은 이 소리를 전혀 듣지 못하였다.3)

필자의 생각으로는, 과학적 관점에서 보면, 새로운 도로서 최제우의 동학 창도는 간고한 작업을 거친 그 자신의 지적 창조라고 볼 수 있다. 최제우는 도를 구하기 위해 11년 동안 전국을 유랑하면서 나라와 사회 그리고 백성의 실상을 깊이 관찰하고 경험하면서 온갖 기존의 도와 학문·종교를 공부하였다. 그리고 귀가 뒤에는 6년 동안이나 보국안민하

---

2) 《道源記書》, 동학사상자료집 제1권 pp.166 참조.

3) 〈布德文〉, 《東經大全》.

고 광제창생할 수 있는 새로운 도를 창조하려고 밤마다 잠도 제대로 자지 않으면서 열심히 공부를 하고 지극한 정성을 드리며 기도하고 정신통일을 하여 명상과 사색을 해 오다가 문득 영감을 얻어 새로운 도의 원리를 발견한 것이었다고 볼 수 있다. 최제우만 들을 수 있었던 천지를 진동하는 것 같은 큰 소리의 하느님 말씀은 극도로 몸이 쇠약해진 상태에서 문득 영감이 떠올라 새로운 도의 원리를 깨닫고 기쁨에 넘쳐서 들은 최제우 자신의 내면의 소리가 아니었을까?

최제우의 동학은 기존의 도와 종교인 유교·불교·선(도)교의 원리들을 종합 지양해서 새로운 도와 종교·사상을 창조한 것이었다.4) 최제우가 여기서 말한 유학 가운데에는 공자·맹자의 고전유학과 주자 등의 성리학뿐만 아니라, '심학(心學)'이라고 별칭으로 부르던 육상산, 왕양명 등의 양명학도 포함되어 있었다.

최제우는 여기에 그치지 않고 서학의 일부 요소를 그의 사상 안에 포용하였다. 그는 이 점을 그의 동학이 서학과는 "운수인즉 같고 도인즉 한 가지로되 이(理)인즉 다르다"5)고 스스로 설명하면서 인정하였다. 최제우가 그의 동학을 서학과 같은 운수라고 한 것은 두 종교사상이 모두 흥성하는 운수임을 말함이요, 도인즉 한 가지라고 한 것은 동학이나 서학이나 모두 도로서는 '천도'임을 강조한 것이라고 이해되며, 이것은 동학의 창도에 서학이 일부 참조되었음을 스스로 인정한 것이라고 이해된다.

최제우는 앞서 중국을 멸망시켜 가고 있는 서양의 막강한 힘을 인식하고 이를 두려워하였다. 그는 서양의 힘을 ① 도(서도)·학(천주교)·교(성학) 등 서학의 힘과 ② 무기·전쟁에서 보인 바와 같은 서양의 무력 등 두 개의 차원으로 보고, 이 가운데에서도 '서학의 힘'을 더 근원적

---

4) 《天道敎創建史》 제1편, p.47.

5) 〈論學文〉, 《東經大全》 참조.

이고 본질적인 것으로 보았다. 즉, 최제우는 서학이 서양이 가진 힘의 근원적 원천이며, 서양의 무력도 궁극적으로 이에 기초하여 유도되고 있는 것이라고 본 것이다.

최제우는 이러한 서학의 힘이 서양의 무력을 매개수단으로 하여 중국을 멸망시킨 다음에 이어서 조선에 침입하여 자기 조국인 조선을 멸망시키지 않을까 하고 심각한 위기의식을 절감하면서 '서학의 창도자'보다 자신이 늦게 태어난 것을 한탄하였다. 그는 이러한 서학에 대한 대결의식에 지배되어 고뇌하다가 서학의 문제점을 비판하고 그 스스로 서학보다 우수한 새로운 도라고 주장한 동학을 창도하는 데 성공하게 되자 스스로 희열에 넘친 것이다.

최제우는 그의 동학에 대하여 "우리 도는 지금에도 듣지 못하고 옛날에도 듣지 못하던 일이고 지금에도 견줄 수 없고 옛날에도 견줄 곳 없는 법"6)으로서 동서고금의 최고최선의 새로운 도요, '만고에 없는 무극대도'7)라고 자부심에 넘쳐 설명하였다.

최제우는 동학을 창도한 뒤 약 1년 동안 동학의 이론화 작업을 추구했으며 1861년(신유)에 들어서자 〈포덕문〉을 지은 뒤 포덕을 시작하였다.

최제우의 동학 포덕 시작은 매우 성공적이었다. 각지에서 새로운 도를 배우고자 하는 사람들이 구름같이 모여들어 6개월 동안에 약 3천 명의 인사들이 최제우를 찾아와 '동학'을 배우고 그의 제자가 되었다.

최제우의 동학 포교가 성공하기 시작하자 그에 대한 비방과 중상도 비례하여 증가하였다. 심지어 최제우의 친척 가운데서도 그를 중상하는 사람들이 많이 나와서 그에게 커다란 타격을 주었다. 특히 최제우와 그의 동학에 큰 타격을 준 것은 최제우가 서학=천주교의 신봉자이며 동학

---

6) 〈論學文〉,《東經大全》 '曰吾道 今不聞古不聞之事 今不比古不比之法也.'

7) 〈龍潭歌〉,《龍潭遺詞》.

은 사실은 '서학'이라는 중상이었다. 서학에 대결하기 위해 창도된 동학을 서학이라고 몰아붙이는 것은 터무니없는 중상이었으나, 동학의 의미와 내용을 모르는 비교도들 사이에서 이 헛소문은 급속히 파급되어 최제우에게 커다란 타격을 주었던 것이다. 최제우가 그의 새로운 도를 '동학'이라고 설명해도 그것은 '서학'이라고 몰아붙이는 세상인심과 관헌의 핍박을 감당하기 어려웠다.

지방에서 핍박이 가해졌음에도, 최제우의 동학 포교는 날로 흥성하여 갔다. 특히 경상도 지방에서는 동학교도의 수가 상당히 많았으므로 최제우는 1862년 말부터는 이 지방들에 접소를 설치하고 접소에 '접주'를 두어 '접주제'를 실시하기 시작하였다.

조선왕조의 중앙조정에서는 경상도 일대에서 동학세력이 급성장하고 있다는 보고를 받고 큰 위협을 느껴 1863년 12월에 선전관과 포졸을 경주에 파견해서 최제우를 체포하여 대구감영에 투옥하였다. 중앙조정은 1864년 2월 29일 참형을 결정하고 대구감영에서 집행하도록 지시하였다. 이에 대구의 경상감영이 1864년 3월 10일 대구장대에서 최제우에게 참형을 집행하여 최제우는 40세의 나이로 그가 창시한 '동학'에 순도하였다.8)

최제우의 순도 후에 동학은 최시형이 제2세 교주가 되어 포교하였다. 조선왕조의 중앙조정은 최제우를 참형함으로써 동학을 사학으로 규정하고 완전히 불법화하였다. 지방에서도 지방관의 동학도에 대한 탄압은 극렬하여 재산을 몰수하고 인명까지 살상하였다.

조선왕조 정권은 이와 같이 잔혹하고 극렬하게 동학을 탄압하였지만 농민들 사이에서는 동학이 지하종교로 날로 퍼져나갔다. 농민들이 목숨을 걸고서라도 의지하고 싶은 사상의 어떠한 요소가 동학에는 정립되어 있어서 농민들의 마음을 사로잡았기 때문이었다. 동학의 어떠한 사상적

---

8) 《도원기서》, 전계자료집, 제1권, pp.194~195 참조.

구조가 농민들이 목숨을 걸고서라도 입도하고 싶을 만큼 그들의 마음을
사로잡았을까.

3. 결합요소로서 동학사상의 특징

동학사상의 특징에 대해 필자는 당시의 동학 측 용어를 빌려 표현했
을 경우에 ① 지기일원(至氣一元)사상, ② 천인합일사상, ③ 시천주(侍
天主)사상, ④ 수심정기(守心正氣)사상, ⑤ 인시천(人是天)사상, ⑥평등
사상, ⑦ 후천개벽사상, ⑧지상천국사상 등을 특징으로 들어 거론한 일
이 있다.[9]

여기서는 동학이 최제우의 순도 이후 불법교단으로서 조선왕조 정부
의 극심한 탄압을 받았음에도 불구하고 농민들이 목숨을 걸고서라도
입도하고 싶을 만큼 농민들에게 열렬한 환영을 받고 농민들의 마음을
사로잡았던 동학의 사회사상적 요소가 무엇이었는가를 고찰해 보려고
한다.

첫째로 들어야 할 것은, 동학의 민족주의와 반외세 반침략 사상이 농
민들의 마음을 사로잡았다고 볼 수 있다.

동학은 앞에서 쓴 바와 같이 창도될 때부터 외세의 침략에 대항하
는 '보국안민의 계' 가운데 하나로서 창도되어 민족주의적 의식에 충
만한 사상이었다. '동학'이라는 명칭에서 '동'은 이미 지적한 바와 같
이 '동양'의 뜻 이외에 '동국(조선)'이라는 뜻을 가지고 '서학'에 대결
하여 명칭부터 '동국(조선)'의 천도학'이라는 민족주의적 명칭을 가진
것이었다.

먼저 동학은 서양세력이 침입·침략할 것을 인식하고, 서학을 서양세

---

9) 愼鏞廈, 〈동학의 사회사상〉, 《한국근대사회사상사연구》(一志社), 1987 참조.

력의 동양과 조선 침략의 첨병으로 인식하여 이를 막고자 하였다. 이 측면은 위정척사 사상과 대동소이하다고 볼 수 있다. 그러나 동학은 서세를 위정척사 사상과 같이 주관주의적으로 무조건 경멸하거나 기기음교(奇技淫巧; 서양의 과학기술에 대한 위정척사파의 경멸적 용어)에 의존하는 금수와 같은 비윤리적이고 내면적으로 허약한 세력이라고 깔보지 않았다. 동학은 도리어 서세를 서학이라는 그들 자신의 도에 의거하여 도성덕립(道成德立)해서 무사불성(無事不成)하고 전쟁과 전투에서도 무인재전(無人在前)하는 막강하고 두려운 세력으로 보았다. 동학이 서세의 막강한 힘을 객관적이고 현실주의적으로 관찰하면서 이를 극복하려 한 것은 위정척사 사상의 서세에 대한 주관적이고 비현실적 관찰과는 매우 대조적인 것이었다.

동학은 또한 서학(천주교)에 대해서도 "운인즉 같고 도인즉 한가지로되 이(理)인즉 다르다"[10]고 하여 서학의 융성하는 대세를 잘 인식하였다. 또한 도는 동학과 서학이 모두 '천도'로 같다고 동학이 본 것은 동학이 가진 보편주의적 '하느님관', '천도관'을 나타내는 것으로서 '하느님'을 자기 종교의 것이라고만 생각하던 당시 전 세계 모든 종교들보다 훨씬 더 보편주의적이고 객관적인 사상을 정립한 것이었으며, 동양문명과 서양문명을 대등하게 보고 서양문명을 자기의 주관적 관점에서 폄하하지 않는 합리적 사상을 정립한 것이었다.

또한 청국(당시 중국)에 대한 동학의 인식을 보면, 과거 '병자호란' 때 청의 침략과 조선국왕 인조가 청태종에게 항복한 삼전도에서의 굴욕을 상기하면서 "한이(汗夷;만주 오랑캐)의 원수를 갚아보세"[11]라고 매우 강렬한 반청의식을 가사로 노래하였다.

일본에 대한 동학의 인식은 더욱 적대적이었으며, 일본의 과거 침략

---

10) 〈論學文〉,《東經大全》.

11) 〈安心歌〉,《龍潭遺詞》.

에 대하여 매우 강렬한 적개심을 나타내었다. 동학의 창도자는 일본의 침략을 놓고 '개 같은 왜적놈'이라고 매도했으며, 일본이 임진왜란에 성공하지 못했지만 또다시 침략의 기회를 노리고 있어 경계해야 할 원수라고 강조하였다.[12]

특히 주목할 것은 동학의 창도자가, 만일 앞으로 일본의 재침략이 있을 경우에는, 그가 죽은 뒤에 영혼(신선)이 되어서라도 박멸하겠다는 굳은 결의를 다짐하고, 이를 교도들에게 전달하고 있다는 사실이다.[13]

동학이 평야지대에서 본격적으로 포교되기 시작한 시기는 이미 개항 뒤 일본의 재침략이 본격적으로 자행되기 시작하고 있던 시기이니, 동학의 이러한 강렬한 민족주의적 반일의식과 반침략 사상이 얼마나 강렬하게 애국적 농민들의 마음을 사로잡고 농민들 사이에서 환영받았을 것인가는 추정되고도 남음이 있다.

둘째로, 동학이 지닌 독특한 이론구조의 평등사상이 하위 신분층인 농민의 마음을 강력하게 사로잡았다고 볼 수 있다.

사람은 누구나 마음속에 하느님을 하나씩 모시고 있는데, 이 하느님은 신분·적서·노주(奴主)·남녀·노소·빈부에 전혀 차별 없이 모두 똑같은 지고지귀한 하느님인 것이며, 모든 사람들이 각각 바로 동일한 하느님을 모시고 있기 때문에 사람은 모두 평등하다는 평등사상을 동학이 정립한 것이었다.

예컨대 신분평등의 경우를 보면, 양반도 그의 마음 안에 하나의 하느님을 모시고 있고, 상민도, 그리고 천민도 그의 마음 안에 각각 똑같은 하나의 하느님을 모시고 있기 때문에 양반과 상민(양인)과 천민은 서로 완전히 평등한 것이라고 이론화하여 설명하는 것이다. 동학의 창도자는 몰락양반의 서자로서 자기 스스로를 빈천자 집단과 동일시하여 "부귀

---

12) 〈安心歌〉, 《龍潭遺詞》.

13) 〈安心歌〉, 《龍潭遺詞》.

자는 공경(公卿)이요 빈천자는 백성이라. 우리 또한 빈천자로 초야에서 자라나서"14)라고 하여 자기를 '빈천자=백성'의 하나로 생각하였다. 또한 동학의 창도자는 후천개벽 뒤 앞으로 오는 새 시대에는 '빈천자=백성'이 부귀자가 될 것이라면서 다음과 같이 가사를 지어 불렀다.

"부하고 귀한 사람 이전 시절 빈천이요, 빈하고 천한 사람 오는 시절 부귀로세."15)

동학의 제2세 교주 최시형은 더욱더 평등사상을 강조하고, "우리 도를 각할 자는 호미를 들고 지게를 지고 다니는 사람 속에서 많이 나오리라"16)며 동학이 농민들의 도임을 강조했다.

동학은 또한 조선왕조 사회에서 극심했던 남녀차별에 대해서도 반대하여 남녀평등을 주장하였다.17) 동학에 따르면, 여성도 남성과 똑같이 마음에 하느님을 모시고 있는 '하느님'이며, 더 나아가서 여성은 '하느님을 낳는 하느님'으로서 존귀하기 이를 데 없는 것이다.

동학은 여성도 마음속에 하느님을 모신 존귀한 하느님이므로 남녀가 평등한 것임을 강조하고, 지아비들도 아내를 공경하여 부부가 화순할 것을 강조하였다.

동학 제2세 교주 최시형은 또한 '어린이도 하느님'임을 강조하고, 어린이를 때리거나 차별하지 말 것을 설교하였다. 그는 〈내수도문(內修道文)〉을 지어 동학의 도가에서 부인들이 지켜야 할 행동 규범을 제시하면서 "어린아이도 하느님을 모셨으니 아이를 치는 게 곧 하느님을 치는 게오니"18) 어린이를 때리면서 기르지 말 것을 강조하였다. 그는 동학의

---

14) 〈安心歌〉, 《龍潭遺詞》.

15) 〈教訓歌〉, 《龍潭遺詞》.

16) 《東學史》 p.42.

17) 《天道教創建史》, 제2편, p.36.

"도가에서 유아를 때림은 곧 천주를 때림이라 마땅히 삼갈지며"[19]라고 하여 어린이를 어른과 같이 평등하게 존중할 것을 강조하였다.

동학의 이러한 평등사상은 당시 양반관료들의 극심한 억압과 차별 그리고 학대 밑에서 '평등'을 목타게 구하던 양인신분층과 천인신분층의 농민들로부터 열광적인 환영을 받아 그들의 마음을 완전히 사로잡았다.

셋째로, 동학의 "사람은 곧 하느님이다(人是天)"고 하여 인간을 하느님과 동격으로 보는 인시천(人是天) 사상의 독특한 휴머니즘이 농민들의 마음을 강력하게 사로잡았다고 볼 수 있다.

동학의 창도자인 최제우는 그의 시천주사상에 따라 "사람이 곧 하느님이요, 하느님이 사람이라"[20]고 설파하였다. 동학의 제2세 교주 최시형은 최제우를 계승하여 "사람은 곧 하느님이다(人是天). 사람 섬기기를 하느님같이 하라(事人如天)"[21]고 가르쳤다. 최시형은 또한 가르치기를 동학의 "도가에서는 사람이 오거든 천주가 강림한다고 말하라"[22]고 하였다.

동학의 "사람은 곧 하늘이다"고 하여 인간을 지고지귀한 하느님과 동격에 놓아 인간의 존엄성을 극도로 강조한 동학의 인시천사상은 당시의 서학보다 더욱 농민들에게 호소력이 있었다. 당시 서학을 비롯한 세계의 모든 종교들은 하느님을 인간 외부에 있는 별개의 절대적 주재자로 설정하고, 인간은 하느님 밑에서 그 지배를 받고 하느님께 봉사하는 하느님의 '종[奴僕]'이라고 설파하고 있었다. 이에 견주어 동학의 인내천 사상은 '사람이 곧 하느님'이라고 하여 인간을 지고지귀하신 하느

---

18) 최시형, 〈內修道文〉; 愼鏞廈, 〈최시형의 '내칙', '내수도문', '유훈'〉, 《한국학보》, 제12집, 1978, 〈새 자료소개〉 참조.

19) 《東學史》 p.64.

20) 《東學史》 p.5.

21) 《天道教創建史》, 제2편, p.36.

22) 《東學史》, p.64.

님과 동격으로 설정함으로써 그때까지 전 세계 모든 종교들이 창안한 휴머니즘 가운데서도 최고의 휴머니즘을 창도한 획기적인 것이었다. 동학이 인간을 하느님의 '종'이 아니라 '하느님 그 자체'라고 하여 하느님과 동격으로 인간을 지고지귀한 존재로 정립해서 하느님같이 섬기게 한 것은 하위신분층의 농민이 동학이 서학보다 더욱 우수한 사상과 종교라는 인식을 갖게 하였다고 보인다.

인간을 하느님과 동격에 놓아 지고지귀한 존재로 만드는 최고도의 동학 휴머니즘은 당시 양반관료들로부터 차별받고 학대받으며 사람 대접을 받지 못하고 있던 양인신분층과 천인신분층의 농민들에게 하느님과 동격인 인간의 지고지귀함을 가르쳐 주고 그들에게 새로운 희망과 용기를 주어 그들로부터 열광적인 환영을 받고 그들의 마음을 사로잡은 것이었다.

넷째로, 새로운 시대의 도래를 예고하는 동학의 후천개벽사상이 농민들의 마음을 강력하게 사로잡았다고 볼 수 있다.

최제우는 인류역사를 '선천'과 '후천'의 2단계로 나누어 설정하면서, 이 두 단계는 모두 '개벽'으로 시작된다고 설명하였다. 여기서 '개벽'이란 우주와 세계가 근본적으로 달라지는 '새로운 시대 열림의 시초'를 의미한 것이었다. 그에 따르면, '선천개벽'은 인류사회가 최초로 시작된 변혁을 의미하는데 그 기간이 약 5만 년이라고 생각하였다.

그러면 후천세계의 개벽은 어떻게 시작되는가? 최제우에 따르면, 선천세계의 5만 년이 끝나고 후천세계로 넘어갈 시운이 도달하게 되자, 말세의 혼돈과 도탄 속에 빠져 있는 인류를 구하는 데 공이 별로 없던 하느님이 그동안 '보국안민 광제창생'을 위하여 고민하면서 동국 구미산 용담에서 수도하고 있던 최제우를 선택하여 '하느님의 도'를 들려주고 가르쳐 주어 포덕케 함으로써 후천개벽이 시작된다는 것이다. 즉 최제우가 하느님의 교시로 득도하여 동서고금에 없던 무극대도인 '동학'이 창도되고, 바로 이 '동학'의 창도와 포덕이 '후천개벽'의 시작이며, '동

학'은 앞으로 후천개벽 5만 년을 지도할 도와 학이 된다는 것이다.[23]

　조선왕조 말기의 농민들은 조선왕조사회의 말세적 현상 속에서 기존 도덕과 종교인 유교·불교·도교 어디에서도 정신적 지주를 튼튼히 구하지 못하고 있다가, 동학이 천명에 따라 '후천개벽의 새 시대'를 완전히 열어 농민들을 지상신선과 군자로 만들고 국태민안과 태평성세를 가져올 것이라는 후천개벽 사상을 열렬히 환영했던 것이라고 볼 수 있다.

4. 동학의 교단조직

　동학 교단의 최초의 기본 조직은 1862년 최제우가 만든 '접주제'였다.

　최제우가 1860년에 득도한 뒤 1861년(신유)부터 포덕을 시작하여 경주지방에서 대성공을 거두자, 1862년 11월 최시형이 최제우에게 각지에 포덕접주를 정할 것을 제의하였다. 최제우는 이 제의를 받아들여 교도들을 관리하는 조직으로서 각지에 '접'(또는 '접소')을 설치하고 접주와 접사를 두게 하였다.[24]

　그러나 1864년 3월 10일 최제우가 대구에서 처형되고 동학이 조선왕조 정부에 의해 불법 종교로서 엄격히 금지되었기 때문에 이 접주제는 일시 붕괴된 듯하였다. 동학의 교단 조직은 산산조각이 나고 최시형은 관헌에 쫓기어 태백산의 깊은 산속으로 도피하여 들어가게 되었다. 최시형은 태백산 속을 근거지로 삼아 잠행하여 전전하면서 겨우 동학의 명맥을 유지시켜 나가고 있었다.

　최시형은 1880년(庚辰) 경전간행소를 강원도 인제군에 설치하고 《동경대전》을 간행하였다.[25] 최시형은 이듬해 1881년(辛巳) 다시 개간소를

---

23) 〈龍潭歌〉, 《龍潭遺詞》.

24) 《東學史》, p.31 참조.

25) 〈도원기서〉, 전게자료집, 제1권, pp.277~280.

충청도 단양군에 개설하여《용담유사》8편을 순국문으로 간행하였
다.26)

최시형은 1883년 2월에 다시 경전간행소를 충청도 목천군에 설치하
고《동경대전》1천여 부를 간행하여 각지에 공급하였다.27)이것은 이 시
기에 동학이 충청도와 경기도 일대에도 파급되어 하위신분층인 농민들
의 열렬한 환영을 받고 날로 교세가 융성해가고 있었음을 나타내는 것
이었다.

최시형은 1884년(甲申) 12월에 그동안 교도들의 수가 급증하게 되자
'육임제도'를 새로 설치하였다.28) 육임제도란 각 '접'의 접주 밑에 각각
① 교장, ② 교수, ③ 도집, ④ 집강, ⑤ 대정, ⑥ 중정의 6개 직임을 두어
동학의 일을 분담 수행케 한 것이었다.

최시형은 1887년 보은군 장내리에다 동학의 도소를 차리었다. 이 시기
에는 평안도지역에도 동학이 농민들로부터 열렬한 환영을 받아 교세가
급속히 농촌사회에 팽창했으며, 각 지방에서 최시형을 만나보고 그의 동
학 강의를 듣고자 수많은 교도들이 보은 장내리로 모여 들었다. 이에 최
시형은 '육임소'를 설치하고 그 책임자로 하여금 매달 1회씩 차례로 청
강케 했으며, '육임'의 상신이 아니면 평교도들이 바로 제2세 교주 최시
형을 만나지 못하도록 하여 '육임'의 조직 내 지위를 크게 높였다.

5. 보은집회와 동학조직의 발전

1892년에 들어서자 정월부터 충청 관찰사 조병식은 비밀리에 동학의
금령을 발하여 동학교도들을 색출, 단속케 하였다. 이에 충청도 동학교

---

26)《천도교회사초고》, 전게자료집, 제1권, p.428 및《天道敎創建史》, 제2편, p.30 참조.

27)《天道敎創建史》, 제2편, p.31 참조.

28)《천도교회사초고》. 전게자료집, 제1권, p.430 참조.

도들은 관리들의 박해와 수색, 체포로 편안히 생활할 수가 없게 되었다. 그해 7월에 서인주 등이 최시형에게, 동학교도들의 생명과 재산을 보호하기 위해서라도 교조신원을 하여 동학의 합법화와 포덕의 자유를 획득하는 일이 긴급한 일임을 강조하고 최시형에게 교조신원운동을 일으킬 것을 요청하였다. 그러나 최시형은 시기상조임을 들어 이를 허락하지 아니하였다. 각지의 교도들이 관아의 핍박을 견디지 못하자 서인주 등은 그들을 지지했으므로 교주 최시형의 허락을 받지 못한 상태에서 1892년 10월 동학교도들을 공주로 모이게 해서 '공주취회'를 열고 이 자리에서 민소 형식으로 충청 관찰사에게 ① 교조의 신원과 ② 동학교도에 대한 탄압 금지를 요청하는 소장을 제출하였다.[29]

최시형은 교조신원운동이 일어나자 이를 본격적으로 펼치기로 결심하고, 전라 관찰사 이경식에게도 소장을 제출하기 위해 각 지방 접주들에게 통문을 발송해서 1892년 11월 1일을 기하여 삼례역에 집합하도록 하였다. 이에 수천 명의 동학교도들이 삼례역에 모여 이른바 '삼례취회'를 열고, 교주 최시형의 이름으로 전라 관찰사 이경식에게 소장을 제출하였다. 그 요지는 ① 교조 최제우가 사학의 누명을 쓰고 순도한 지 30년에 이르도록 억원(抑寃)을 풀지 못하여 대도를 장명하지 못하고 있은 즉, 정부가 서양 종교에게 자유를 주고 있는 것과 마찬가지로 동학에 대해서도 교조의 억울함을 인정하고 포덕의 자유를 허용할 것과 ② 지방관리들의 동학교도들에 대한 수색·체포·구금과 재산 수탈을 엄금해 줄 것을 강력하게 요구한 것이었다.[30]

1892년 10월의 공주취회와 11월의 삼례취회는 동학의 운동 조직에서 교도들의 군중대회를 개최하여 시위와 소장을 통해서 요구조건을 관철하려 한 새로운 방식을 도입한 것이었다. 이에 대하여 전라 관찰사는 몇

---

29) 《東學史》, pp.70~71 및 《天道敎創建史》, 제2편, pp.45~46 참조.

30) 《天道敎創建史》, 제2편, pp.46~48 및 《東學史》, pp.71~71 참조

차례의 소장과 응답 끝에 ① 동학 교조의 신원과 포교의 자유문제는 중앙조정에서만 결정할 수 있는 일이요, 지방관이 결정할 수 있는 일은 아니며, ② 동학교도들에 대한 지방 관리들의 체포와 재산수탈 등은 금지시키겠다고 약속하였다.[31]

그러자 동학교도들은 서울로 올라가서 1893년(癸巳) 2월 상소문을 바치고 광화문 앞에 엎드려 3일 동안 밤낮으로 슬피 울면서 교조신원을 호소하였다. 당시 복합상소의 현장에 나간 교도들 이외에도 동학교도들 다수가 비밀리에 서울에 들어와 있었으므로 동학교도들의 복합상소는 조정과 서울 시민들에게 큰 충격을 주었다. 마침내 국왕 고종은 "각기 모두 집으로 돌아가서 생업에 종사하면 소원대로 시행하겠다"는 비답을 내리었다.

동학교도들이 국왕의 약속을 믿고 상경복합상소단을 해산하여 지방으로 돌아오자, 국왕과 중앙조정은 약속한 교조신원을 해주기는커녕 동학교도들의 상경을 미리 막지 못한 전라 관찰사 이경직을 파면하고, 한편으로 지방의 동학교도들이 다시 소요를 일으키지 못하도록 엄중히 단속할 것을 지방관들에게 지시하였다. 이 때문에 동학교도들에 대한 지방 관리들의 감시와 탄압은 도리어 가중되게 되었다.

동학교도들의 교조신원을 위한 상경복합상소가 국왕과 조정의 배신으로 말미암아 실패로 돌아가자, 최시형은 1893년 3월 11일 보은 장내로 돌아가 그곳에다 동학의 총본부인 '대도소'를 설치하였다. 최시형은 또한 그때까지의 '접' 위에다 몇 개의 접들을 지휘하는 '포'를 두고, 각 포에는 그 책임자로 '대접주'를 두는 제도를 신설하였다.[32] 이때 19명의 대접주들이 임명되었다.

1893년 3월 보은 '대도소'의 설치와 '포제도'의 실시는 동학 교단 조직

---

31) 《東學史》, p.74 참조.

32) 《天道敎創建史》, 제2편, p.55 및 《천도교회사초고》, 전계자료집, 제1권, p.54 참조

의 발전에서 획기적인 중요성을 가진 것이었다. 이 '포'제도의 설치로 말미암아 동학 조직의 지휘체계는 대도소(북접대도주=최시형)→포(대접주)→접(접주)으로 되고 '포접제도'가 확립된 것이었다.

최시형 등은 동학교도들이 통문에 응하여 보은 장내로 모여들자 '보은취회'를 열었다. 동학교도의 대표들은 최시형이 보은에 도착하기도 전에 모여들기 시작했으며, 결국 이 '보은취회'에 2만 7천 명이나 참가하였다. 보은취회는 제2세 교주 최시형이 직접 대회장에 나와 대접주들을 지휘하면서 개최하였기 때문에 매우 질서정연하였다.

여기서 주목할 것은 보은취회에서 교조신원이 주장되지 않고 뜻밖에 '척왜양창의'가 높이 주장되었다는 사실이다. 그들은 냇가의 평지에 돌담으로 구획을 하여 보은취회장을 만들고 사방에 출입문을 세웠으며, 중앙에는 '척왜양창의'라는 대기를 높이 세웠다. 그 주위에는 각 포를 표시하는 중기와 다섯 방향을 표시하는 오색 소기를 세우고 동학가사(《용담유사》 등)를 읊으며 격렬한 시위를 펼쳤다. 또한 동학교도들은, 보은 군수가 대회장에 찾아와 조정의 명령을 들어 해산할 것을 종용했을 때, 취회의 목적이 오직 '척왜양'에 있을 뿐이므로 절대로 해산할 수 없다고 응답하였다.[33]

보은취회가 교조신원을 주창하지 않고 '척왜양창의'를 주창한 것은 동학교도들의 조직적 운동 목표에 일대 전환을 가져온 것이었다. 그것은 동학교도들이 그들의 조직운동을 종교운동으로 한정하지 않고 민족운동·구국운동을 펼칠 것임을 공식적으로 나타낸 것이기도 하였다고 볼 수 있다.

보은취회는 매우 질서정연했지만 중앙조정의 눈에는 극히 불온한 민중집회로 보였다. 이에 조정은 충청 관찰사를 파면하여 교체하였다. 그리고 강경책과 온건책을 모두 채택하여 온건책으로서는 어윤중을 양호

---

33) 《聚語》, 《東學亂記錄》 상권, p.111.

도어사(뒤에 양호선무사)로 임명한 뒤 파견해서 동학교도들을 어루만져 보은취회를 해산시키도록 하였고, 강경책으로서는 장위영 정령 홍계훈을 지휘관으로 하여 경군 6백 명을 파견해서 무력으로 집회를 해산시키도록 하였다.[34)]

어윤중이 보은에 도착하자 보은취회의 동학교도들은 그들의 집회목적이 '척왜양창의'에 있음을 강조하는 문장을 어윤중에게 제출하였다. 어윤중이 이를 받아들여 동학교도들의 취회를 '민회'라 하고 동학교도들을 '민당'이라 부르면서 그들의 애국충절을 인정했으며, 교조신원과 지방관들의 동학교도 탐학 금지를 약속했기 때문에 양측의 협상은 급진전되어 홍계훈이 인솔한 경군 6백 명이 보은에 도착하기 전에 보은취회는 해산하기로 합의되었다.

보은취회는 경군의 무력탄압이 있기 전에 해산되었지만, 이것은 1893년 3월 11일부터 20여 일 동안 전국에서 2만 7천 명이 모인 가운데 진행된 대규모 동학민중취회였고, 교조신원을 위해 소집된 취회가 '척왜양창의'라는 민족구국운동의 깃발을 처음 높이 올린 집회였다. 이것은 바로 갑오동학농민혁명운동의 전주곡이나 다름없는 농민봉기의 준비대회와 같은 성격을 나타낸 취회였다고 볼 수 있다.

6. 동학과 농민혁명운동의 결합설

그러면 우리가 지금까지 고찰한 동학과 그 뒤의 갑오농민혁명운동은 어떠한 관계를 가질 것인가? 이에 대해서는 앞에서 밝힌 바와 같이 이제까지는 ① 동학의 혁명사상에 의거하여 농민혁명운동이 일어났다고 보는 '동학혁명설'과 ② 동학은 농민혁명운동의 외피·외의에 불과하다

---

34) 《속음청사》, 상권, p.262 참조.

는 '동학외피설'이 주장되어 왔고, 근래에 필자가 ③ 동학과 농민혁명운동의 '결합설'을 주장하고 있다.

필자는 동학이 이제까지의 '민란'과 '결합'하면서 민란에 ① 조직과 ② 사상(특히 평등사상)을 주어 민란을 농민혁명운동으로 규모와 내용면에서 한 차원 더 높였으며 더 나아가 갑오농민혁명운동을 발발시켰다고 보고 있다.

먼저 주목해야 할 것은 갑오동학농민혁명운동은 18세기 후반부터 본격적으로 전개되어 온 무수한 '민란'들의 연속성 위에 있다는 사실이다. 이러한 '민란'들의 특징들 가운데 하나는 부·군·현을 하나의 단위로 하여 부사·군수·현감 등 지방관의 탐학에 저항해서 부·군·현 단위로 폭발했다는 사실이다. 당시 부사·군수·현감 등은 자기가 통치하는 고을에서 삼권을 모두 장악하여 상당히 자의적 통치를 할 여지가 있었기 때문에 탐학의 여지가 많았고, 이 경우에는 부·군·현 단위로 민란이 일어났다. 그러나 이러한 소규모 민란은 도나 중앙의 군대가 개입하는 경우에 모두가 패배하고 쉽사리 '진압'될 수밖에 없었다. 이러한 상태에서 1860년 창도되어 1861년부터 포교되기 시작한 동학의 교단 조직은 이제까지의 부·군·현 단위의 '민란'에 부·군·현을 뛰어넘을 뿐 아니라 도까지도 초월하는 전국 수준의 대규모 '조직'을 공급해 주어 대규모 농민혁명운동을 일으키도록 결합된 것이었다.

동학 교단의 조직은 앞서 살펴본 바와 같이 1862년 최제우가 접주제도를 채택, 실시하기 시작한 이래 꾸준히 발전해 오다가, 동학농민혁명운동 1년 전인 1893년까지에는 최시형의 주도 아래 다음 그림과 같이, ① 대도소(북접대도주) → ② 포(대접주) → ③ 접(접주)의 조직 지휘체계를 정립했으며, 각 '접' 안에는 기능적으로 분화된 육임제도(교장·교수·도집·집강·대정·중정)를 확립하여, 이 육임제도의 기능 분화 원리를 포와 대도소에도 적용할 수 있게 되었다.

'동학'과 '민란'의 '결합'에 관련하여 가장 주목해야 할 조직 단위는

동학의 조직체계

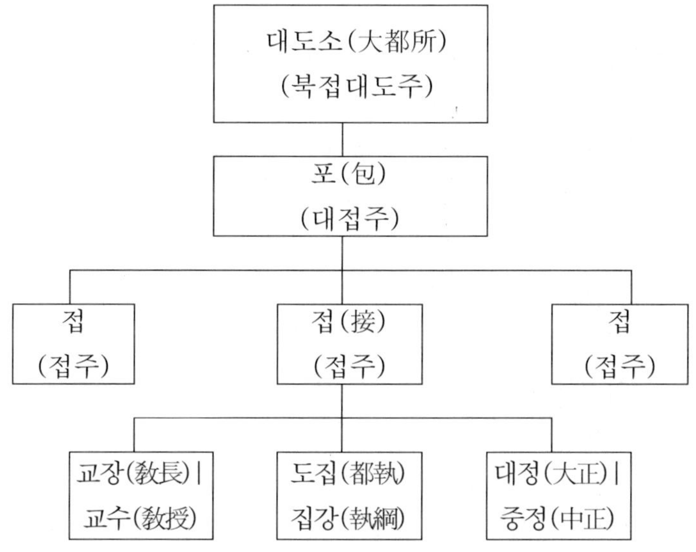

'포'이다. '접'은 대체로 군·현 단위 또는 그 이하 단위의 조직으로 소
행정단위로서의 군·현의 범위와 일치(또는 그 이내)했던 데 견주어,
'포'는 그 아래에 몇 개의 접들을 포괄하는 것이었기 때문에 불가피하게
몇 개의 군·현을 포괄하게 되는 것이었다.

따라서 포(대접주)의 조직이 민란과 '결합'될 때에는 이제까지 대부분
의 민란 범위인 군·현단위의 민란을 넘어서게 되는 것이었다고 볼 수
있다.

1893년 당시 동학 교단에는 19개의 포와 대접주가 조직되어 있었다.
이들은 각각 아래로 여러 군현에 걸쳐 자기가 직접 지휘하는 접주들과
교도들을 거느리고 있었으며, 위로는 직접 대도소(보은 장내리에 설치)
의 북접대도주(최시형)에게 닿아 있는 교단 안의 실제 막강한 비밀조직
단위였고 실력자였다고 볼 수 있다. 동학의 교도들이 농민혁명운동의
봉기를 '기포'(지하의 포를 세상에 나와 봉기케 한다는 뜻)라고 이름 붙

이는 것은,35) '포'조직의 이러한 특징을 잘 나타낸 용어라고 말할 수 있을 것이다.

동학의 전국 조직 본부인 대도소가 민란과 결합된다면 전국적 농민혁명운동이 일어난다는 것은 필지의 일이지만, 대도소가 움직이지 않더라도 몇 개의 '포'(대접주)가 연합하여 봉기하면 종래 군·현 단위의 폭동이 적어도 도 수준의 대규모 농민혁명운동으로 봉기할 수 있는 것이었다.

이 가운데서도 결정적 중요성을 갖는 것은 1893년 3월의 보은취회였다고 할 수 있다. 이 보은취회에서는 전국 포·접의 책임자들인 대접주·접주들이 제2세 교주 최시형의 지휘 아래 일부 교도들과 함께 약 2만 7천여 명이나 한자리에 모여 대규모의 대회를 개최했으니, 만일 이 보은취회의 참석자들에게 무기만 주어 일어서게 했다면 대규모 농민혁명운동이 그날로 일어나는 것이었다고 볼 수 있다. 따라서 동학과 민란의 결합에 따른 전국적 규모의 농민혁명운동 봉기와 관련하여 보은취회의 중요성은 아무리 강조해도 지나치지 않을 만큼 결정적으로 중요한 것이었다. 그러므로 보은취회는 이듬해 1894년에 일어난 동학농민혁명운동의 바로 전주곡에 해당하는 것이었다고 볼 수 있는 것이다.

동학농민혁명운동은 1894년 1월 11일(양력 2월 17일) 고부민란이 발생했다가 군수가 교체되고 신임군수 박원명이 설득하자 자진 해산한 뒤, 무장에 잠행한 전봉준의 설득으로 무장대접주 손화중의 포와 태인대접주 김개남의 포, 그리고 금구대접주 김덕명 포 등 3개 포가 연합하여 전봉준을 책임자로 한 남접도소를 설치하고 1894년 3월 20일(양력 4월 25일) 기포함으로써 먼저 도 수준의 대규모 농민혁명운동이 봉기하게 된 것이다.

다음으로 외세침략으로부터 자기 조국을 지키려 한 동학의 강렬한 민

---

35) 《전봉준공초》, 初招問目, 《東學亂記錄》 하권, p.525 참조.

족주의사상과 평등사상을 중심으로 한 확고
한 민주주의 사상, 인시천사상을 중심으로
한 최고도의 휴머니즘, 새로운 세상이 온다
는 후천개벽사상이 농민들의 마음을 사로잡
아 농민들에게 열렬한 환영을 받으면서 동
학과 하위신분층의 농민이 '결합'하게 되었
다. 당시 외세의 침략 아래 양반관료들로부
터 차별받고 학대받으며 천시당해 오든 양
인(평민) 신분과 천인 신분의 농민들은 그들
이 의지할 수 있는 정신적 지주를 갖고 있지
못하고 있다가 동학이 강렬한 민족주의사상,
새로운 평등사상, 사람을 하느님같이 대접
하는 새로운 휴머니즘, 새로운 세상이 온다
는 후천개벽사상을 공급하자, 이를 열렬히
환영하여 조선왕조 관헌의 잔혹한 탄압 속
에서도 동학에 입도하여 동학과 농민들의
'결합'이 이루어지게 되었다.

김개남

손화중

　예컨대, 동학의 제3세 교주 손병희가 동학에 입도한 동기도 서자 출
신으로서 적서차별에 분노하여 울분 속에서 생활하던 그가 동학의 평
등사상에 감복했기 때문이었다. 동학농민혁명운동 때 황해도에서 접주
로서 참가한 백범 김구가 18세 때(1900년) 동학에 입도하게 된 동기도
동학의 평등사상과 사람다운 대접에 감복한 때문이었으며, 주로 '상놈
들'이 평등사상에 감복하여 동학에 들어갔다고 기록하였다.[36]

　또한 서양세력과 일본의 침입을 반대하는 동학의 사상(척왜)도 농민
들에게 열렬한 환영을 받아 농민들의 의식으로 정립되었다.

---

36) 《백범일지》(백범김구선생기념사업협회판), pp.27~29.

예컨대, 동학의 창도자 최제우는 〈안심가〉에서 임진왜란 때 일본의 침략을 통렬히 비판하고, 만일 앞으로 왜(일본)의 재침략이 있는 경우에는 그가 죽어 영혼이 된 뒤에도 반드시 왜를 멸하리라는 의지를 '내가 또한 신선 되어 비상천한다 해도, 개 같은 왜적놈을 하느님게 조화 받아, 일야에 멸하고서 전지무궁하여 놓고'37)라고 노래했다. 이 〈안심가〉는 경전의 일종이 되어 모든 동학교도들이 외우고 집회 때에는 자주 노래했는데, 이 '척왜'(멸왜)의식은 보은취회 때와 동학농민혁명운동 시기에 그대로 동학농민군의 사상과 의식으로 작동했음을 볼 수 있다.

필자가 '동학'과 '농민혁명운동'의 '결합설'을 주장하는 문헌자료상의 한 근거는 전봉준이 재판정에서 한 진술에서도 찾아볼 수 있다. 전봉준은 기포했을 때 원민과 동학이 결합했으나 원민이 더 많았다고 다음과 같이 진술하였다.

"문(재판관) : 기포했을 때에 동학이 많았느냐, 원민이 많았느냐?
답(전봉준) : 기포했을 때에 원민(冤民)이며 동학이 결합하였으나, 동학은 소하고 원민은 다하였다.38)

또한 당시 동학농민혁명운동을 목도하고 체험한 매천 황현은 전봉준 등이 제1차 동학농민혁명운동을 봉기할 때부터 '동학과 난민이 결합'하였다고 다음과 같이 기록하였다.

도리어 모두 창언하기를, 동학이 하늘과 사물의 이치를 대신하여 보국안민하되 살륙과 약탈을 하지 않으며 오직 탐관오리만 용서하지 않는다고 하였다. 이에 어리석은 백성들이 호응하여 전라우도 연변 일대의 10여 읍이 일시에 봉기해서 열흘 사이에 수만 명에 이르렀다. 동학과 농민이 결합한

---

37) 《龍潭遺詞》, 〈安心歌〉.
38) 《전봉준공초》 初招問目, 《東學亂記錄》 하권, p.525.

것은 이때부터이다.39)

전봉준과 황현이 여기서 말한 '동학과 원민·난민의 결합'은 직접적으로는 동학농민혁명운동에서 '동학교도와 일반 원민, 난민의 결합'을 가리키는 것이었다. 그러나 이것은 좀더 소급하고 추상화하여 '사상·종교·조직으로서 동학과 농민군의 결합'으로 일반화하는 근거가 될 수 있는 것이라고 볼 수 있다. 왜냐하면, 동학이 조직적으로 포덕되기 시작하자 동학과 농민들이 결합하기 시작하였으며, 다음은 동학과 민란이 결합하고, 마침내는 동학과 농민혁명운동의 결합까지 발전했기 때문이다.

7. 맺음말

이상의 고찰에서 알 수 있는 바와 같이, 동학과 농민혁명운동의 관계는 동학사상이 사회혁명성을 갖고 있다고 해서 동학사상 자체가 갑오농민혁명운동을 일으킨 것도 아니었고, 또한 동학이 갑오농민혁명운동의 외피·외의에 불과했던 것만도 아니었다. 이 점에서 동학과 농민혁명운동의 관계에 대한 '동학사상혁명설'과 '동학외피·외의설'의 양극단적 설명은 모두 사실과 일치하지 않는 것이라고 볼 수 있다. 동학은 이제까지의 민란·농민혁명운동에 ① 조직과 ② 사상을 주어 양자가 공고하게 '결합'해서 대규모의 동학농민혁명운동이 일어날 수 있게끔 했다고 볼 수 있다. 이 점에서 동학과 농민혁명운동의 관계는 '동학과 농민혁명운동의 결합설'이 가장 합리적이고 역사적 사실과 일치하는 설명이라고 생각된다.

---

39)《梧下記聞》, 제1필의 p.25.

동학이 농민군들에게 공급해 준 사상으로서 먼저 눈에 띄는 것은 동학의 강렬한 반외세·반침략의 민족주의 사상이다.

또한 독특한 구조인 동학의 평등사상이 농민들의 마음을 사로잡아 농민들로부터 열렬한 환영을 받고 농민혁명운동과 결합요소가 되었다.

다음으로 동학의 "사람은 곧 하느님이다"라고 하는 인시천사상의 휴머니즘이 농민들로부터 열렬한 환영을 받아 농민군과 결합요소가 되었다. 동학의 "사람은 곧 하느님이다. 그러므로 사람 섬기기를 하느님같이 하라"는 사상은 당시 서학보다 더 농민들에게 호소력이 있었던 것이다. 또한 동학의 후천개벽사상이 새 시대의 도래를 기다리는 농민들로부터 환영을 받아 농민군과 결합요소가 된 것이라고 볼 수 있다.

다음에 동학이 농민혁명운동에 공급해 준 결합요소로서 결정적 중요성을 갖는 것이 동학의 '조직'이다. 동학이 조직을 갖고 포덕되기 이전까지는 농민들은 조직을 갖고 있지 못했기 때문에 민란들은 군·현 단위로 자연발생적으로 폭발하였다. 그러나 이러한 소규모의 민란은 농민조직이 없었기 때문에 도와 중앙의 관군이 개입하는 경우에는 모두가 패배하고 쉽사리 '진압'되었다.

동학의 교단조직에서 획기적 발전을 보게 된 것은 1893년 3월 보은취회의 개최 때 '포'제도를 신설하여, '대접주'제도를 채택하고 '대도소'를 설치한 일이다. '포'는 그 아래에 몇 개의 접들을 포괄하여 포의 책임자인 '대접주'가 접의 책임자인 몇 개의 접주들을 지휘하는 단위였다.

동학과 농민혁명운동의 결합요소로서 동학 교단 조직 가운데 가장 중요한 핵심적 조직 단위는 '포'였다고 할 수 있다. 왜냐하면, '접'이 대체로 행정단위로서의 군·현과 일치했던데 견주어, '포'는 몇 개의 접을 포괄하며 따라서 몇 개의 행정단위로서 군·현들을 포괄했기 때문이었다. 따라서 하나의 접이 민란과 결합될 때에는 대체로 하나의 군·현이 흔들리게 되지만, 하나의 '포'가 민란과 결합될 때에는 이제까지와는 달리 몇 개의 군·현이 흔들리게 되며 군·현의 관군만으로는 '진압'할 수 없게 된 것이다.

동학 교단 조직의 '포'는 1893년 봄 당시 이미 19개의 '포'가 조직되고 '대접주'가 임명되어 있었다. 동학교도들이 농민혁명운동의 봉기를 '기포(起包)'라고 호칭한 것은 '포'조직의 이러한 특징을 잘 포착한 표현이라고 볼 수 있다.

1893년 3월의 보은취회는 19개 포의 대접주들이 모두 참가하고, 그 아래의 많은 접주들과 교도들이 참가한 전국적 규모의 동학교도대회였다. 이 보은취회에서 '교조신원(敎祖伸寃)'이 주창되지 않고 바로 '척왜양창의(斥倭洋倡義)'가 주창된 것은 동학농민혁명운동의 전주곡을 울린 것이었으며, 여기에 무기만 들면 동학농민혁명운동이 전국 규모로 일어나게 되어 있는 것이었다.

당시 한국민족의 위기상황을 타개하는 사상으로서 개화사상, 동학사상, 위정척사사상, 그밖에 몇 가지 사상들이 병존하고 있었음에도 '동학'이 농민들에 의해 선택되어 농민혁명운동과 '결합'하게 된 원리는 위와 같은 사상과 조직의 특성으로 말미암아 동학이 농민들에게 '선택적 친화력'이 가장 높았기 때문이었다고 해석된다.

Ⅴ. 제1차 동학농민혁명운동의 특징

1. 머리말

1894년의 동학농민혁명운동 100주년을 전후하여 이에 대한 연구가 대폭 진전되었고, 자료집도 여러 곳에서 방대한 규모로 간행되었다. 이에 따라 동학농민혁명운동의 내용도 이제까지 알지 못했던 여러 가지 세부 내용까지 많이 밝혀지게 되었다. 학계의 큰 업적이라고 할 수 있을 것이다.

동학농민연구에서 특이한 점은 이렇게 연구 업적들이 축적되어 가는 데 비례해서 논쟁적 문제들이 더욱 많이 제기된다는 사실이다. ‘동학농민혁명운동’, ‘갑오농민전쟁’의 학술용어부터 시작해서 여러 가지 크고 작은 문제들에 대해 연구자들의 ‘합의’보다는 서로 다른 해석의 ‘논쟁’이 더 많은 편이다.

이 논문에서는 동학농민혁명운동의 시작에 해당하는 ‘제1차 동학농민혁명운동’의 특징을 살펴보면서 이 주제와 관련된 몇 가지 논쟁적 문제들에 대해 필자의 견해를 밝히려 한다.

먼저 이제까지 일부 연구에서 ‘고부농민폭동’(고부민란)과 ‘제1차 동학농민혁명운동’을 통합해서 보고, 농민혁명운동을 고부농민폭동부터 잡는 견해에 비교해 왜 고부농민폭동과 제1차 농민혁명운동을 엄격히 구분해야 하는가의 이유를 논의하려고 한다.

다음에는 제1차 동학농민혁명운동에 대해 아직 농민들의 정치의식 수준이 낮아서 이것은 혁명이나 혁명운동을 일으킨 것이라고 볼 수 없고,

'농민봉기'나 최대로 해석해야 '농민전쟁'으로까지밖에 볼 수 없다는 견해에 대해 '제1차 동학농민혁명운동'의 '혁명성'을 검토하려고 한다.

이어서 최근 실증주의적 관점에서 전주화약(全州和約)의 협정문서(協定文書)나 문헌증거들이 아직 발견되지 않고 있기 때문에 전주화약의 실재성을 인정할 수 없다고 보는 견해에 대해 전주화약의 특징을 검토하려고 한다.

끝으로 제1차 동학농민혁명운동의 특징은 제2차 혁명운동과 대비해 볼 때 더욱 명료하게 들어날 수 있으므로 두 차례의 농민혁명운동을 비교, 살펴보려고 한다.

이 논문은 논쟁적 해석문제를 다루고 있으나 그 검토는 모두 실증자료의 토대 위에서 논의하는 것임을 덧붙인다.

2. 고부농민폭동과 제1차 동학농민혁명운동의 차이

동학농민혁명운동에 대한 많은 저서와 논문들이 '고부농민폭동'과 '제1차 동학농민혁명운동'을 같은 것으로 서술하고 있는데 이것은 전혀 다른 것이다.

첫째, 고부농민폭동은 1894년 음력 1월 11일(양력 2월 16일) 전라도 고부(古阜)에서 일어난 소규모의 자연발생적인 '민란'(농민폭동)이었다. 반면에 '제1차 동학농민혁명운동'은 1894년 3월 20일(일설, 3월 21일 ; 양력 4월 25일) 전라도 무장(茂長 ; 현재의 고창군 무장면)에서 봉기한 대규모의 조직적인 농민혁명운동이었다.

고부농민폭동의 직접적 원인이 된 것은 고부 군수 조병갑(趙秉甲)을 비롯한 봉건적 양반관료의 농민에 대한 수탈 심화였다. 전봉준이 재판 과정에서 지적한 조병갑의 농민수탈 사례는 ① 고부의 동진강 상류 만석보(萬石洑)를 새로 수축한다고 하면서 농민들을 무상 부역으로 강제

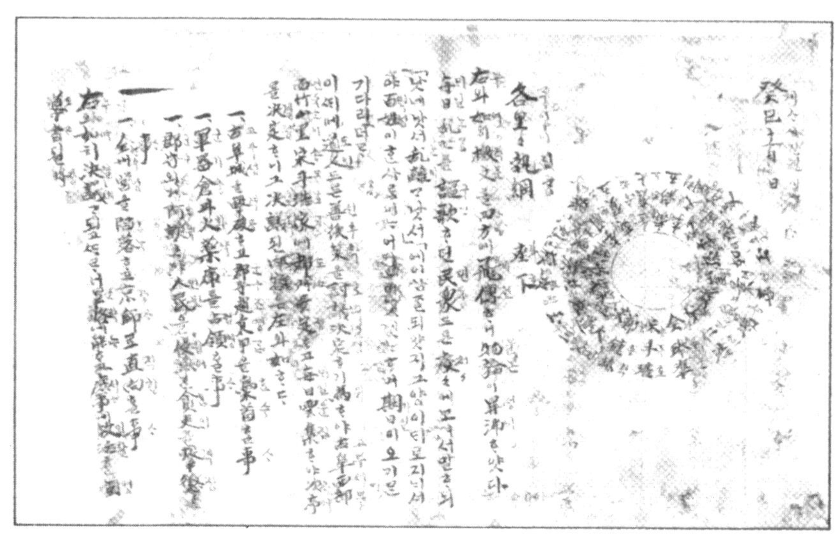

농민군의 봉기를 호소한 사발통문

동원할 때에는 수세(水稅)를 가징하지 않겠다고 약속해 놓고 정작 추수 뒤에는 수세를 가징하여 700여 석을 착복하였고, ② 진황지(陳荒地)를 개간하면 일정 기간 면세한다고 약속해 놓고 개간 뒤에는 바로 지세를 부과했으며, ③ 부민(富民)들에게 불효·음행 등 죄목을 뒤집어 씌워 2만여 냥을 수취 착복하였고, ④ 대동미(大同米)를 징수할 때 1결당 정백미(精白米) 16두를 징수한 뒤 국가에 바칠 때는 값싼 하등미로 바꿔치기해서 차액을 착복하였다[1]는 것 등이다. 또한 전운사(轉運使) 조필영(趙弼永)은 세수곡(稅收穀) 운수비용, 운수선박 수리비 등 각종 명목으로 세미(稅米)에 대한 부당한 가징(加徵)을 자행하였다[2]는 것이다.

기타 균전사(均田使) 등 양반관료들의 농민 수탈은 1893년에 더욱 심해졌다.

---

1) 〈全奉準供草〉, 初招問目, 《東學亂記錄》(국사편찬위원회판), 하권, p.522 참조.
2) 吳知泳, 《東學史》, pp.102~103 참조.

이에 고부 농촌의 유지들은 1893년 가을 고부의 서당 훈장 전봉준(全琫準, 당시 동학의 고부 접주)을 대표로 추대하였고 농민 수십 명이 군수 조병갑에게 등상(等狀 ; 진정서 제출)을 갔다. 제1차 등장 때에는 견책을 하고 추방했으며, 제2차 등장 때에는 아예 군졸을 시켜 군아(郡衙)의 문 안에 들여보내지도 않고 쫓아내었다.

이에 고부 농촌의 유지들은 1893년 11월 군수 조병갑을 징치(徵治)하기 위한 '사발통

만석보 유지비

문(沙鉢通文)'을 고부군 각리 이집강(里執綱)들에게 발송하였다.3) 이것이 신호가 되어 고부 농민들의 농민폭동이 일어나게 되었다.

고부 농민 천여 명은 1894년 음력 1월 11일 이른 아침 말목(馬項) 장터에 모여 전봉준을 다시 대표로 추대하고 군중을 2대로 나누어 고부군아(古阜郡衙)를 습격하였다.4) 농민들의 무기는 죽창과 농기구들이었으나, 군청의 병졸·아전에 견주면 숫적으로 압도적이었고 분노가 충천해 있었기 때문에, 군수 조병갑은 놀래어 변장하고 전주 방면으로 도망했으며, 병졸·아전들도 모두 도망하였다. 고부군청을 점령한 농민들은 창고에서 조병갑이 강제 징수한 수세 곡식 1천4백 석을 원주인들에게 나누어 돌려

---

3) 愼鏞廈, 〈古阜民亂의 沙鉢通文〉, 《韓國近代社會經濟史研究》(정음문화사), 1985 ; 愼鏞廈, 《東學과 甲午農民戰爭研究》(일조각), 1993, pp.118~129 참조.

4) 鄭昌烈, 〈古阜民亂의 연구〉(상·하), 《韓國史研究》제48~49집, 1985 참조.

주고, 만석보에 새로 쌓은 신보(新洑)를 헐어버렸다. 이 시기 전국 각지에서 창궐한 군현 단위별 '민란' '민요(民擾)'가 전라도 고부에서도 일어난 것이었다.

중앙조정은 고부 농민폭동에 대해서 교활하게 이중의 대책을 세웠다. 먼저 민심을 어루만지기 위하여 2월 15일 호남 출신 용안 현감 박원명(朴源明)을 새로 고부 군수로 임명하고, 농민의 요구사항을 잘 들어주어 폭동을 일으킨 농민을 오직 힘껏 해산시키도록 지시한 뒤 출발시켰다. 이어서 같은 날 중앙조정은 장흥 부사 이용태(李容泰)를 고부군 안핵사(古阜郡安覈使)에 임명하여 농민이 해산하는 즉시 폭동 주동자들을 엄격하게 조사해서 조치하도록 명령하고는 출발시켰다.[5]

신임군수 박원명은 고부에 도착하자 전 군수 조병갑의 탐학과 잘못을 인정하면서 농민들이 해산만 하면 민란의 책임을 묻지 않겠다고 이집강(里執綱)·부농 등 유지들에게 약속하였다. 이에 이집강·부농 등 유지들은 집합한 농민들의 해산에 찬성하였다. 이에 전봉준은 집합한 농민들에게 한번 해산하면 다시 모일 수 없다고 적극 만류했으나, 농민들은 전 군수가 수탈한 수세곡도 되돌려 받았고, 새 군수도 원만한 인물로 교체되었으며, 민란의 책임도 묻지 않겠다고 약속받았으므로, 폭동의 목적을 성취했다고 보고 2월 하순에 모두 해산하여 귀가하였다.

폭동농민들의 해산을 기다리던 신임 고부군 안핵사 이용태는 농민해산의 보고를 받자 즉시 8백 명의 병졸(주로 역졸)을 인솔하고 고부군에 들이닥쳐 전군을 장악하고 민란 주동자와 가담자 색출 체포에 혈안이 되었다. 이용태는 특히 민란 주동자와 가담자 가운데 동학교도가 있으면 그 집을 불태우고 재물을 약탈하며 부녀자를 능욕하고 온갖 가혹한 만행을 자행하였다.[6] 농민들은 후회막급으로 원한과 분노가 골수에 맺

---

5) 《高宗實錄》고종 31년 2월 15일조 참조.

6) 〈東徒問辨〉, 《東學亂記錄》 상권, p.157 및 《東學史》, pp.106~107 참조.

혔으나 어찌할 도리가 없었다.

고부농민폭동의 대표로 추대되었던 전봉준도 안핵사 이용태의 체포 대상 제1호가 되어 창졸간에 쫓기는 처지가 되었다. 동학 고부접주 직책에 있던 전봉준은 고부접의 상부조직인 무장의 손화중포(孫化中包)의 대접주 손화중을 찾아서 무장현으로 피신하였다. 무장현은 고분군 안핵사 이용태의 조사대상지역이 아니었기 때문에 고부보다 안전한 지역이었다.

전봉준은 무장현에 숨어서 백성들을 탄압 수탈만 하는 부패무능한 이 왕조정권을 타도하기 위한 '혁명'의 봉기를 준비하였다. 전봉준은 동학의 교단 조직을 혁명운동에 활용하려고 무장에 동학의 남접도소(南接都所)를 설치하였다.7) 당시 동학의 대도소(大都所)는 충청도 보은(報恩) 장내리(帳內里)에 설치되어 있었으며, 최시형(崔時亨)이 북접대도주(北接大道主)라는 공식 이름으로 전체 동학도들을 지휘하고 있었다.

전봉준은 북접대도주 최시형의 사전 승낙을 받지 않은 상태에서 무장에 또 하나의 도소(都所)를 차리고, 손화중포(孫化中包)·김개남포(金開男包)·김덕명포(金德明包)와 자신의 고부접 및 최경선(崔景善)의 접(接)을 포섭·조직하는 데 성공하였다. 이것이 최초의 남접도소였고, 그 조직자와 지휘자는 전봉준이었다. 즉 전봉준은 남접도소를 차림으로써 자기의 산하에 3개 포와 수개의 접을 거느리게 되었고, 북접의 간섭과 반대를 받지 않고 전라도 지방의 동학조직을 혁명운동에 동원할 수 있게 되었다.8) 전라도지방의 동학을 남접이라고 통칭하게 된 것은 전봉준이 무장에 남접도소를 차린 무렵부터라고 볼 수 있다.

전봉준과 남접도소는 무장에서 약 4천 명의 동학농민군을 편성하였다. 대장은 전봉준이 맡고, 손화중·김개남이 다음 서열이 되었다. 무기

---

7) 《日省錄》高宗 31년 갑오 3월 23일조 ; 《承政院日記》고종 31년 3월 23일조 및 《高宗實錄》고종 31년 갑오 3월 23일조, 참조.

8) 愼鏞廈, 〈甲午農民戰爭의 제1차 農民戰爭〉, 《韓國學報》 제40집, 1985 참조.

는 고부농민폭동 이후 관아의 무기고에서 빼앗아 숨겨놓은 군총과 민간의 화승총·창·칼·활·도끼·철퇴·죽창 등이었다.9) 처음 무장은 잘 되어 있지 않은 것 같으나, 기록에는 말목장터에 집합하기로 약속된 농민들의 무장을 위해 말목장터 부근 민가에 총창 수백 정을 은닉해 놓았다는 기록이 있고,10) 일본 측 기록에는 이 봉기의 무기로 2천여 정의 총을 준비했다고 기록되어 있다.11)

전봉준이 지휘하는 무장남접도소의 농민군은 1894년 음력 3월 20일 무장(茂長)에서 제1차 농민혁명운동의 횃불을 올리었다. 그들은 무장현 당산에서 봉기하여 비밀조직 남접도소를 공식 '호남창의소(湖南倡義所)'라는 명칭으로 공개하여 떠올리고, 호남 각지에 '창의문(倡義文)'을 발송하였다. 전봉준은 하얀 천 위에 '동도대장(東徒大將)'이라고 쓴 큰 군기를 앞세우고 고부군을 향해서 진군하기 시작하였다.

제1차 농민혁명운동 무장봉기 때의 농민군은 약 4천 명이었으나, 태인접주 최경선이 3백 명의 농민군을 이끌고 진군 도중에 합류하기로 되어 있었고, 고부군에 도착하면 고부군 북면 말목장터에도 다수 농민들이 대기했다가 합류하도록 사전에 조직되어 있었다.12)

그러므로 '고분농민폭동'과 '제1차 농민혁명운동'은 차원이 다른 봉기였다. 고부농민폭동은 상시적 조직이 없는 농민들이 분노한 폭동으로서 자연발생적 '민란' '민요(民擾)'였고, 제1차 동학농민혁명운동은 치밀하게 동학농민들을 조직하고 무장시켜 농민혁명군을 편성해서 일으킨 '혁명운동'이었다.

둘째로 '고부농민폭동'과 '제1차 농민혁명운동'은 주체세력의 구성이 크게 달랐다.

---

9) 〈東匪討錄〉, 《韓國學報》 제3집, p.238 참조.

10) 《東學史》, p.110 참조.

11) 函南逸人編, 《甲午朝鮮內亂始末》, 1894, p.17 참조.

12) 《東學史》, p.110 참조,

　고부농민폭동의 주체세력 간부들은 고부군 각리의 이집강과 부농들이었다. 일제자료는 고부농민폭동 때에는 두 명의 이집강이 전봉준과 대등하게 봉기를 지휘했다는 밀정의 보고를 수록하였다.13) 한편 제1차 동학농민혁명운동의 간부들은 동학조직의 대접주·접주들이었다. 비록 대표는 전봉준으로서 동일인이었다고 할지라도, 전봉준을 둘러싸고 있는 간부들은 전혀 다른 세력과 집단으로 구성되어 있었다.

　또한 참가한 일반 농민의 구성에도 큰 차이가 있었다. 고부농민폭동 때에는 부농·중농·소농·소작농·빈농 등이 모두 폭동에 참가했으며, 그들의 신앙이 반드시 동학이었던 것은 아니었다. 그러나 제1차 동학농민혁명운동 봉기 때의 참가 농민은 전원이 동학도였으며, 동학을 신앙하고 그 조직에 들어가 있던 소작농·빈농·소농들이었다.

　이러한 주체세력과 참가세력의 커다란 차이는 두 운동의 성격 차이를 설명해주기도 하는 것이다. 고부농민폭동 때에는 신임군수 박원명이 친절하게 선무공작을 하자 전봉준의 간절한 만류와 설득에도 불구하고 그를 둘러싼 간부들인 이집강과 부농들은 신임군수의 권유에 따라 해산에 찬성했으며, 폭동에 참가한 농민들도 그에 따라 해산하였다.

　그러나 제1차 동학농민혁명운동 봉기 때에는 간부들과 참가농민들은 비밀 동학교단 조직에 이미 가입하여 잘 조직화한 동학교도로서의 농민들이었기 때문에 전봉준의 명령이나 승낙 없이 해산하거나 관리의 공작 권유에 순종하는 일은 처음부터 아예 일어날 여지가 없는 사람들이었다. 제1차 동학농민혁명운동 때에는 전봉준과 동학남접도소는 처음부터 농민혁명군을 조직한 것이었다.

　셋째로, 고부농민폭동은 군수 조병갑 등의 가렴주구에 반대하는 '민요' '민란' '소농민폭동'이었고 농민혁명운동은 아니었다. 그러나 제1차 농민혁명운동은 처음 무장봉기 때부터 전주성을 함락하고, 농민군을 이

---

13) 〈全羅道古阜民擾日記〉, 伊藤博文編, 《秘書類纂朝鮮交涉資料》 中권, p.348 참조.

끌고 서울로 진격해 들어가서 민비정권(閔妃政權)을 붕괴시키며, 구체제를 타도하고 농민이 원하는 신체제를 수립하기 위한 일관된 '혁명운동'이었다. 이 점은 매우 중요하고 약간 자세한 설명이 필요하므로 절을 나누어 살펴보기로 한다.

3. 제1차 동학농민혁명운동의 혁명성

전봉준과 남접도소는 무장에서 제1차 동학농민혁명운동을 일으켜 먼저 고부를 점령하려고 진군하면서, 자기들의 혁명운동이 민중의 지지를 받지 못하고 한낱 '반란'으로 되어버리지 않을까 매우 염려하였다. 이에 그들은 1894년 3월 20일 무장에서 처음 전국에 공표한 '창의문'에서 자기들이 '의병'과 같은 것이며, 안으로 국왕에게는 충성을 다하고 오직 도적들과 탐관오리들만 토벌하려 하는 의로운 것임을 간곡하게 강조하였다.

무장 창의문(茂長 倡義文)

세상에서 사람을 가장 귀하다 하는 것은 인륜이 있기 때문이다. 군신부자(君臣父子)는 인륜 가운데서 가장 큰 것이다. 임금이 어질고 신하가 곧으며 아버지가 자식을 사랑하고 아들이 효도한 이후에야 곧 집과 국가가 무강(無疆)의 복을 미치어 누릴 수 있는 것이다.

지금 우리 임금은 인효자애(仁孝慈愛)하고 신명성예(神明聖叡)한지라, 현량방정(賢良方正)의 신하가 있어서 그 총명을 도울지면 요순(堯舜)의 덕화(德化)와 문경(文景)의 선치(善治)를 가히 써 바랄 수 있을지라.

그러나 오늘날의 신하된 자는 보국(報國)은 생각지 아니하고 한갓 녹(祿)과 위(位)만 도둑질하여 총명을 가리고 아부와 아첨만을 일삼아 충간(忠諫)하는 선비를 요언(妖言)이라 하고 정직한 사람을 비도(匪徒)라 하여 안으로

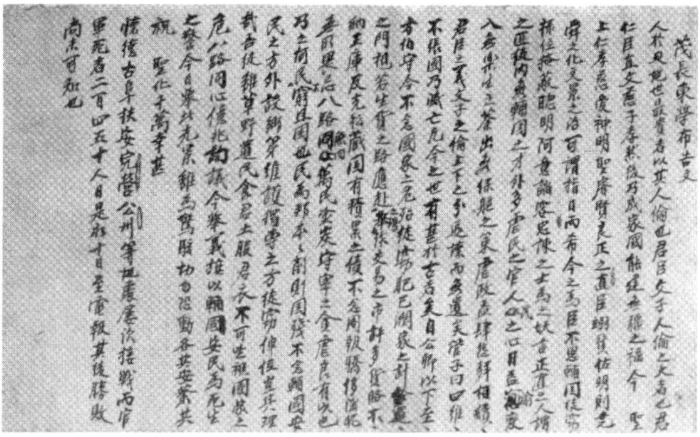

동학 무장포고문

　는 보국(輔國)의 인재가 없고 밖으로는 학민(虐民)의 관리만 많도다.

　인민의 마음은 날로 흐트러져 들어서는 즐거운 삶의 생업이 없고 나가서는 몸을 보존할 대책이 없도다.

　학정(虐政)은 날로 더해가고 원성은 그치지 아니하니 군신의 의(義)와 부자의 윤(倫)과 상하의 분(分)이 드디어 다 무너지고 말았다. 관자(管子)가 가로되 사유(四維)가 베풀어지지 않으면 국가는 멸망한다 하였으니 오늘의 형세는 옛날의 그것보다 더 심하도다. 공경(公卿)부터 방백수령(方伯守令)까지 모두 국가의 위태로움은 생각지 아니하고 한갓 자신의 살찜과 가문의 윤택 계책만을 도둑질하며, 전선(銓選 ; 과거)의 문을 돈벌이의 길이라 생각하고 응시(應試)의 장소는 매매하는 저자로 변하고 말았도다.

　허다한 돈과 뇌물은 국고(國庫)로 들어가지 않고 도리어 사복(私腹)을 채우고 있도다. 국가에는 누적된 빚이 있으나 갚을 생각은 하지 아니하고 교만과 사치와 음란과 더러운 일만을 거리낌 없이 일삼으니, 팔로(八路)는 어육(魚肉)이 되고 만민(萬民)은 도탄에 빠졌도다.

　수재(守宰)의 탐학(貪虐)에 백성이 어찌 곤궁치 아니하랴. 백성은 나라의 근본이니, 근본이 쇠잔하면 나라는 반드시 없어지는 것이다. 보국안민(輔國安民)의 방책은 생각지 아니하고 밖으로 향제(鄕第)를 설치하여 오직 제 몸

독전(獨全)의 방책만을 꾀하고 오직 녹과 위만을 도둑질하는 것이 어찌 옳은 일이라 하겠는가!

우리는 비록 초야의 유민(遺民)일지라도 군토(君土)를 먹고 군의(君衣)를 입고 사는 자이라, 어찌 국가의 위망(危亡)을 앉아서 보기만 하겠는가!

팔로가 마음을 합하고 수많은 백성이 뜻을 모아 이제 의로운 깃발을 들어 보국안민(輔國安民)으로써 생사(死生)의 맹세를 하노니, 금일의 광경은 비록 놀랄 만한 일이기는 하나 경동(驚動)하지 말고 각자 그 업(業)을 편안히 하여 승평일월(昇平日月)을 함께 빌고 임금의 덕화를 함께 입게 되기를 바라노라.

갑오   월   일
호남창의소
전봉준 손화중 김개남14)

이 '무장 창의문'의 내용을 보면 용어를 모두 유학의 충효 사상과 논리에서 가져오면서 내용에서는 당시 ① "공경부터 방백수령까지 모두 국가의 위태로움은 생각지 않고 한갓 자신의 살찜과 가문 윤택의 계책만을 도둑질한다"고 규탄하고, ② 나라 형편이 과거는 돈벌이의 매매 장사로 변했고 돈과 뇌물이 국고에는 들어가지 않고 권세가의 사복만 채우고 있으며, ③ 관리들이 국가에 누적된 부채가 있으나 갚을 생각을 않고 교만과 사치와 음란과 더러운 일만 거리낌 없이 자행하고 있고, ④ 대신과 방백 수령들의 탐학에 전국 백성들이 도탄에 빠져 어육이 되고 있으며, ⑤ 양반 관료들이 보국안민할 방책은 생각지 않고 오직 제 몸 독전 방책만 꾀하고 오직 녹과 지위만 도둑질하고 있어 국가의 위망이 눈앞에 보이므로 ⑥ 비록 초야의 백성일지라도 나라의 위망을 앉아 볼 수가 없어서 보국안민을 위하여 봉기한 것임을 신중하게 강조하였다.

______

14) 《聚語》, 《東學亂記錄》(국사편찬위원회판) 상권, pp.142~143 및 《東匪討錄》, 《韓國學報》 제3집, p.235에 原文이 수록되어 있다.

고부군 백산에 운집한 동학농민들의 기록화

그리고 남접도소를 '호남창의소'라고 유학 의병식으로 표현하여 공개하였다.

동학농민군은 무장의 굴치(屈峙)를 넘어 흥덕(興德)을 거쳐서 고부로 전진하는 중에 농민들의 열렬한 환호를 받으며 참가자가 급격히 늘어나기 시작하자 유학 의병의 외피를 벗고 혁명성을 드러내 보이기 시작하였다. 동학농민군은 3월 20일 그날로 고부를 점령하여 3월 24일까지 ① 옥문을 열어 고부농민폭동으로 투옥된 동지들과 억울하게 투옥되어 있는 농민들 석방, ② 안핵사 이용태 등에 부화뇌동한 관속 수명의 색출·처형, ③ 무기고를 열어 농민군 무장 강화, ④ 식량창고를 열어 빈민구휼, ⑤ 고부읍 폐정을 대략 정리하는 등의 일을 하였다.

그 사이에 동학농민군의 수는 원래 무장봉기 때의 4천 명 위에다 최경선이 인솔해 온 태인 동학농민군 3백 명, 고부에서 무장하여 참가한 약 1천 명, 창의문과 소식을 듣고 자발적으로 찾아와 참가한 2천4백 명 등 약 7천7백 명에 이르게 되었다.

이에 동학농민군은 3월 25일 무렵 고부군의 태인 접경 가까이 있는 백산(白山)에 집결하여 대오를 개편하였다. 이때 개편된 농학농민군 지휘부는 다음과 같았다.15)

대 장   전봉준
총관령   손화중·김개남
총참모   김덕명·오시영(吳時泳)
영솔장   최경선
비 서   송희옥(宋熹玉)·정백등(鄭伯等)

일부 연구자들은 이때의 동학농민들은 의식 수준이 낮고 미숙하여 도저히 '혁명'이나 '혁명운동'을 일으킬 의식 단계에는 이르지 못했고, 최대한 평가해 보아야 '대폭동'으로서 내용에서도 '농민전쟁'으로 평가할 수 있을 뿐이라고 보고 있다. 그러나 이것은 사실에 일치하지 않는 잘못된 평가와 해석이라고 본다.

동학농민들이 농민군대를 편성하여 전투를 하면서 '혁명운동'을 일으켰으므로 '형태론' 상으로는 '농민전쟁'이라고 보는 것은 일리가 있다. 그러나 그 성격이나 운동 내용까지 '혁명운동'에는 미달하고 아예 당시 농민은 미숙하여 처음부터 '혁명운동'을 일으킬 단계에 이르지 않았다고 보는 것은 큰 문제가 있다고 생각한다. 이 점은 제1차 농민혁명운동의 강령[名義]과 활동을 통해서 확인할 수 있다.

동학농민군의 4대 명의(名義 ; 강령)

① 사람을 죽이지 않고 물건을 파괴하지 않는다(不殺人 不殺物).

② 충과 효를 모두 온전히 하며 세상을 구하고 백성을 편안케 한다(忠

---

15) 《東學史》 pp.111~112 참조.

孝雙全 濟世安民).

③ 일본오랑캐를 몰아내어 없애고 왕의 정치를 깨끗이 한다(逐滅倭夷 澄淸聖道).

④ 군대를 몰고 서울로 들어가 권세가와 귀족을 모두 없앤다(驅兵入京 盡滅權貴).[16]

동학농민군의 위의 4대 강령 가운데서 제3조인 "일본 오랑캐를 몰아내어 없애고 왕의 정치를 깨끗이 한다"는 일제를 대표로 하는 외세침략 세력을 나라 안에서 몰아낸다는 반(反)제국주의 민족혁명의 강령을 당시의 방식으로 표현한 것이었다.

또한 제4조인 "군대를 몰고 서울로 들어가 권세가와 귀족을 모두 없앤다"는 당시 '권세가'인 '민비정권'을 타도하고 '귀족'인 양반신분(사회신분제)을 모두 없애겠다는 반(反)봉건 농민혁명을 당시의 방식으로 표현한 것이었다.

제1조 "사람을 죽이지 않고 물건을 파괴하지 않는다"는 혁명운동의 인도주의적 건설적 강령을 맨 먼저 들어서 민중들에게 공포와 위협을 가하지 않으려고 배려한 방법상의 강령이라고 볼 수 있다. 또한 제2조 "충과 효를 모두 온전히 하며 세상을 구하고 백성을 편안하게 한다"는 나라와 사회 그리고 백성을 구하려는 혁명운동의 윤리적 사회적 목표를 천명하여 혁명운동의 정당성을 밝힌 것이었다.

동학농민혁명운동의 혁명성은 동학농민군이 3월 27일 무렵 고부 백산에서 전라도 일대와 전국에 발송한 〈격문〉에서도 잘 나타나고 있다.

동학당 인장

---

16) 《大韓季年史》(국사편찬위원회판) 상권, p.74 참조.

격문(檄文)

우리가 의를 들어 차(此)에 지(至)함은 그 본의가 단단(斷斷) 타(他)에 있지 아니하고 창생을 도탄의 중에서 건지고 국가를 반석의 위에다 두자 함이라. 안으로는 탐학한 관리의 머리를 버히고 밖으로는 횡폭한 강적의 무리를 구축하자 함이다. 양반과 부호의 앞에 고통을 받는 민중들과, 방백과 수령의 밑에 굴욕을 받는 소리(小吏)들은 우리와 같이 원한이 깊은지라. 조금도 주저치 말고 이 시각으로 일어서라. 만일 기회를 잃으면 후회하여도 미치지 못하리라.

갑오   월   일

호남창의대장소재백산(湖南倡義大將所在白山)[17]

위의 격문에서 동학농민군은 혁명의 목표가 백성(창생)을 도탄에서 건지고 국가를 반석 위에 안전하고 튼튼하게 놓기 위한 것임을 밝힌 뒤에, 혁명의 주체세력과 이에 대립하는 적대세력을 나누어 설정하고 혁명 주체세력에 의한 적대세력의 혁명적 타도를 격렬하게 주창하였다.

즉 이 격문은 혁명의 적대관계를 ① 민중(주로 농민) 대 양반·부호로 설정하면서 '양반과 부호의 앞에 고통을 받는 민중들'을 혁명 주체세력으로 선언하였다.

또한 이에 보조적으로 ② 소리(小吏) 대 방백(方伯 ; 관찰사)·수령(守令 ; 부사·군수·현감)의 적대관계를 설정하면서 '방백과 수령의 밑에 굴욕을 받는 소리들'을 혁명의 보조세력으로 보완하였다.

이 격문은 민중들(및 소리들)의 양반·부호·고급관료에 대한 혁명운동을 "안으로는 탐학한 관리의 머리를 버히고(베고) 밖으로는 횡폭한 강적을 구축하자 함이다"고 폭력적 혁명을 크게 외치면서, 혁명주체세력(민중들)과 보조세력(소리들)에게 "조금도 주저치 말고 이 시각으로

---

17)《東學史》p.112 참조.

일어서라. 만일 기회를 잃으면 후회하여도 미치지(이르지) 못하리라”고 즉각적인 혁명봉기를 고취하였다.

동학농민군이 제1차 농민혁명운동 때 처음부터 의도적으로 반침략 민족혁명과 반봉건 농민(민중)혁명 봉기를 추진했음은 명확한 것이다.

동학농민군은 처음부터 혁명운동을 추진하고 선포했음에도 불구하고 혁명군의 행동양식은 처음부터 엄격하게 기강이 정립되고 규율 있게 통제되었다. 혁명 봉기 당시 동학농민군이 반드시 지켜야 할 다음 12개조 기율의 제정 공포에서도 이를 알 수 있다.

농민군 12개조 기율

① 항복하는 자는 사랑으로 대한다(降者愛待).

② 곤궁한 자는 구제한다(困者救濟).

③ 탐학한 자는 추방한다(貪者逐之).

④ 순종하는 자는 경복한다(順者敬服).

⑤ 도주하는 자는 쫓지 않는다(走者勿追).

⑥ 굶주린 자는 먹인다(飢者饋之).

⑦ 간사하고 교활한 자는 없앤다(奸猾息之).

⑧ 빈한한 자는 진휼한다(貧者賑恤).

⑨ 불충한 자는 제거한다(不忠除之).

⑩ 거역하는 자는 효유한다(逆者曉諭).

⑪ 병든 자는 진찰하여 약을 준다(病者診藥).

⑫ 불효한 자는 형벌한다(不孝刑之).[18]

동학농민군이 내세운 제1차 봉기의 최종 목적은 4대 강령에서도 나타

---

18) 《駐韓日本公使館記錄》, 〈全羅民擾報告一〉. “東學黨ニ關スル續報, 十二條軍號 ; 函南 逸人編, 《甲午朝鮮內亂始末》, 1894, p.16 및 岡田庄兵衛, 《內亂實記朝鮮事件》, 1894, p.23 참조.

백산의 현재 모습

나는 바와 같이 농민군을 편성 검진하여 '서울'에 입성해서 민비정권을 타도하고 새 체제를 건설하여 도탄에 빠진 나라와 백성을 구하는 것이었다.

동학농민군은 약 1만 명으로 증강된 병력으로 3월 말 무렵 고부 백산을 출발하여 서울로 가는 길목에 있는 전라도 수도 전주를 먼저 점령하려 하였다. 이 소식을 들은 전라 감영은 이를 저지하려고 감영군과 전라도 보부상군을 합하여 약 1만 명의 병력을 고부 황토현(黃土峴)으로 출동시켰다. 그러나 동학농민군은 황토현전투에서 전라 감영군을 쳐부수고 대승하여 태인·금구를 점령하고 전주를 향하여 진군하였다.

호남에서 동학농민군이 봉기했다는 보고를 받은 민비 중앙정부는 홍계훈(洪啓薰)을 양호초토사로 임명하여 장위영군(壯衛營軍) 8백 명과 강화영군(江華營軍) 5백 명 등 1천3백 명의 병력으로 남하하여 동학농민군을 토벌하도록 하였다.[19]

서울 관군이 전주성에 도착했다는 소식을 들은 동학농민군 총대장 전

---

19)《高宗實錄》고종 31년, 갑오(1894년) 4월 초1일조 참조.

봉준은 남하하는 관군을 분산 유인하기 위해 진로를 갑자기 바꾸어서 남쪽을 향하여 2개 부대로 나누어 진군하면서 태인·부안·정읍·흥덕·무장·고창·금구·원평·영광·함평·무안·장흥·장성 등 20여 개 군을 점령하였다. 홍계훈의 관군은 전주성 안에 움츠리고 있다가 남쪽 군읍으로부터 빗발치는 구조요청 급보를 받고 전주성에서 나와 경군(京軍)을 중심으로 동학군을 따라 두 갈래로 나누어서 추격하였다.

동학농민군은 뒤따라오는 경군의 한 부대를 장성의 황룡촌(黃龍村)전투에서 쿠르프식 기관포 1대까지 노획하면서 패전시켜버렸다. 경군은 사기가 떨어질대로 떨어져 도망병이 속출하였다.

이에 동학농민군은 다시 갑자기 방향을 바꾸어 전주성을 향해 빠른 속도로 진군하였다. 경군도 동학농민군의 작전을 눈치채고 속도를 높여 추격했으나, 전봉준이 지휘하는 동학농민군은 1894년 음력 4월 27일 전라도 수도인 전주성을 무혈입성 점령하였다. 전주성 수성군은 처음에는 약간 저항을 시도했으나 농민군의 압도적 우세에 위축되어 성문을 열고 투항하였다.

홍계훈의 경군이 전주성에 달려 왔을 때는 전봉준의 동학농민군은 이미 전주성 입성 점령을 마치고 성문을 굳게 닫은 뒤였다.

전봉준의 동학농민군이 제1차 농민혁명운동 기간 가운데 아직 전주성을 점령하기 이전 남쪽에서 20여 군현을 점령하고 있을 때의 활동을 보면 그들은 처음부터 혁명을 감행하고 있었음을 알 수 있다.

동학농민군은 점령한 군현에서 도소 등의 이름으로 주둔 본부를 만들어 접주 가운데 집강을 임명하고 점령 즉시 농민의 요구에 따라 읍폐민막(邑幣民瘼)의 폐정개혁을 혁명적으로 단행하였다.

점령당한 각 군현에서 관리들은 추방되고 동학농민군이 '도소', '대의소(大義所)', '행군의소(行軍義所)'를 설치하여 농민의 여론을 들어가면서 그들이 원하는 폐정개혁을 단행한 것이었다.[20]

4. 전주화약의 특징

(1) 전주화약 성립의 배경

전주성 점령에 성공한 동학농민군이 관군 측과 '전주화약'을 성립하고 표면상 '해산'하여 귀향해서 집강소 설치 단계로 들어간 것은 조선 조정으로 하여금 조선 내부문제에 개입해 들어온 일본군과 청국군의 철병 외교를 하도록 조건을 만들어 주기 위한 것이었다.

동학농민군이 1894년 4월 27일 전주성을 점령하여 문을 닫고 지키자 그들을 뒤쫓던 홍계훈의 관군은 4월 28일 전주성 밖에 도착하여 황학산(黃鶴山)과 완산(完山)에 진을 치고 전주성을 내려다보면서 동학농민군과 대치하게 되었다.[21]

양호초토사 홍계훈은 관군의 힘으로 처음부터 동학농민군을 '진압'할 자신이 없었을 뿐만 아니라 농민군에게 점령당한 전주성도 회복할 자신이 없었다. 이에 홍계훈은 중앙정부에 대해 청군(淸軍)의 차병(借兵)을 건의하였다. 이 건의를 받은 민비정권의 민영준(閔泳駿) 등은 청국의 주조선청국상무감독 원세개(袁世凱, 위안스카이)와 협의해 가면서 청국군 파병 요청 준비를 하였다. 처음에는 원로 김병시(金炳始) 등이 청국군 등 외국군 차병을 강력히 반대하여 민비정권도 머뭇거리고 있었다. 그러나 동학농민군의 전주성 점령 보고가 올라오자 당황한 민비정권은 이원회(李元會)를 양호순변사(兩湖巡邊使)로 임명하여 1천4백 명의 관군을 인솔하고 호남에 내려가서 홍계훈의 관군과 협력해서 동학농민군을 '진압'하도록 하기 위해 출발시킴과 동시에, 민영준이 앞장서서 원세개와 야합하여 4월 29일(양력 6월 2일) 동학농민군 진압을 위한 청국군 파

---

20) 黃玹,《梧下記聞》第1筆의 pp.105~106 참조.

21)《兩湖電記》개국 503년 4월 29일조 및《東學亂記錄》상권, p.64 참조.

병 요청의 공문을 발송하는 어리석음을 범하였다. 원세개의 사전보고로 이를 기다리던 청국의 북양대신(北洋大臣) 이홍장(李鴻章)은 5월 2일(양력 6월 5일) 즉각 910명의 병력을 출발시키고, 뒤이어 1천5백여 명을 파병하였다. 이에 5월 5~7일 충청도 아산만에는 청국군 약 2,500명이 상륙하여 동학농민군 '진압'에 나서게 되었다.[22]

청국과 일본 사이에 1885년에 맺어진 이른바 '천진조약(天津條約)'에 따라 청국 측은 5월 4일 청국군 파병 사실을 일본 측에 '통보'하였다. 그러나 일본 측은 이미 이보다 훨씬 앞서서 4월 18일 주조선 일본공사관으로부터 조선조정이 청국군 차병을 모색하고 있다는 보고를 받자 정보장교들을 조선에 파견하여 정보수집 등 일본군 파병 준비를 하고 있었다. 그러던 중 조선조정이 4월 30일에 청국군 파병을 요청하는 공문을 청국에 보냈다는 보고를 받자 즉시 총리대신 이등박문(伊藤博文, 이토오 히로부미)의 주재 아래 참모총장과 차장까지 참석시켜서 내각회의를 열고 조선정부의 요청도 없었음에도, 청국으로부터 파병 통보도 받기 전에 일찍이 조선에의 '출병'을 결정하였다.

일본은 청국 측의 동태를 예의 주시하다가 청국군의 제1진이 출발한 이튿날인 5월 6일부터 약 6천 명의 혼성여단을 인천·부평 지구에 상륙시켰다. 일본군이 6천여 명의 대병력을 특히 서울 목줄기가 되는 인천·부평 지역에 주둔시킨 것은 동학농민군 '진압' 목적이 아니라 한국정부 장악의 정치적 목적을 달성하기 위한 것이었다.

이들과 함께 귀임한 주조선 일본공사 대조규개(大鳥圭介, 오토리 게이스케)는 이 가운데에서 420명의 육전대(해병대)와 20명의 일본경찰 그리고 대포 4문을 이끌고, 동학농민군 '진압'차 경군이 모두 호남지방에 내려가 무방비 상태에 있던 서울에 불법으로 입성하였다.

이제 사태는 급변하였다. 일본군이 서울 지척에 잘 무장된 6천 명의

---

22) 《牙山縣淸國軍芝駐紮時錢用下成冊》 등 참조.

대병을 주둔시키고 그 선발대가 무방비 상태의 서울에 입성 침입했으니, 일본군의 작전 여하에 따라 수도 서울이 점령당하고 잘못하면 나라가 결딴날 판이었다. 또한 잘 무장된 청국군 2천5백 명이 전주성을 점령한 동학농민군을 향해 내려오고 있으니, 동학농민군으로서도 큰 유혈전투를 하지 않을 수 없게 된 것이었다.

이제 조선조정이나 동학농민군이나 모두 초미의 급무가 된 것은 일본군과 청국군을 하루 속히 무사히 되돌려 보내는 일이었다. 청국군 파병 요청과 같은 민비정권의 어리석은 외세 의존정책으로 불청객 6천 명의 일본군과 청객 2천5백 명의 청국군이 국내에 들어와 잘못되면 조선 땅 위에서 '청일전쟁'이 일어날 위험이 생기고 국가 안위가 매우 위태롭게 된 것이었다. 동학농민군도 국가를 반석 위에 놓아 안전하게 만들고 도탄에 빠진 민중들을 구제하기 위해 혁명을 일으켰던 것인데, 청국·일본의 침입으로 말미암아 도리어 국가와 민중의 안위가 매우 위태롭게 되었으니 사태를 급히 수습해야 하게 되었다.

이에 국왕과 조선조정 및 관료 그리고 동학농민군이 모두 일본군과 청국군 철수를 위한 적극적 대책을 수립하지 않으면 안 되게 되었다. 일본군과 청국군을 자기 나라로 철수시키려면 무엇보다도 혁명을 일으킨 동학농민군이 서울을 향한 진군을 포기하고 해산하여 각각 고향으로 돌아갈 것이 대전제로 요청되었다.

이에 국왕 고종은 전라 관찰사 김문현(金文鉉)을 김학진(金鶴鎭)으로 교체 임명하여 출발시키면서 농민들의 요청을 잘 살피어 필요하면 폐정개혁도 해주고 선무(宣撫)에 힘쓸 것을 명하였다.23) 김학진은 폐정개혁에 대한 국왕의 고무적 언급과 민중선무의 상당한 재량권을 갖고 전라도 수도 전주를 향해 출발했으나, 동학농민군이 전주성을 점령한 뒤여서 전주에는 들어갈 수 없었다. 신임 전라 관찰사 김학진은 전주에 가까

___

23) 《高宗實錄》 고종 31년 갑오 4월 24일조 참조.

운 참례에 머물면서 사절을 관군(양호초토사 홍계훈의 경군과 양호순변
사 이원회의 관군) 측과 동학농민군 본부에 보내어 '폐정개혁' 실시에
관한 국왕 명령을 전하고 '화약'을 추진하였다.[24]

(2) 전주화약의 특징

전라 관찰사 김학진은 이때 동학농민군 측에게 만일 동학농민들이 원
하는 폐정개혁 항목을 제시하면 그것을 실행할 것임을 '확약'하고, 동학
농민 측이 그 실태 여부를 지켜보게 하기 위해 '면·리 집강'에 임명되
어도 좋다는 약속을 하였다.[25] 김학진은 동학농민군 측에 대해 '진압'차
출동한 양호초토사와 양호순변사에게도 농민들이 요구하는 폐정개혁
항목 원정(原情)을 제출하도록 권유하였다.

동학농민군 총대장 전봉준도 사태의 급변에 따라 관군의 '화약'을
간절히 희구하고 있었으므로 동학농민군들에게 원정의 제출을 권고하
였다.

이에 동학농민군 측은 장성에서 작성한 다음과 같은 13개조의 폐정개
혁 요구사항을 전라 관찰사 김학진에게 제출하였다.[26]

① 전운사를 혁파하고, 이전과 같이 읍으로부터 상납하게 할 것.
② 균전어사를 혁파할 것.
③ 탐관오리를 징습(懲習)하고 축출할 것.
④ 각 읍의 포리(逋吏)로 천금(千金) 이상의 포흠자는 사형에 처하고
   일족에게 물리지 말 것.
⑤ 봄·가을 두 번의 호역전(戶役錢)은 이전의 예에 따라 호(戶)마다

---

24) 鄭碩謨, 〈甲午略歷〉, 《東學亂記錄》 상권 p.64 참조.
25) 黃玹, 《梧下記聞》 第2筆의 pp.41~42 참조.
26) 鄭喬, 《大韓季年史》 (국사편찬위원회판) 상권, p.86.

2냥씩으로 내려서 배정할 것.

⑥ 각항 결전(結錢)·수렴전(收斂錢)은 평균으로 분배하고 남징하지 말 것.

⑦ 각 포구의 사역미(私役米)는 엄금할 것.

⑧ 각 읍의 수령이 그 지방에서 묘[山]을 쓰고 전장(田庄)을 사들이는 것을 엄금할 것.

⑨ 각국인 상가(商賈)는 각 항구에서 매매하되 도성에 들어와 저자[市]를 설치하지 못하게 하고 각처로 나와 임의로 행상하지 못하게 할 것.

⑩ 행보상(行褓商)은 폐단이 많으니 혁파할 것.

⑪ 각 읍리(邑吏)를 분방(分房)할 때에 청전(請錢)을 받지 말고 쓸 만한 사람을 택하여 임방(任房)할 것.

⑫ 간신이 권력을 농간하여 국사가 날로 잘못되어 가니 그 매관(賣官)하는 것을 징치할 것.

⑬ 국태공(國太公, 대원군)이 국정에 간여한즉 민심은 얼마간 바라는 바가 있을 것이다.27)

또한 동학농민들은 양호순변사 이원회에게도 제1차로 14개조, 추가분으로서 제2차로 24개조, 모두 38개조의 폐정개혁 요구사항을 제출하였다. 동학농민군은 양호초토사 홍계훈에게도 이원회에게 제출한 것과 비슷한 폐정개혁 요구사항을 제출하여 동의를 얻었다.28) 또한 동학농민군은 초토사 홍계훈에게 휴전을 제의하였다.29)

전라 관찰사 김학진과 그로부터 유화책이 왕명임을 전달받은 양호순변사 이원회, 양호초토사 홍계훈 등도 모두 동학농민군의 폐정개혁 요

---

27) 鄭喬, 《大韓季年史》(국사편찬위원회판) 상권, p.86 참조.

28) 〈全琫準供草〉, 再招問目, 《東學亂記錄》 상권, pp.533~534 참조.

29) 《日淸戰爭實記》(いるは書房), 1894년(明治27) pp.17~18 참조.

구사항과 휴전 제의를 받아들였다.

이에 동학농민군과 관군 사이에 '강화'30) '휴전' '화약' '화해'31)가 성립되었다. 이제 동학농민군이 전주성을 관군에게 넘겨주고 '해산'하여 귀향해서 본업에 돌아가게 할 수 있는가의 여부가 문제였는데, 그 뒤(6월 초3일자) 전라 관찰사 김학진의 효유문을 보면 "너희들이 거주하는 면·리에 집강을 각각 설치했고 너희들의 말할 만한 억울함이 있으면 해당 '집강'을 경유하여 영(營)에 소(訴)해서 공결(公決)을 기다릴 것"32)이라는 말이 있는 것으로 보아, 동학농민군이 해산해서 귀가한 뒤 전라 관찰사가 실행하는 '폐정개혁'을 감시할 면·리 집강을 이전처럼 관변 부농·유지가 아니라 이번에는 동학농민군 대표로 임명할 것을 허용한 것으로 보인다.

이제까지 국왕과 관변 측은 '민란'이 일어날 때마다 '폐정개혁'을 약속해 놓고는 민란이 수습되면 폐정개혁 단행은커녕 민란 주모자만 색출 처형하는 것이 관행이었다. 따라서 동학농민군이 불법개입해 들어온 일본군과 청국군의 철수를 위한 외교 노력의 조건을 조선조정에 만들어주기 위해 전주성을 내어주고 '해산'의 외형을 갖추어주는 경우에도 '폐정개혁'의 확실한 실행을 담보하기 위한 동학농민 측의 감시와 참여가 반드시 필요한 것이었다. 한편 전라 관찰사 김학진의 처지에서도 이제까지 지방 말단행정의 자문제도로서 '면·리 집강' 제도가 있었고, 지방의 관변 유지·부농을 임명해 오던 것을 이번에는 동학농민군 대표로서 임명하는 것이 별 문제가 없을 것으로 보아 동학농민군 '자진해산'의 조건으로서 동학농민 대표의 면·리 집강 임명은 받아들일 수 있는 것이었다.

그리하여 동학농민군 측과 전라 관찰사 등 관군 측의 합의 아래 비공

---

30) 吳知泳, 《東學史》 pp.125~126 〈東學軍과 京兵講和〉 참조.

31) 鄭碩謨, 〈甲午略歷〉, 《東學亂記錄》 상권, p.65 참조.

32) 《梧不記聞》 제2필의 p.42 참조.

식적으로 '전주화약'이 성립되고, 이에 따라 동학농민군 측은 전주성을 관군에게 비워주고 전주성의 동문과 북문을 열어 각각 귀향하게 되었다.33) 관군은 동학농민군이 전주성을 비운 뒤에, 성문을 통해 들어가지 않고 초토사 홍계훈의 명령으로 성곽에 3백여 개의 사다리를 걸쳐 놓고 성 밖에서 병정들이 일제히 성을 넘어가서 남문을 열게 함으로써34) 마치 전투를 거쳐 승리해서 수복한 것 같은 형식을 갖추었다.35) 그러나 이것이 초토사의 형식뿐이었음은 더 말할 것도 없다.

여기서 '전주화약'과 관련하여 다음과 같은 특징이 있음을 주목할 필요가 있다.

첫째, '전주화약'은 분명히 성립되어 존재했었으나, 이것은 동학농민혁명운동 도중 양측의 비공식 구두화약이었기 때문에 양측이 서명 날인한 약정문서 등은 없는 화약이었다. 조선정부 측으로서는 동학농민혁명운동은 어디까지나 '민란'이었고 '반란'이었기 때문에 이들과 공식적으로 대등하게 문서상의 화약 협정을 체결하여 서명 날인하는 것은 있을 수 없는 일이었다. 동학농민군 측으로서는 이것이 바람직한 일이었을 것이지만, 화약을 성사시키기 위해서는 조선조정 관찰사의 명분을 존중해 주지 않을 수 없었으므로 문서가 없어도 구두약속과 실행 담보만 있으면 수용할 수 있는 일이었다.

그러므로 협정문과 약측의 서명 날인 문서가 없으므로 '전주화약'은 존재하지 않았다고 보는 것은 문서에만 집착한 견해인 것이다. 문서와는 별도로 구두약속과 그 실행에 의해 '전주화약'은 1894년 5월 7일(양력 6월 10일) 동학농민군 총대장 전봉준과 전라 관찰사 김학진 사이에 구두로 성립되어 실행된 것이었다.

만일 전주화약이 없었다면 동학농민군이 순순히 전주성을 관군에게

___

33) 《東學史》, p.112 참조.

34) 《兩湖招討謄錄》 甲午 5월 초4일조, 《東學亂記錄》 상권, pp.174~175 참조.

35) 《兩湖招討謄錄》 甲午 5월 초4일조, 《東學亂記錄》 상권, pp.175 참조.

내어 주고 자진 해산하여 귀향할 리도 만무하며, 해산하는 농민군 병사들을 관군이 방관만 하고 체포하지 않을 리도 만무할 뿐 아니라, 강화영병 2백 명만 전주에 남겨두고 관군을 모두 즉시 서울로 철수시킬 리도 만무한 것이다.36)

비록 관청문서에는 '전주화약'의 협정문서나 서명·날인한 문서가 없다고 할지라도, 사실과 일치하는 동학 측의 '전주화약' 기록과 관변 측 《갑오약력(甲午略歷)》의 '화해' 성립 기록을 증거사료로 사용하는 것은 문헌증거로서 문제될 것이 없는 것이다.

둘째, '전주화약'의 추진과 성립은 정부를 대표하는 전라 관찰사 김학진 측과 동학농민군 총대장 전봉준 측이 모두 열의를 갖고 추진하였다. 김학진은 전라 관찰사로 임명되자 국왕께 하직인사를 드리는 자리에서 농민들의 원정을 받아들이면서 난을 수습하겠다는 군신간의 합의를 갖고 임지로 출발했으며, 임지에 이르러 이미 전주성이 동학농민군에게 점령되어 들어갈 수 없게 되자 삼례에 머물면서 즉각 동학농민군 측에게 폐정개혁 요구사항을 제출하면 수용하겠다고 제의하는 동시에 협상을 추진했을 뿐만 아니라, 관변 측 무장들인 양호초토사 홍계훈과 양호순변사 이원회에게도 동학농민군으로부터 폐정개혁 요구조항을 제출받아 수용할 것을 통보하였다. 동학농민군을 비적과 같이 학대하고자 하는 홍계훈까지도 동학농민군의 폐정개혁 요구사항을 제출받아 수용한 것은 그 자신의 생각이 아니라 왕명을 빌려 통보한 전라 관찰사 김학진의 뜻에 따른 것이었다고 볼 수 있다.

한편 동학농민군 총대장 전봉준도 '전주화약'에 매우 적극적이었다. 전봉준이 주동이 되어 동학농민혁명을 일으킨 것은 위험에 빠진 국가와 민중을 구제하기 위한 것이었는데, 그들의 봉기를 구실 삼아서 일본군과 청국군의 대병력이 조선 안에 불법으로 침입하여 국가와 민중을 더

---

36) 〈兩湖招討謄錄〉, 《東學亂記錄》 상권, p.217 참조.

욱더 위험에 빠지게 하고 남의 땅 위에서 청일전쟁까지 일으킬 조짐이 보이므로, 이제는 하루속히 일본군과 청국군을 철수시키는 것이 전봉준에게도 초미의 최대 급무가 되었다. 일본군과 청국군이 철수하는 데 큰 도움이 된다면 전봉준으로서는 점령한 전주성을 관군에게 내어주는 것은 어려운 일이 아니었다. 일본군 정보장교 등 제3의 정보수집자들이 동학농민군 측이 초토사 홍계훈에게 '휴전'을 제의했다고[37] 기록한 것은 전봉준이 전주 '화약'에 매우 열성적이었음을 간접적으로 잘 증명해 주는 것이라고 볼 수 있다.

전봉준의 이러한 사상과 행동은 그가 농민혁명을 추진 지휘하면서도 먼저 국가의 안위를 생각하여 추구한 애국자였음을 잘 나타내기도 하는 것이다.

셋째, 동학농민군 측은 '전주화약'을 성립시키기 위해 '폐정개혁' 요구사항을 정부 측이 전혀 이의 없이 즉각 수용할 수 있는 탐관오리 숙청과 가렴주구 폐지 등 구체적 항목만을 들어 제출하였다. 동학농민군측은 정부 측이 받아들이지 않으려 할 민비정권 타도나 정권교체 또는 양반신분제도 폐지 등은 전혀 제시하지 않았다.

이것은 동학농민군 측이 '전주화약'을 성사시키기 위해서 의도적으로 정부 측이 당연히 즉각 수용할 수 있는 항목만 제출했기 때문에 이렇게 된 것이었다. 그러므로 이것만 분석하여 동학농민군 측이 의식수준이 낮아서 사회신분제도 등 중세적 구체제 전체를 타도하여 근대적 신체제 수립을 지향하지 못했다고 해석하는 것은 당시 '전주화약'의 상황을 이해하지 못한 데서 나온 것이라고 볼 수 있다.

동학농민군이 '전주화약' 때 제출한 폐정개혁 요구사항에서 감추어둔 정권교체나 사회신분제도 폐지 등의 항목은 '전주화약' 이전인 백산에서 제시한 '4대 강령(명의)'에서 이미 선언된 것이었으며, 또 '전주화약'

---

37) 《日淸戰爭實記》 1894(明治27) pp.17~18 참조.

이후인 집강소 농민통치 시기에는 동학농민군에 의해 과감하게 혁명적
으로 실천된 사항들이었다. 그러므로 '전주화약' 때의 농민군 폐정개혁
요구사항을 분석하여 이를 동학농민혁명운동의 원인과 목적의 전부라
고 보아서는 안 되는 것이다. 전주화약 때의 동학농민군 폐정개혁 요구
사항은 구체제를 그대로 두고 정부와 관변 측이 당연히 즉각 수용할 수
있는 불법적 가렴주구 항목들만 제시하여 '화약'을 성립할 수 있도록 한
것이었음을 다시 한번 주목할 필요가 있다.

넷째, '전주화약'에서 동학농민군은 그들의 실력이 있었음에도 불구하
고 정부 측의 명분을 최대로 세워주어 일본군과 청국군의 철수를 위한
정부의 외교를 도와주려고 최대의 양보를 하였다. 예컨대 동학농민군이
전주성을 관군에게 비워주면서 농민군의 '자진해산'임을 강조했을 뿐만
아니라, '민란'이 완전히 종식되었음을 온 세상 특히 일본과 청국 등 외국에
알리기 위해 '귀화'라는 용어를 사용하였다. 이것은 '난민이 귀순하여 양민
화'하였다는 의미로 동학농민군에게는 상당히 굴욕적인 표현이었음에도
동학농민군 측은 이에 항의하지 않았다.

동학농민군 총대장 전봉준과 동학농민군 간부들은 일본군과 청국군
이 자기 나라에 불법 상륙하여 주권을 위협하고 나라가 남의 전쟁마당
으로 될 위험에 직면하여 정부 측에 최대의 양보를 해서 청·일 양군
철수의 외교조건을 조성해 주면서 다음의 대비약을 위해 이보 전진을
위한 일보 후퇴를 할줄 아는 애국적 전략가의 면모를 '전주화약'에서 잘
보여주었다고 할 수 있다.

5. 제1차 동학농민혁명운동과 제2차 동학농민혁명운동의 차이

동학농민군은 전주화약이 성립되어 전주성을 관군에게 비워주고 귀
향하자 '면·리 집강'을 설치한 것이 아니라 군·현 수준의 군 단위 '집

강소'를 전라도 53개 군·현 거의 모두에 설치하고 과감한 농민통치를 단행하였다.38)

동학농민군의 집강소는 기존 지방행정 관청의 자문기관 또는 감독기관이 아니라 본질적으로 동학농민군이 권력을 장악하고 농민들이 원하는 대개혁을 단행한 농민혁명운동의 '권력기관'임과 동시에 '통치기관'이었다. 즉, 동학농민군은 호남 일대에 집강소라는 '농민혁명의 통치기관' '농민혁명의 지방정권'을 수립하여 중세적 봉건적 '구체제'(앙시앵 레짐)를 해체시키고 농민들이 원하는 근대적 '신체제'를 수립하는 과감한 개혁정치를 실행한 것이었다.

동학농민군은 집강소의 농민통치를 단행하면서 조선 조정의 외교교섭에 응하여 일본군과 청국군이 자기 나라로 철수하기를 기다렸다.

그러나 한반도에 불법 침입한 일본군은 동학농민군이 해산되었음에도 불구하고 철수하기는커녕 도리어 조선에 주둔한 채 남의 나라에서 청일전쟁을 일으키고 제멋대로 조선궁궐 침범을 자행하여 정권을 마음대로 농단하면서 내정간섭을 자행하였다. 뿐만 아니라 일본 정부는 1894년 음력 7월 17일(양력 8월 17일) 내각회의에서 조선을 일본의 '보호국'(반식민지)으로 만들어 이 기회에 예속시키기로 결정하고 침략 간섭정책을 강화하였다.39) 동학농민군 총대장 전봉준은 일본 내각회의의 결정 내용을 정확히 알 수는 없었지만 드러나는 침략정책을 보고, 일본이 조선을 왜국화(倭國化)하는 정책을 집행하여 '조선이 왜국으로 되지 아니케'40)하고자 봉기하려 하였다. 이에 전봉준을 총대장으로 한 동학농민군이 1894년 음력 9월 13일(양력 10월 11일) 일본침략군을 한반도에서 몰아내기 위하여 제2차로 봉기, 제2차 동학농민혁명운동을 일으

---

38) 《梧下記聞》 第2筆의 p.43 참조.

39) 《日本外交文書》 제27권 제1책, No.438, 〈朝鮮問題ニ關スル將未ノ日本ノ政策ニ關スル閣議案坤ノ件〉, pp.646~649 및 陸奧宗光, 《蹇蹇錄》 p.130 참조.

40) 〈宣諭榜文並東徒上書所志謄書〉, 《東學亂記錄》 하권, pp.379~380.

킴으로써 일본군과 혈전을 펼치게 되었다.

여기서는 제1차 동학농민혁명운동의 특징을 더욱 명료하게 이해하기 위하여 제2차 동학농민혁명운동과 간략히 대비해 보기로 한다.

첫째, 제1차 동학농민혁명운동은 반봉건·반침략의 목표가 통합된 혁명운동이었으나, 먼저 선행시킨 것은 반봉건 혁명으로서, 폐해 많은 착취적 중세체제, 전근대체제를 먼저 타도하고 이어서 외세를 몰아내려는 혁명운동이었다. 이에 견주어 제2차 동학농민혁명운동은 반봉건·반제의 목표가 통합된 운동이었으나 그 선후가 한국을 보호국으로 침략 병탄하려는 일본침략군을 조국땅에서 몰아내고 다음에 폐해 많은 중세적 봉건제도를 폐지하여 근대적 신체제를 수립하려고 한 혁명운동이었다. 동학농민군 총대장 전봉준은 제1차와 제2차 농민혁명운동에 대해 다음과 같이 술회하였다.

원래 우리들이 기병(起兵)한 것은 민족(閔族)을 타도하고 폐정(弊政)을 이혁(釐革)하려는 목적이었는데, 민족은 우리들이 입경하기에 앞서 붕괴되었기 때문에 병(兵)을 해산하였다. 그 뒤 7월에 일본군이 대대적으로 경성에 들어와 왕궁을 포위했다는 것을 듣고 크게 놀라 동지를 모집해서 이(일본군 -인용자)를 구축하려고 재차 병을 일으킨 것이다. 오직 나의 종국의 목적은 첫째로 민족을 타도하고 일당의 간신을 없애며 폐정을 개혁하는 데 있으며, 또한 전운사를 폐하고 전제(田制) 산림제(山林制)를 개정하며, 소리(小吏)의 사리(私利)를 짓는 자를 엄하게 처분하는 것을 원했을 뿐이다.41)

즉, 전봉준은 제1차 기병의 목적은 민비정권 타도와 착취제도·착취관리 폐지 및 토지제도 등의 대개혁에 있었으며, 제2차 기병의 목적은 일본 침략군을 몰아내는 데 있었음을 간략하고 명료하게 술회한 것이었다.

---

41) 《東京日日新聞》 1895년 3월 5일자, 〈東學黨大巨魁と其口供〉.

둘째, 제1차 동학농민혁명운동은 전봉준이 남접도소를 조직하여 동학총본부(북접대도소)의 승낙을 받지 않고 남접만 봉기해서 규모가 주로 호남(전라도 53개 군현) 지방의 혁명운동으로 되었다. 이에 견주어 제2차 동학농민혁명운동은 남접이 먼저 봉기했지만 북접도 이를 인준하고 따라서 봉기하여 남·북접의 동학농민이 총봉기함으로써 규모가 전국적 혁명운동이 되었다.42)

이에 따라 동학농민군의 규모도 제1차 동학농민혁명운동 때에는 약 7천7백 명으로서 1만 명이 채 안되는 병력이었는데 견주어, 제2차 동학농민혁명운동 때에는 동학농민군 총대장 전봉준에 따르면 병력이 전국에서 약 60만 명의 대군에 달하게 되었다.43) 농민혁명운동의 규모는 제1차와 제2차 사이에 매우 큰 차이가 있었던 것이다.

셋째, 제1차 동학농민혁명운동은 1만 명이 안 되는 병력으로도 전라도 약 20개 군현을 점령하고 전라도 수도인 전주성을 점령한 뒤 관군과 전주화약을 성립하고 전라도 53개 군현에 모두 집강소라는 농민혁명군의 통치기관을 설립했으며,44) 결국 민비정권을 붕괴시키는 데 직·간접적으로 결정적 영향을 발휘하였다. 즉 제1차 동학농민혁명운동은 지방의 규모에서는 대승리, 대성공을 쟁취한 혁명운동이었다.

이에 견주어 제2차 동학농민혁명운동은 전국 규모의 대봉기 대혁명운동이었으나 일본군의 근대적 화력에 밀려 실패로 돌아간 혁명운동이었고, 구체제 타파에만 부분적으로 성공한 운동이었다.

넷째, 제1차 동학농민혁명운동은 대성공·대승리를 쟁취했음에도, 사상자를 별로 내지 않은 거의 무혈혁명이었다고 볼 수 있다. 제1차 동학농민혁명도 황토현전투와 황룡촌전투를 치렀으나 농민군 측의 사상자는 거의 없었고, 관군 측도 큰 피해가 없었다. 큰 전투를 했던 '전주성

---

42) 《天道敎創建史》, 第2篇의 p.65 참조.

43) 《東京朝日新聞》 1895년(明治28) 3월 6일자, 〈東學黨大巨魁審問續聞〉 참조.

44) 《梧下記聞》 第1筆의 p.105 참조.

점령'은 전봉준의 관군 남하유인작전이 적중하여 동학농민군이 거의 무혈 입성·점령하는 데 성공하였다. 제1차 동학농민혁명운동이 쟁취한 매우 큰 승리와 성과에 견주면 그것은 '무혈혁명'이나 다름없었다고 볼 수 있으며, 제1차 동학농민혁명운동은 참으로 큰 성공을 이룩한 혁명운동이었다.

이에 견주어 제2차 동학농민혁명운동은 매우 큰 희생을 수반한 운동이었다. 비교적 정확한 전봉준의 설명에 따르면 제2차 동학농민혁명운동은 전국에서 약 60만 명이 무장봉기했는데, 동학농민군의 전사자·피살자수를 《천도교창건사》는 20만 명 이상,45) 박은식의 《한국통사(韓國痛史)》는 약 30만 명,46) 오지영의 《동학사》는 약 30~40만 명이라고 하였다.47) 이것은 동학농민혁명군이 조국 땅 위에서 일본침략군을 몰아내기 위하여 얼마나 많은 목숨을 바치고 많은 피를 흘렸는가를 보여주며, 제2차 동학농민혁명운동이 얼마나 참혹한 유혈혁명운동이었는가를 잘 알려주는 것이라고 할 수 있다.

다섯째, 제1차 동학농민혁명운동은 전근대적 수구적 민비정권을 타도하고 그 뒤의 갑오개혁정권과는 구조적으로 상당한 보완관계에 있었다. 동학농민군의 폐정개혁 요구사항과 집강소의 폐정개혁 요강이 갑오개혁정권의 군국기무처 개혁법안에 크게 반영되고 법제화한 점에서도 이를 알 수 있다.

이에 견주어 제2차 동학농민혁명운동은 갑오개혁정권이 청일전쟁 기간 중에 더욱 친일화하기 시작했다고 보고 이를 타도 대상으로 간주하였다. 또한 개화파정권도 제2차 동학농민혁명운동을 자기 정권에 대한 '반란'으로 간주하여 '진압'의 대상으로 간주하였다. 제2차 동학농민혁명운동에서는 동학농민군과 개화파정권의 적대관계가 극단적으로 격화

---

45) 李敦化, 《天道敎創建史》, 제2편의 p.69 참조.
46) 朴殷植, 《韓國痛史》, 《朴殷植全書》 상권, p.111 참조.
47) 吳知泳, 《東學史》, p.154 참조.

된 것이었다.

여섯째, 제1차 동학농민혁명운동의 주체세력은 동학농민들이었다. 무장봉기 때 처음에 4천 명에 이르던 농민혁명군도 모두 동학교도들이었고, 백산에서 농민군 개편에 의해 증원된 7천7백여 명의 농민군도 간부와 병사들이 모두 동학교도들이었다. 제1차 동학농민혁명운동은 동학교도들이 간부와 병사가 되어 혁명군을 편성해서 일으킨 동학농민혁명운동이었다.

이에 견주어 제2차 동학농민혁명운동은 동학교도들보다도 양반관료의 지배에 반대하는 일반 농민(평민과 천민신분의 소작농·빈농)이 더욱 많았다. 전봉준은 이에 대해 "기포했을 때에 원민(寃民)이며 동학(東學)이 합하였으나 동학은 소(少)하고 원민은 다(多)하였다"[48]고 재판정에서 응답하였다. 집강소 통치기간에 동학농민군은 이미 제1차 동학농민혁명운동에 참가했던 동학농민군을 '구도(舊道)'라고 부르고, 집강소 통치기간부터 동학농민군에 들어와 새로 교도가 된 농민군을 '신도(新道)'라고 불렀다.[49] 제2차 동학농민혁명운동에 '구도'와 '신도'가 모두 참가하여 외피로는 농민혁명군이 모두 동학교도의 형식을 취했다 할지라도, '신도'의 다수는 농민군 승리의 대세에 편승하여 바람에 따라 입도한 일반농민이었다.

전봉준이 제2차 동학농민혁명운동 때 전국에서 봉기한 농민군 수를 약 60만 명이라고 하고, 목숨을 바치기로 서약한 핵심세력은 약 4천 명이었다고 진술한 것은 이것을 가리킨 것이었다고 볼 수 있다.[50]

이 때문에, 제2차 동학농민군의 주체세력은 동학교도를 골간으로 하고 구체제에 반대하는 수적으로 훨씬 많은 원한에 찬 일반농민의 참가로 구성되었다는 전봉준의 진술이 정확한 것이었다고 볼 수 있다.

---

48) 〈全琫準供草〉, 初招問目, 《東學亂記錄》 하권, p.525.

49) 黃玹, 《梧下記聞》 第1筆의 p.106 참조.

50) 《東京朝日新聞》 1895년 3월 6일자, 〈東學黨大巨魁審問續聞〉 참조.

이러한 비교고찰을 통하여 우리는 제1차 동학농민혁명이 제2차 운동과는 다른 특징을 갖고 있었음을 명확히 인식할 수 있다.

6. 맺음말

지금까지의 고찰에서 알 수 있는 바와 같이 1894년 1월의 '고부농민폭동'과 3월의 '제1차 동학농민혁명운동'은 성격이 다른 운동으로서 두 운동은 연결시키면서도 반드시 구분해 보아야 할 운동이었다.

고부농민폭동은 군수 조병갑의 가렴주구에 분노한 고부 농민들이 군수를 추방 파면시키고 부당하게 수탈한 수세곡 등을 반환 받으며 가렴주구 중지를 요구하는 고부에서 일어난 자연발생적 '폭동' '민란' '민요'였다. 이에 견주어 '제1차 동학농민혁명운동'은 안핵사 이용태의 만행에 분노한 동학농민들이 전봉준의 지휘 아래 약 4천여 명의 동학농민혁명군 군사대오를 조직 편성하여 서울로 진격 점령해서 중앙의 민비정권을 타도하고 구체제를 붕괴시키기 위해 사실상 처음부터 '혁명'을 선언하고 무장에서 봉기한 '혁명운동'이었다.

또한 주체세력에서도 '고부농민폭동'에서는 고부군 각리 이집강·부농 등이 중심이었으나, '제1차 동학농민혁명운동'에서는 간부들은 남접 도소를 중심으로 잘 조직된 동학의 대접주·접주들이었으며 병사들은 모두 동학도인 소작농·빈농·소농들이었다. 이들은 처음부터 '농민혁명군'을 편성하여 혁명운동을 일으킨 것이었다. 또한 무기에서도 '고부농민폭동'에서는 농기구가 주무기이고 장총(화승총) 등은 드물었으나, '제1차 동학농민혁명운동'에서는 관군의 근대무기를 빼앗고 점령한 군현의 무기고를 열어서 근대무기로(농기구와 함께) 무장한 농민혁명군이었다.

동학농민군은 무장에서 제1차 동학농민혁명운동을 봉기할 때 내건

창의문에서는 일반 대중의 두려움을 염려하여 유교의 충효사상을 빌려 사용하면서 자기들의 봉기를 '의병'과 같은 것으로 표방했으나, 고부를 점령한 뒤 백산의 집회부터는 공공연히 자신들의 봉기가 혁명임을 선언하였다.

동학농민군의 4대 명의(강령)에서는 일본세력을 몰아내고 동학농민군이 서울에 진입하여 민비정권과 양반귀족들을 타도할 것을 명백하게 선언하였다. 또한 〈격문〉에서는 혁명의 목적이 도탄에 빠져 허덕이는 민중을 구하고 외세의 침략 앞에 있는 국가를 반석 위에 놓기 위한 것이라고 선언하고, 양반과 부호 밑에서 고통 받는 민중들은 방백과 수령 밑에서 굴욕 받는 소리(小吏)들을 포섭하여 총봉기해서 안으로는 탐학한 양반관료들의 머리를 베고 밖으로는 횡포한 강적 외세의 무리를 몰아내는 혁명에 조금도 주저하지 말고 즉각 일어서자고 촉구하였다. 구체제와 외세 타도의 명료한 목표를 세운 민중혁명을 선언한 것이었다.

동학농민군은 관군을 황토현전투와 황룡촌전투에서 패배시키고 점령한 20여 개의 전라도 군현에서는 민중의 요구에 응하여 과감한 혁명적 폐정개혁을 단행하면서 마침내 전라도 수도인 전주성을 점령하는 데 성공하였다. 만일 일본군과 청국군이 한반도에 불법 침입하여 간여하지만 않았더라면 동학농민혁명군이 서울로 진격하여 민비정권을 붕괴시키고 양반신분제를 폐지한 새 시대를 열었을 것이라고 상정하는 것은 어려운 일이 아니다.

민비정권의 어리석은 청군 차입 요청과 일본군의 불법 상륙 침입으로 나라가 위험에 처하게 되자, 일본군과 청국군 철수의 외교조건을 만들어주기 위해 동학농민혁명군 총대장 전봉준과 정부 측 전라 관찰사 김학진 사이에 전주화약이 성립되었다. 이 화약은 조선조정의 입지를 높여주어야 하는 사정과 외형상 농민군의 자진해산을 보여야 했기 때문에 문서상의 협정문은 없었다. 정부 측 문서에는 '귀화'로 표현되었을 뿐이고, 오직 관변 측 문헌에 '화해', 동학농민군 측 문서에만 '강화', '화약'

이 기록되어 있는데, 이것은 관변 측 문헌과 동학군 측 문헌을 신뢰해도 사실과 전혀 다르지 않다. 양측에 '강화', '화약', '화해'가 성립되었기 때문에 동학농민군도 순순히 전주성을 관군에게 비워주었고, 관군은 전주성을 나가는 동학농민군을 추적하거나 체포하지 않았을 뿐 아니라, 귀향해서 집강소를 설치하는 것을 방해하지 않고 경군을 서울로 귀환시킨 점에서도 이를 알 수 있다.

동학농민군의 '전주화약'에 따른 귀향은 제1차 동학농민혁명운동의 실패를 의미하는 것이 아니라, 반대로 성공의 일부이며, 이보 전진을 위한 일보 후퇴라고 해석된다. 그 증거가 귀향한 동학농민군의 집강소 설치와 활동인 것이다. 동학농민군은 집강소라는 농민의 '권력기관'과 '통치기관'을 설립하여 지방정치의 구체제를 혁명적으로 붕괴시키고 농민들이 원하는 신체제의 새로운 지방통치를 혁명적으로 단행하였다. 동학농민군의 '집강소 통치'가 제1차 동학농민혁명운동의 승리와 성공을 잘 증명해 주는 것이라고 볼 수 있다.

제1차 동학농민혁명운동은 반봉건 반침략 농민혁명운동으로서 반봉건을 반침략보다 앞세운 혁명운동이었으며, 그 목적을 동학농민들의 큰 유혈 없이 매우 성공적으로 달성하였다. 뿐만 아니라 집강소 통치 기간에는 중세적 봉건적 구체제를 해체시키면서 동학농민군 역량을 크게 증강시켰다.

동학농민혁명운동은 제1차 동학농민혁명운동과 집강소 통치시기까지는 농민군의 우수한 전략전술과 강력한 조직에 바탕하여 크게 성공한 반봉건 반침략 반제국주의 혁명운동이라고 할 수 있을 것이다.

(《韓國學報》, 제117호, 2004)

VI. 동학농민 집강소의 성립과 개혁의 성격

1. 머리말 : 집강소의 중요성

동학농민혁명운동(또는 갑오농민전쟁)의 제3단계에서 호남 일대에 설치되었던 농민들의 집강소(執綱所)는 동학농민들이 한국 역사상 처음으로 농민통치를 실행한 농민의 기관이었다는 면에서 매우 특이하고 획기적인 것이었다. 또한 집강소의 농민통치가 실시한 폐정개혁의 내용과 성격 여하에 따라서는 동학농민혁명운동의 사회적·역사적 성격마저도 좌우될 수 있는 것이었다.

그러므로 동학농민들의 집강소는 반드시 심층에서 밝히지 않으면 안될 한국근대사의 매우 중요한 연구과제라고 할 수 있다.

2. 집강소의 성립

그러면 집강소의 기원은 어디서 나와 성립된 것일까?

먼저 주목해야 할 것은 제1차 동학농민혁명운동 때 동학농민군 점령지에서 시행된 '집강(執綱)'의 임명이다. 전봉준(全琫準), 손화중(孫化中), 김개남(金開男) 등을 지도자로 한 동학농민들은 1894년 3월 20일(일설 3월 21일) 무장에서 약 4천 명의 동학농민군을 편성, 봉기하여 제1차 동학농민혁명운동을 일으켰다. 봉기한 동학농민군은 그날 밤부터 이튿날 새벽에 걸쳐 먼저 고부군아(古阜郡衙)를 점령, 감옥에 있는 고부민란

때의 농민들(전봉준의 동지들)을 석방하고 읍폐민막(邑弊民瘼)을 교정하는 일을 한 다음, 3월 23일 백산(白山)에서 농민군을 확대 개편한 뒤, 3월 27일 무렵부터 서울을 최종 목적지로 하고 먼저 전라도 수도인 전주를 향하여 대진군을 시작하였다. 동학농민군은 그 뒤 전투로서는 고부 황토현전투와 장성 황룡촌전투에서 승리했고, 고을로서는 태인, 부안, 정읍, 홍덕, 무장, 고창, 금구, 원평, 영광, 함평, 무안, 장흥, 장성 등을 비롯해서 음력 4월 27일 전주에 입성할 때까지 20여 개 군현을 점령하였다. 그런데 동학농민군은 이 점령한 군현들의 군아에서 점령 즉시 농민들의 소망에 따라 단기간일지라도 읍폐민막을 교정하는 사업을 했으며, 이 사업의 책임자로 동학농민군(총대장 전봉준)을 접주(接主)로 차출하여 '집강'에 임명해서 그 책임을 담당하도록 하였다. 《오하기문(梧下記聞)》은 제1차 동학농민혁명운동을 설명한 부분에서 다음과 같이 기록하고 있다.

> 봉준(琫準) 등이 이미 치성(熾盛)하자 군현(郡縣)이 모두 도적(동학농민군-인용자)에게 속박을 받았는데, 도적들은 또한 매읍(每邑)에 취치설접(就治設接)하여 이를 대도소(大都所)라 부르고, 한 사람의 접주(接主)를 차출하여 태수(太守)의 일을 행하도록 하고 이를 집강(執綱)이라고 불렀는데 관(官)의 유무(有無)를 논하지 아니하였다. 도소(都所)는 또한 대의소(大義所)라고도 칭하고, 그 도로(道路)에 있는 것은 행군의소(行軍義所)라고도 칭하였다.[1]

즉 동학농민군은 점령하는 매 읍에 통치를 담당하기 위한 접을 설치하고 한 사람의 접주를 뽑아 '태수'(동학농민군태수·태재)의 일을 보게 하면서 이를 '집강'이라고 불렀으며, 동학농민군의 '집강' 임명은 그 고

---

1) 黃玹, 《梧下記聞》, 제1집, pp.105～106.

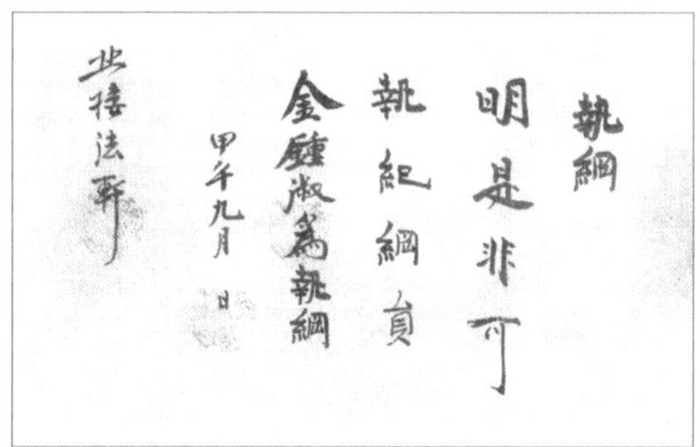

동학농민군의 집강 임명장

을의 수재가 도망하고 없거나 또는 남아 있거나를 불문하고 그에 관계 없이 동학농민군이 점령지에 일방적으로 임명하여 읍폐민막을 고치고 '취치(就治)'하도록 한 것이었다. 그러나 이때에 '집강'은 임명되었지만 읍폐민막 교정의 농민통치를 담당하는 기구로서 '집강소'라는 통일된 명칭은 없었다. 그 대신 집강이 임시 통치를 담당하는 곳을 대도소(大都 所), 도소(都所), 대의소(大義所), 행군의소(行軍義所)라고 불렀다.

제1차 동학농민혁명운동 시기에 '집강'이 점령지에서 실시한 읍폐민박 교정의 통치내용은 자료가 없어서 그 상세한 것을 알 수 없다. 그러나 3월 21일부터 4일 동안 동학농민군이 고부를 점령한 뒤 단행한 다음과 같은 읍폐민박의 교정활동에서 그 사례를 알아볼 수 있다.[2]

① 탐관오리의 처벌 : 관속 가운데 안핵사와 군수에게 부하뇌동하고 탐학한 자 수명을 색출하여 처벌.
② 군기고를 열어 총창(銃槍)과 탄약을 수습해서 동학농민군의 무기 를 보충 강화.
③ 동학농민군 지원자의 증모와 농민군 병력의 강화.
④ 읍내에 있는 청죽(靑竹)을 베어서 죽창을 만들어 총 없는 농민을

---

2) 吳知泳, 《東學史》(刊行本), p.111 참조.

　　무장시킴.
　⑤ 옥문을 열어 고부민란으로 투옥된 농민들과 기타 억울하게 투옥되
　　어 있는 농민들을 석방.
　⑥ 식량창고를 열어 빈민을 구휼.
　⑦ 고부읍의 폐정을 대략 교정.

　제1차 동학농민혁명운동 시기에 동학농민군 점령지역에서 읍폐민막의 폐정 개혁을 담당한 '집강'에는 반드시 동학의 육임제도(六任制度)의 집강이 임명된 것은 아니었다. 황현(黃玹)은 오히려 '접주' 가운데서 '집강'을 임명하였다고 기록하였다.3) 당시 전봉준 아래에는 많은 동학접주들이 장령(將領)으로 참가했고, 점령지는 한 번에 모두 점령된 것이 아니라 한 군으로부터 다른 군으로 차례로 점령되었으며, 읍폐민막의 교정사업은 매우 중요한 사업이었기 때문에, 동학농민군 지도부는 육임제도의 접주 산하 집강[執綱, 도집(都執)이라고 함]으로부터 한 지위를 격상시켜서 주로 '접주들' 가운데서 '집강'을 임명했던 것으로 추정된다.

　필자는 제1차 동학농민혁명운동 기간에 동학농민군 점령지역에서 읍폐민막의 교정을 위해 전봉준이 접주들 가운데서 임명한 '집강'과 그 집무처인 도소(또는 대의소, 행군의소)가 '집강소' 성립의 주요 기원이라고 관찰하고 있다.

　다음으로 주목할 것은 전주화약 성립 때에 전라 관찰사 김학진(金鶴鎭)이 허용한 면리 수준의 집강이다. 그 뒤 김학진은 군현 수준의 집강소를 공인했는데, 이때에도 그는 동학농민군의 집강소를 이제까지의 '면·리 집강'을 '군·현' 수준으로 격상시키는 것으로 이해하였다. 당시 조선왕조의 농촌사회에서는 면·리 집강이 존재했는데, 이것은 향임(鄕任)의 일종으로서 양인상층(良人上層)의 지식 있는 부농을 임명하여

---

　3) 《梧下記聞》, 제1필, p.105 참조.

면임(面任)의 행정에 자문을 함과 동시에 주민 풍교(風敎)의 기강을 세우는 데 협조하도록 한 직임이었다. 이러한 성격의 집강을 면·리에는 두었으나 군·현에는 두지 않았다. 전라 관찰사 김학진은 동학농민군과 전주화약을 성립시키기 위해서 농민군에게 그들이 주장하는 억울함을 풀어주고 폐정개혁을 단행할 것을 약속하면서 요구사항을 제출토록 했으며, 동학농민군은 김학진에게 13개 조항의 폐정개혁 요구사항을 제출하였다.4) 동학농민군은 양호순변사 이원회에게도 14개조의 폐정개혁 요구사항을 제출했으며, 이어서 관변측에 추가로 24개조의 폐정개혁 요구사항을 제출하였다.5)

김학진은 동학농민군의 요구사항을 받아들여 실행하겠다고 약속했으나 이것이 반드시 실행된다는 보장은 없는 것이었다. 왜냐하면 이제까지 관변 측은 민란이나 농민전쟁에서 농민들의 폐정개혁 요구에 대하여 기만적으로 그 실행을 약속해 놓고는 일단 농민들이 해산하면 이를 실행하지 않았을 뿐 아니라 도리어 폐정개혁을 요구한 농민들을 체포하여 투옥하고 박해하는 것이 일쑤였다. 동학농민군의 이러한 의구심을 풀어주기 위하여 김학진이 동학농민군에게 약속한 것이 '면·리 집강'에 이제까지 부농이 아니라 동학군을 임명하여 면임에게 자문하고 폐정개혁 실행을 지켜보도록 한 것이었다. 이래서 전주화약이 쉽게 성립될 수 있었다. 김학진이 동학농민군에게 '면·리 집강'의 임명을 허용한 사실은 전주화약 성립 뒤 6월 초 3일자로 동학농민군의 '발호'에 항의해서 보낸 효유문에 "너희들이 거주하는 면리에 각각 집강을 설치하였고 너희들의 억울함을 말할 만한 것이 있으면 모두 담당 집강을 경유하여 감영(監營)에 정소(呈訴)해서 공결(公決)을 기다리라"6)고

---

4) 鄭喬, 《大韓季年史》(국사편찬위원회 편), 상권, p.86 참조.

5) 金允植, 《續陰晴史》(국사편찬위원회 편), 상권, pp.322~325 참조.

6) 《梧下記聞》, 제2필, p.42. "爾等 所居面里 各置執綱 如有爾等冤鬱之可言者該 執綱具由 訴營 以待公決事" 참조.

한 점에서도 알 수 있다.

그러나 동학농민군은 전주화약 성립 뒤 전주성을 관군에게 비워주고 자진해산의 형식을 취하여 자기 고을에 돌아가서도 무장을 풀지 않고 그대로 동학농민군으로 주둔하면서 자기 출신 고을에서 '면·리 집강'과 '군·현 집강'을 임명하였다. 왜냐하면 당시 지방행정의 핵심적 기본 단위는 군현이었으므로 동학농민들이 원하는 폐정개혁을 단행하거나 그 단행을 감독하려면 '면·리 집강'으로서는 불가능하고 반드시 '군·현 집강'을 임명해야 비로소 이 목적을 달성할 수 있는 것이었기 때문이다. 그러므로 동학농민군은 전주성을 비워주고 자기 고을로 돌아가서는 전라 관찰사 김학진이 허용한 면·리 집강을 임명한 것이 아니라, 제1차 동학농민혁명운동 때 동학농민군 점령지에서 읍폐민막 교정을 위해 시행했던 '집강' 임명의 전통과 방식을 계승해서 군·현 집강을 임명해 나간 것이었다.

동학농민들의 군·현 집강은 전라 관찰사 김학진으로서는 그 자신이 승인하지 않은 불법적인 것이었다. 따라서 전주화학 직후에는 군·현 집강이 임명되어 나갔으나 그 정무처는 집강소라는 통일된 명칭을 갖지 못하고 '도소' 등으로 불려지고 있었던 것으로 보인다.

전봉준은 전주화약 직후 음력 5월에 금구, 김제, 태인, 장성, 담양, 순창, 옥과, 남원, 창평, 순천, 운봉…… 등 여러 읍을 순시하였다.7) 이때 전봉준은 동학농민들이 군·현 집강을 임명하여 폐정개혁을 단행해 나가는 것을 순시했던 것으로 보인다. 김윤식(金允植)은 음력 5월 말 무렵의 호남 형편을 6월 9일자의 일기에서 다음과 같이 기록하였다.

호남의 비도(匪徒)들은 아직도 곳곳에 둔취(屯聚)하여 지나는 곳에 추호도 (백성을) 침범하는 일이 없으며 백성들이 원소(冤訴)하는 것이 있으면 그

---

7) 〈全琫準供草〉 四招問目,《東學亂記錄》(국사편찬위원회 편), 하권, p.551 및 《梧下記聞》, 제2필, p.40 참조.

자리에서 판결해서 도리어 민심을 얻고 있다고 한다.[8]

《오하기문(梧下記聞)》은 5월분의 기록에서 동학농민들이 각 군에 '집강'을 둔 사실을 기록하여 설명하였다. 이 자료에 따르면 전봉준은 그 뒤 여러 읍을 순시하다가 남원에 도착하자 6월 15일 무렵에 김개남과 함께 동학농민들의 남원대회를 개최하였다. 이 대회에서 전봉준은 각 읍의 동학포(東學包)에 명령을 전하여 각 읍에 도소(집강소)를 설치해서 그 친당을 세워 수령의 일을 하도록 명령했으며, 이때부터 도내의 군마와 전곡(錢穀)이 모두 동학농민군의 소유가 되었고, 사람들은 그들이 단순한 '난민'이 아니라 이미 '역모'가 이루어지고 있음을 알게 되었다면서 다음과 같이 기록하였다.

> 이 달 보름간에 봉준과 개남 등은 남원에서 대회를 열었는데 모인 사람이 수만 명이었다. 봉준은 각 읍 포[布, 包] 중에 령을 내려 읍에 도소를 설치하고 그 친당을 세워 집강으로 삼아서 수령의 일을 행하도록 하였다. 이에 도내의 군마와 전곡이 모두 도적들(동학농민군-인용자)의 소유가 되었으며, 사람들이 비로소 그 역모가 이루어졌고 난민에 그치지 않음을 알게 되었다.[9]

동학농민들의 남원대회는 집강소의 성립과 발전에서 획기적 중요성을 가졌다고 볼 수 있다. 왜냐하면 그 이전까지는 집강소가 군과 면의 동학농민군 세력 여하에 따라 산발적으로 설치되어 나가다가 이 대회에서 군 수준의 집강소를 전라도 53개 군·현 모두에 빠짐없이 설치할 것이 결정되었기 때문이다. 뿐만 아니라, 그 집강소의 활동 성격이 기존

---

8) 《續陰晴史》, 상권, p.318.
9) 《梧下記聞》, 제2필, p.62.

지방 관리의 행정에 대한 감시·감독이 아니라 '도내의 군마와 전곡이 모두 동학농민군의 소유가 되었으며 사람들이 비로소 그 역모가 이루어졌고 난민에 그치지 않음을 알게 된' 그러한 과감하고 혁명적인 폐정개혁의 '농민통치'를 전 도에 걸쳐 체계적으로 직접 실행하게 되었기 때문이었다. 물론 그 이전에도 동학농민군 세력이 막강한 군현에서는 이미 그러한 혁명적 폐정개혁의 농민통치가 실행되고 있었지만, 남원대회 이후에는 동학농민 세력이 상대적으로 약한 군·현까지도 도내 동학농민군 전체의 강력한 지원 아래 '집강소의 농민통치'가 체계적으로 실시되게 된 것이었다.

동학농민들의 남원대회가 있은 날로부터 6일 뒤인 6월 21일(양력 7월 23일)에, 서울에서는 일본군이 조선 왕궁을 포위하고 궁궐을 침범해서 조선군 왕궁수비병을 살해하고 무장해제시킨 뒤 국왕과 왕비를 감금하고 위협하여 정권을 교체하고, 동시에 청일전쟁을 도발한 변란이 있었다. 전라 관찰사 김학진은 남원에 있던 전봉준에게 국난을 함께 극복하고 전주를 공수하자면서 전주로 초청하여 관민상화지책(官民相和之策)을 상의하고 각 군의 집강소 설치를 공식적으로 승인하였다. 이제 전라 관찰사까지도 집강소의 농민통치를 공인하게 된 것이었다.

이 부분에 대하여 〈갑오약력(甲午略歷)〉은 다음과 같이 기록하였다.

> 6월에 관찰사는 전봉준 등을 감영에 청요(請邀)하였다. 이때에 성을 지키는 군졸들은 각각 총창(銃鎗)을 들고 좌우에 정렬하였다. 전봉준은 아관(峨冠)을 쓰고 마의(麻衣)를 입고 양연히 들어왔는데 조금도 기탄이 없었다. 관찰사는 관민상화지책을 상의하고 각 군에 집강을 설치하는 것을 허가하였다.[10]

---

10) 鄭碩謨, 〈甲午略歷〉, 《東學亂記錄》, 상권, p.65.

또한 《오하기문》은 이 부분에 대하여 다음과 같이 기록하였다.

  그러나 김학진은 그 선무하러 온 것을 지키어 도리어 그들에게 의지했
으며, 서울에 난이 있음을 듣고 학진은 군관(軍官) 송사마(宋司馬)로 하여
금 편지를 가지고 남원에 들어가서 봉준 등에게 말하여 국난에 동부(同赴)
하기로 약속하고, (전봉준으로 하여금) 동학도인을 인솔하여 전주를 공수
하도록 하였다. 대개 봉준이 밖으로 외국이 벌인 침략의 화를 걱정함을 나
타내고 귀화를 소리 내어 말한 고로 학진이 그를 불러 그 거취를 보려 한
것이다.[11]

  이상의 고찰을 간단히 요약하면 ① 동학농민군은 제1차 동학농민혁
명운동 때 점령한 읍에서 읍폐민막을 교정하는 책임자로서 '집강'을 임
명했는데 이것이 집강소의 주된 기원이 되었고, ② 5월 7일 전주화약 때
에 묵계된 것은 동학농민군이 전주성을 관군에게 내주고 자진 해산하여
각각 자기의 출신지역으로 돌아가는 대신 동학농민군은 '면·리 집강'
을 임명하여 관변 측이 폐정개혁을 단행하는 것을 감시하기로 한 것이
었는데, ③ 5월 8일부터 동학농민군은 귀향하고서도 무장을 풀고 농민
군을 해산한 것이 아니라 대부분은 무장한 채 동학농민군을 그대로 유
지하면서 일부는 '면·리 집강'을 임명했지만 대부분은 제1차 동학농민
혁명운동 때 동학농민군이 시행했던 군 수준의 집강 임명 전례에 따라
'군·현 집강소'를 설치해 나갔으며, ④ 6월 15일 남원대회에서 동학농
민들은 전라도 53개 군현 모두에 빠짐없이 군집강소를 설치하여 혁명적
인 과감한 폐정개혁정치를 직접 실행하는 농민통치의 실시를 결정하였
고, ⑤ 얼마 뒤에 서울에서 일본군의 궁궐침범과 내정간섭의 변란이 일
어나자 6월 말 무렵에 전라 관찰사 김학진이 농민군 총대장 전봉준 등

---

11) 《梧下記聞》, 제2필, p.62.

을 전라감영에 초청하여 관민상화지책을 의논한 결과 전봉준 측의 제의에 따라 이미 대부분 설치된 '군집강소'를 사후적으로 공인하여 합법화시켜 주고 동학농민군과 힘을 합하여 일본침략군으로부터 전주를 공수하기로 해서, 집강소는 성립되고 공인된 것이었다.[12)

일부에서는 아직도 집강소의 실재 여부에 회의적 견해를 갖고 있는지 모르지만,《오하기문》에 수록된 〈전봉준의 각 읍 집강소에 보내는 통문(通文)〉과[13) 《수록(隨錄)》에 게재되어 있는[14) 〈무주 집강소에 하달된 통문〉[15)으로 집강소가 실제로 있었음은 논쟁의 여지없이 증명된다고 할 것이다.

3. 집강소의 조직

동학농민혁명운동 시기의 집강소는 다음과 같은 4개의 기관으로 조직되어 있었다.

(1) 집강소의 집행기관
(2) 의사기관
(3) 집강소 호위군
(4) 방조기관(幇助機關)

집강소의 집행기관은 〈갑오약력(甲午略歷)〉에 따르면, ① 집강, ② 서기, ③ 성찰, ④ 집사, ⑤ 동몽(童蒙)으로 이루어져 있었다.[16)

---

12) 愼鏞廈, 〈甲午農民戰爭時期의 農民執綱所의 設置〉, 《韓國學報》 제41집, 1985.

13) 《梧下記聞》, 제2필, p.66의 〈全琫準이 下達한 執綱所 通文〉 참조.

14) 盧鏞弼, 〈東學農民軍의 執綱所에 대한 일고찰〉, 《歷史學報》 제133집, 1992 참조.

15) 《隨錄》, p.61의 〈茂州執綱所에 하달된 通文〉 참조.

동학농민군 지휘관과 호위병의 모습. 지휘관은 양산을 들고 칼을 찼으며, 호위병은 화승총을 어깨에 멨다(二六新報 1894년 8월 12일자 삽화).

이 가운데서 '집강'은 집강소의 총책임자이면서 동시에 집행기관의 책임자였다. 집강은 주로 동학의 접주 가운데서 임명되었다.[17] 그러나 하나의 군에는 크고 작은 여러 개의 접이 있는 경우도 있었고,[18] 그에 따라 접주에도 대접주(大接主)·수접주(首接主)·접주(接主)의 위계가 있었으며, 접주가 여러 명 있는 경우도 있었다.[19] 이러한 경우에는 가장 지위가 높은 대접주·수접주부터 차례로 그 지위에 따라 '집강'으로 임명한 것으로 추정된다.

사회학적 의미로서 집강의 할 일은 무엇인가? 그것은 '동학농민이 임명한 군수=태수=수령=읍재'였다. 《오하기문》은 집강에 "접주 한 사람을 임명하여 태수의 일을 행하게 했으며,"[20] "도소(집강소)를 설치하여 그

---

16) 〈甲年略歷〉, 《東學亂記錄》 상건, p.65 참조.

17) 《梧下記聞》, 제1필, p.105 참조.

18) 《謙由遺稿》 가운데 〈錦城正義錄甲編〉 참조.

19) 《梧下記聞》, 제1필, p.104 참조.

20) 《梧下記聞》, 제1필, p.105.

친당을 집강으로 삼아서 수령의 일을 행
하였다"21)고 기록하고 있다. 또한《오하
기문》은 집강소 통치에 대해서도 "오늘
날 어떠한 읍의 읍사를 막론하고 (동학)
도인이 이를 주재하고 (정부가 임명한)
관장의 결정을 기다리지 아니했다"22)고
기록하였다. 〈갑오약력〉에서도 집강소
가 설치된 곳에서는 "이른바 읍재는 오
직 이름만 있고 행정을 할 수 없었으며
심하면 읍재를 추방하기도 했다"23)고 기
록하였다. 즉 집강이 실질적인 군수였던
것이다.

동학농민군 병사. 어깨에는 화
승총을 메고 허리에는 약통과
화승을 찼다.

 '서기'는 집강소 농민통치의 문부를
작성하고 정리하며, 또한 관리의 문부를
검열하고, 집강의 비서와 같은 기능도
수행하는 직책이었던 것으로 보인다.

 '성찰'은 집강소 농민통치에서 치안과 경비, 그리고 순찰과 감찰을 담당
하는 직책이었다. 집강소 농민통치의 기율과 기강을 바로잡는 일도 성찰
의 역할이었으며, 탐관오리 · 불량한 양반 · 횡포한 부호 · 훼도분자(毀道
分子) · 불량배들을 조사하고 압송하는 것도 성찰의 역할이었다.24) 이러
한 역할 때문에 성찰은 집강소 호위군과도 직접 연계되어 있었다.25) 알기
쉽게 비유해서 성찰은 '집강소의 농민경찰'인 셈이었다. 이 때문에 집강소

---

21)《梧下記聞》, 제2필, p.62.

22)《梧下記聞》, 제3필, p.15.

23)〈甲午略歷〉,《東學亂記錄》, 상권, p.65.

24)〈甲年略歷〉,《東學亂記錄》 상권, pp.67~68 참조.

25)《梧下記聞》, 제1필, p.105 참조.

의 실권은 집강 다음으로 성찰이 갖고 있었으며, 양반관료들은 집강 다음
으로 성찰을 집강소의 핵심분자로 간주하여 증오하였다.26) 성찰은 한 집
강소 안에 다수를 두었는데27) 성찰의 수석책임자를 도성찰(都省察)이라
고 불렀다.28)

　‘집사’는 집강소의 행정과 공사를 관리하는 행정요원이었다. 집강소
농민통치의 개혁행정 실시, 인민소장(人民訴狀)의 처리 등 직접적인 대
민사업은 집사의 일이었다. 동학의 전도, 동학농민군의 폐정개혁 사업
에 대한 선전과 계몽 등도 집사의 직무였던 것으로 추정된다. 따라서 한
집강소에는 다수의 집사가 있었다.29) 자료들에서 종종 나오는 ‘접사(接
司)’도 집사의 일종인 것으로 추정된다.《오하기문》기포(起包) 뒤의 기
록에 나오는 ‘공사장(工事長)’이나30)〈갑오약력〉에 나오는 ‘공사장’은
바로 이 ‘집사’의 책임자를 가리킨 칭호라고 여겨진다.31)

　‘동몽’은 주로 청소년으로 구성되어, 한 집강소와 다른 집강소, 또는
각 기관 사이의 전령과 연락을 담당하고, 집강소 간부의 호위를 담당하
며, 때로는 성찰의 보조적 역할도 수행하는 직책이었다. 물론 동몽도 한
집강소에 ‘다수’가 존재하였다.32)

　집강소의 의사기관은《동학사》에서 “의사원(議事員) 약간을 두었으
며”33)라고 기록한 데서 그 존재를 알 수 있다. 집강이 단독으로 집강소
의 농민통치에 관한 정책결정과 의사결정을 하면 독재로 말미암은 착오
가 발생할 수 있고 농민의 의사가 충분히 반영되지 않을 위험이 있으므

---

26)〈宣諭榜文竝東徒上書所志謄書〉,《東學亂記錄》하권, p.386 참조.

27)〈甲年略歷〉,《東學亂記錄》상권, p.67 참조.

28)〈甲年略歷〉,《東學亂記錄》상권, p.70 참조.

29)〈甲年略歷〉,《東學亂記錄》상권, p.67 참조.

30)《梧下記聞》, 제1필, p.105 참조.

31)〈甲年略歷〉,《東學亂記錄》상권, p.73 참조.

32)〈甲年略歷〉,《東學亂記錄》상권, p.67 참조.

33)《東學史》, p.126.

로, 이를 방지하기 위하여 의사기관으로서 약간의 의사원을 두어 충분한 토론과 검토를 거친 뒤에 정책과 의사를 결정하도록 해서 이를 집행한 것으로 보인다. 조선왕조 후기-말기에는 '두레'의 조직에서 볼 수 있는 바와 같이 농민조직이나 농민단체에는 민주적 의결과정이 상당히 발전해 있었는데, 집강소도 이러한 농민의 민주적 전통을 계승하여 그 지방의 실정에 밝은 농민 약간 명을 '의사원'으로 선임해서 폐정개혁을 위한 정책결정과 의사결정에 큰 도움을 얻었던 것으로 보인다.

몇 해 전에 강창일 교수에 의해 발굴되어 소개된 자료에서 제시된 바와 같이[34] 전봉준은 그 뒤 체포되어 일제경찰의 취조를 받을 때에, 서울에 입성하여 일본군을 몰아내고 간악한 관리를 쫓아낸 다음에는 "국사를 들어 한 사람의 세력가에게 맡기는 것은 크게 폐해가 있는 것을 알기 때문에 몇 사람의 명사에게 협합(協合)해서 합의법(合意法)에 따라서 정치를 담당하게 할 생각이었다"[35]고 응답하였다. 《동경조일신문(東京朝日新聞)》은 이것을 〈동학수령과 합의정치〉라는 제목을 붙여 보도하였다. 전봉준의 이러한 '합의정치'의 구상은 집강소 안에 의사기관을 두고 약간의 의사원을 선임해서 집강소 농민통치의 합의정치를 추구한 곳에서 실행되기 시작하고 있었다고 볼 수도 있을 것이다.

집강소 호위군은 각 군 집강소의 동학농민군 무력이었다. 《동학사》에서 "관민간에 남은 무기와 마필을 거두어 집강소의 호위군을 세우고 만일을 경계하였다"[36]고 한 데서 그 존재를 확인할 수 있다. 앞에서 지적한 바와 같이 동학농민군은 전주화약 뒤에 각각 자기의 출신 군으로 귀향하고서도 무장을 풀지 않고 그대로 농민군체제를 지속하면서 집강소를 설치한 다음 그 집강소의 무력으로 활동하였다.[37] 뿐만 아니라 집강

---

34) 姜昌一, 〈갑오농민전쟁 자료발굴: 全琫準 會見記 및 取調記錄〉, 《사회와 사상》 창간호, 1988년 9월호 참조.

35) 〈東學首領と合議政治〉, 《東京朝日新聞》, 1985년 3월 6일자.

36) 《東學史》, p.130.

소 설치 뒤에는 농민군을 늘려 모집하고 각 군의 무기고를 열어 동학농민군의 무장을 대폭 강화하였다.[38] 특히 음력 7월 이후에는 일본침략군과 일전이 불가피함을 감지하고 제2차 동학농민혁명운동을 준비하기 시작하면서부터 집강소 호위군으로서 동학농민군의 병력은 급속히 증가하여 전 도에 걸쳐 약 11만 4천5백 명이 되었다.[39] 집강소 시기의 기록들에 나오는 '기포장(騎砲將)',[40] '포사(砲士)'[41] 등은 모두 집강소 호위군에 관련된 직명인 것으로 보인다.

집강소 호위군과 관련하여 특히 주목할 것은 천민신분 출신의 동학농민군 특수부대를 창설하여 집강소 호위와 농민통치의 중요한 무력으로 사용했다는 사실이다. 《오하기문》은 대접주 "손화중(孫化中)은 전라우도에서 도한(屠漢)·재인(才人)·역부(驛夫)·치장(治匠)·승도(僧徒) 등 평일에 가장 천시되던 한 접을 별도로 설치했는데 그 사납고 용맹스러움이 누구도 대항할 수 없어 사람들이 가장 두려워했다"[42]고 기록하였다. 손화중은 이 천민 출신 동학농민군 부대를 재인 중심으로 편성하고 그 통령(統領)에 고창의 재인 홍낙관(洪洛官)을 임명하여[43] 자기 지휘 아래 두었는데, 이 천민출신 농민군 부대의 용감성과 정예무력 때문에 실제로는 집강소 시기에 전봉준부대와 김개남부대보다 막강하다고 하였다. 또한 손화중의 이 천민출신 동학농민군 부대는 제2차 동학농민혁명운동 때에도 북상하지 않고 호남에 그대로 주둔하여 집강소의 농민통치를 계속 호위하는 결정적 무력으로 활동하였다.[44] 남원

---

37) 《梧下記聞》, 제2필, p.40 참조.

38) 《梧下記聞》, 제3필, pp.11~14 참조.

39) 《東學史》, pp.134~135 참조.

40) 《梧下記聞》, 제1필, p.105 참조.

41) 《謙山遺稿》 중의 〈錦城正義錄甲編〉 참조.

42) 《梧下記聞》, 제2필, p.97.

43) 〈李圭泰往復書竝墓誌銘〉, 《東學亂記錄》 하권, p.467 참조.

44) 《梧下記聞》, 제3필, p.35 참조.

에 집강소를 설치하여 전라좌도를 통치했던 대접주 김개남도 역시 천민신분 출신 동학농민군 부대를 편성하였다. 김개남은 도내의 창우(倡優)와 재인 1천여 명을 뽑아 한 개의 특수한 농민군부대를 편성했는데, 그들은 사력을 다하여 충성을 바쳤다고 한다.45) 집강소의 농민통치에 의하여 신분해방을 달성한 천민 출신의 동학농민군부대가 가장 강력한 집강소 호위군으로 활동했음을 알 수 있다.

집강소의 방조기관은 집강소에 종속된 이제까지의 관아 대소관리들의 행정조직을 말하는 것이다. "대소관리들은 그(집강소-인용자)를 방조하여 폐정개혁에 착수케 되었으며"46)라고 한 데서 집강소가 폐정개혁을 주도하여 담당하고 이제까지의 관아 관리들은 이에 대한 방조기관으로 전화되어 집강소의 활동에 보조적 기능을 한 것을 알 수 있다. 집강소 시기에 이서(吏胥)들은 동학농민군에게 완전히 투항하여 상당한 정도로 아부하였다.47) 집강소는 이에 종래의 이서(吏胥)들을 동학에 입도시켜 심부름꾼으로 부렸다.48) 〈갑오약력〉은 "이서들이 모두 동학당에 입적하여 생명을 보전했다"49)고 하였다. 물론 그들이 진심으로 동학을 신봉했다기보다는 대세에 따라 보신책으로 그렇게 한 것이었다고 볼 수 있다. 그러나 결과는 이에 따라 이전의 관아는 실질적으로 집강소에 예속된 방조기관으로서 기능하게 된 것이었다고 볼 수 있는 것이다.

각 군의 집강소는 대개 공해(公廨), 즉 관청 안에 설치되었다.50) 이 때문에 그의 조직체계와 함께 집강소는 더욱 '농민의 관청'처럼 보였다.

---

45) 《梧下記聞》, 제3필, p.23 참조.

46) 《東學史》, p.126.

47) 〈兩湖招討謄錄〉, 《東學亂記錄》 상권, p.205 참조.

48) 《東學史》, p.126 참조.

49) 〈甲午略歷〉, 《東學亂記錄》 상권, p.65 참조.

50) 〈甲午略歷〉, 《東學亂記錄》 상권, p.65 '設執綱所于公廨' 운운 참조.

군 집강소들을 총괄하는 대도소(도집강소)는 두 곳에 설치되어 있었다. 《매천야록(梅泉野錄)》에 따르면 그 하나는 전봉준이 전주에 '대도소'를 설치하여 전라우도와 전라도 전체를 지휘한 것이고, 다른 하나는 김개남이 남원에 '대도소'를 설치하여 전라좌도를 지휘한 것이다.51) 한편 〈갑오약력〉에서는 "전봉준은 수천의 무리를 옹하고 금구·원평에 거하여 우도에서 호령하고, 김개남은 수만의 무리를 옹하여 남원성에 거하면서 좌도를 통할하였다. 그 나머지 김덕명(金德明)·손화중(孫化中)·최경선(崔景善)의 도배들도 각각 일방에 거하였다"52)고 기록하였다. 이 기록에 따르면 전봉준이 금구·원평에 대도소를 둔 것으로 되어 있으나, 이것은 집강소 설치를 공인받기 이전의 초기와 제2차 동학농민혁명운동 봉기 무렵 말기의 일이고, 전라 관찰사 김학진의 공인을 받은 이후에는 전봉준은 '전주'에 대도소를 두고 전 도의 농민통치를 지휘한 것이 틀림없는 것으로 보인다. 당시 전라 관찰사의 군사마(軍司馬)로서 현장을 경험한 최영년(崔永年)의 〈동도문변(東徒問辨)〉에서도 전라 관찰사 김학진이 정무를 보던 장소인 선화당(宣化堂)을 전봉준이 양보 받아 여기서 집무하면서 김학진까지도 전봉준을 경유해서 모든 일을 하였다고 기록하였다.53) 또한 《오하기문》은 전봉준이 전주에서 전 도의 통치를 '전제'하고 관찰사 김학진은 전봉준의 '꼭두각시'와 같이 되어 있었던 형편을 다음과 같이 기록하였다.

봉준은 이에 학진을 (옆구리에) 끼고 이를 기회로 하여 일도를 전제하였다. 학진의 좌우는 모두 그(봉준)의 당여(黨與)이었다. 비밀리에 도적들(동학농민군-인용자)을 부른 것의 표면상 명목은 수성이었지만 사실은 위성(圍城)이었다. 학진은 왜뢰(倭儡)와 같이 되어 사람을 부림과 기거와 일거

---

51) 黃玹, 《梅泉野錄》, 국사편찬위원회 편, p.158 참조.
52) 〈甲午略歷〉, 《東學亂記錄》 상권, p.65.
53) 崔永年, 〈東徒問辨〉, 《東學亂記錄》 상권, p.160 참조.

수일투족을 자기 마음대로 하지 못하고 오직 문서를 봉행할 뿐이었다. 사
람들이 그를 도인감사(道人監司)라고 불렀다.54)

위정척사파 유생 황현은 전봉준의 지휘를 받는 이러한 처지의 전라
관찰사 김학진을 다음과 같이 규탄하였다.

　　학진이 미치고 넋을 잃지 않았으면 어찌 이런 것이 입에서 나올 수 있겠
　는가. 도신(道臣)의 직책이 얼마나 막중한 것인데 앉아서 전성(全省)을 옹하
　고서도 공수하여 (전봉준의) 명을 받으며 (중략) 도적(동학농민군-인용자)을
　향하여 동정을 애걸해서 (전봉준의) 호령에 빙자하여 관문(關文)을 봉행함
　과 같이 하나 부끄러움을 완전히 잃은 것이다.55)

즉 전봉준을 총지도자로 한 집강소의 농민통치가 호남 전 도에서 실
시된 것이었다.

4. 집강소의 세 유형

집강소는 호남 일대에 설치된 뒤 명분상으로는 어떠하든 간에 실제적
으로는 통치권을 장악하여 농민통치를 실행했는데, 그 통치권 장악의
정도에 따라 집강소를 다음의 3개 유형으로 나누어볼 수 있을 것이다.56)
　제1유형은 동학농민혁명운동과 집강소의 농민통치에 쫓겨 군·현의
수령들이 도망하고 임지에는 중앙정부가 임명한 관장이 없어서 '수령공
관' 상태의 군·현에 농민집강소가 설치된 경우이다. 이러한 고을에서

____

54) 《梧下記聞》, 제2필, p.63.

55) 《梧下記聞》, 제2필, p.67.

56) 愼鏞廈, 〈甲午農民戰爭時期의 農民執綱所의 活動〉, 《韓國文化》 제6집, 1985 참조.

는 명실공히 집강소가 모든 통치를 전담하였다. 예컨대, 남원 등과 같은 고을이 그 전형적인 경우이다.

제2유형은 각 군·현의 관장은 임지에 남아 있으나 그것은 단지 이름뿐이고 실제로는 집강소가 '협제관장(脅制官長)'[57]하여 통치권을 장악하고 행사한 경우이다. 이러한 군·현에서는 이전의 관청과 이서들은 집강소에 종속되어 방조기관으로 전화하고 '집강'의 지휘를 받으면서 집강소의 농민통치에 보조적 기능을 수행하였다. 예컨대 전주 등과 같은 고을이 그 전형적인 경우이다.

제3유형은 중앙정부가 임명한 군·현의 관장이 지방의 행정을 하고 농민집강소는 그에 대한 감독, 감시만 한 경우이다. 이러한 고을에서는 지방통치권은 관장과 집강소(집강)에 이원화되어 관과 농민 사이에 상화(相和)와 협조가 이루어지기도 하고 때로는 갈등이 빚어지기도 하였다. 예컨대 순창 등과 같은 고을이 그 전형적 경우이다.

위의 3개 유형 가운데서 가장 지배적인 유형은 제2유형으로서, '관장은 이름만 있고 실질적으로 집강이 수령의 일을 한' 유형이었다고 볼 수 있을 것이다.

5. 집강소의 농민통치와 폐정개혁

동학농민군이 호남 일대에 집강소를 설치하고 농민통치를 실시하면서 단행한 폐정개혁의 중요한 것들을 항목화하여 간단히 들면 다음과 같다.

---

57) 〈先鋒陣呈報牒〉, 《東學亂記錄》 하권, p.266.

(1) 탐관오리의 징계

동학농민군은 집강소를 설치하자마자 먼저 탐관오리들을 색출하여 징계하였다.58) 동학농민군이 고을 수령들을 힐책한 '조매관장(嘲罵官長)'59)이나 부정부패하고 탐학한 이서들에 대한 징계는 여기서 다 일일이 들 수 없을 만큼 모든 고을의 집강소에서 광범위하게 진행되었다. 주목할 것은 집강소가 이제까지 농민들의 힘이 미치지 못했던 수령급 탐관들에 대한 징계를 감행했다는 사실이다. 그 대표적 예로, 이전의 전운사(轉運使) 조필영(趙弼永), 옥구 현감(沃溝縣監) 조병징(趙秉澄), 순천 부사(順天府使) 이수홍(李秀弘), 고부 군수(古阜郡守) 양성환(梁性煥), 전라 좌수사(全羅左水使) 김철규(金澈圭) 등이 동학농민군에게 체포되어 곤장을 맞는 등 징계를 당했으며 여산 부사(礪山府使) 김원식(金元植) 등은 피살당하였다.60) 집강소의 동학농민군은 불살인(不殺人)의 원칙에 따라 가능한 한 사형은 피하고 징계하였다. 이 관대한 원칙 가운데서도 여산 부사, 남원 부사, 장흥 부사 등이 집강소 설치를 전후하여 동학농민군에게 처단되었다. 탐관오리들이 징계되었기 때문에 집강소 통치 기간에는 그들의 작폐는 완전히 사라졌다.

(2) 신분해방운동과 사회신분제도 폐지

집강소는 양인신분층과 노비를 비롯한 천민신분층의 신분해방과 사회신분제도 폐지운동을 과감하게 펼쳤다. 《오하기문》은 이 운동의 한 단면을 다음과 같이 기록하였다.

---

58) 《東學史》, p.157 참조.

59) 《梧下記聞》, 제1필, p.106.

60) 〈先鋒陣呈報牒〉, 《東學亂記錄》 하권, p.214 참조.

적당(賊黨, 동학농민군-인용자)은 모두 천인노예이므로 양반·사족을 가장 증오하였다. 그래서 양반을 나타내는 뾰쭉 관을 쓴 자를 만나면 곧바로 꾸짖으며 말하기를 "너도 역시 양반인가" 하고 관을 벗기어 빼앗아버리거나 그 관을 자기가 쓰고 거리를 돌아다니면서 양반을 욕주었다.

무릇 집안의 노비로서 도적들(동학농민군)을 따르는 자는 물론이요, 비록 도적들을 따르지 않는다 할지라도 모두 지극히 천한 자가 주인을 위협 강제하여 노비문권을 불사르고 종량(從良; 良人됨)을 강제로 승인케 하거나 또는 그 주인을 결박하여 주리를 틀고 곤장과 매를 치기도 하였다. 이에 노비를 가진 자들은 바람에 따라 노비문권을 불살라서 그 화를 덜었다. (노비로서) 삼가는 자가 혹시 (노비문권을) 불사르지 말기를 원하는 경우에도 기염이 널리 맹렬하게 타오르고 있어서 주인이 더욱 이를 두려워하였다.

혹은 노와 사족의 주인이 모두 함께 도적을 따르는 경우에는 서로 (평등하게) 접장이라 칭하면서 그들의 법을 따랐다. 도한(屠漢; 백정)·재인 등속의 무리도 역시 평민·사족과 같이 평등하게 예를 했으므로, 사람들이 더욱 치를 떨었다.[61]

이 기록은 집강소의 농민통치 시작과 함께 노비와 도한(백정)·재인(창우) 등 천민신분층이 앞장서서 아래로부터 격렬하게 신분해방운동을 펼치면서 사실상 사회신분제도를 폐지해 나갔음을 극명하게 알려주고 있다. 위정척사파 유생 황현이 "노예로서 그 주인을 주리를 튼 자가 있다"[62]고 통분해 한 것은 노비들의 격렬한 신분해방운동을 가리켜 말한 것이었다.

집강소의 농민통치가 감행한 신분해방운동의 내용은 ① 불량한 양반들에 대한 응징과 양반신분제도의 부인, ② 노비문서의 소각과 노비해

---

61) 《梧下記聞》, 제2필, p.92.

62) 《梧下記聞》, 제2필, p.67.

방, ③ 칠반(7종) 천인의 해방, ④ 지벌을 타파한 인재 등용, ⑤ 청춘과부의 개가 허용63) 등이 그 주된 것들이었다.

나중에 관군이 동학농민군의 10죄 가운데 여섯 번째 죄목에 "평등을 가칭하여 명분(신분을 의미-인용자)을 부수었음"64)을 든 것이나, 또는 "양반과 부자를 모조리 짓밟았고 종문서를 불 질러 강상(綱常)을 무너뜨렸으며"65)라고 힐문한 것은 모두 집강소의 농민통치에서 신분해방운동과 사회신분제도 폐지가 단행되었음을 가리킨 것이었다.66)

(3) 횡포한 부호의 응징과 토재(討材)

집강소의 농민통치는 이제까지 농민들을 수취해 오던 횡포한 부호들을 응징하고 '토재(재산몰수)'를 부분적으로 실시하여 농민군의 비용으로 사용하였다. 황현은 토재를 '겁부민(劫富民)'67)이라고 표현했는데, 집강소는 횡포한 부호를 응징했을 뿐만 아니라, '모든 부호들에 대하여 (재화의 일부 헌납을) 보편적으로 부과'68)하였다.

(4) 삼정(三政)의 개혁과 무명잡세(無名雜稅)의 철폐

집강소의 농민통치는 전정(田政)·군정(軍政)·환정(還政)의 삼정을 개혁하였다.

집강소는 먼저 관아에 대한 농민의 고리채로 되어 있는 '환곡(還穀)'

---

63) 《梧下記聞》, 제2필, p.96 참조.

64) 〈兩湖右先鋒日記〉, 《東學亂記錄》 상권, p.272 참조.

65) 《東學史》, p.157.

66) 鄭昣相, 〈農民執綱所를 통해 본 甲午農民戰爭의 社會的 志向〉, 한국사회사학회 논문집 제27집, 《한국의 전통사회와 신분구조》, 문학과 지성사, 1991 참조.

67) 《梧下記聞》, 제1필, p.106.

68) 《梧下記聞》, 제2필, p.40.

을 무효화하고 '환곡제도'를 영구히 폐지하였다.[69] 또한 《동학사》 초고본에는 '군안(軍案)'을 불태워 버린 것으로 기록되어 있다.[70] 이것은 군포세(軍布稅)의 폐지 또는 개혁을 의미하는 것이었다. 장성 동학농민군의 죄목에는 '공납(公納)을 저알(沮遏)'[71] 한 것이 있는데, 그 내용은 전세와 군포세 등 국공과(國公課)를 삭감하여 정부의 부과액대로 납부하지 말도록 한 것이었다.

호남 집강소의 농민통치를 본받아 강원도에서 동학농민군이 단행하기 시작한 폐정개혁을 보면, 동학농민군은 강릉을 점령하자마자 9월 5일 동문(東門)에 "삼정의 폐막을 교혁(矯革)하고 보국안민한다"[72]는 방문을 붙였다. 동학농민군은 영월·평창·정선을 점령했을 때에도 "삼정을 마음대로 정했으며(冒定政三政)"[73] 강릉의 "부중(府中)에 4~5일 유주(留住)하는 동안에도 군포세와 환곡을 바로 잡아서 삼정을 임의로 삭감"[74] 하였다. 이것은 동학농민군이 강원도에서 한 활동이었지만, 그 활동은 호남의 집강소를 본받은 것이므로 삼정의 개혁은 집강소 농민통치에서는 최우선 개혁정책의 하나였음을 알 수 있다. 집강소의 농민통치가 삼정의 개혁과 동시에 무명잡세를 모두 혁파했음은 물론이다.[75]

또한 집강소의 농민통치는 조세징수권도 행사하여 그들의 개혁된 제도와 삭감된 세율에 따라 전세·군포세도 일부 징수했던 것으로 보인다. 그 뒤 관군이 총령관 김덕명을 체포하여 그의 이전 죄상을 보고한 내용을 보면 "이 자는 원평점(院坪店)에 도소를 크게 설치하고 공곡(公穀)과 공전(公錢)을 사사로이 (동학농민군이) 징수했다"[76]는 기록이 있

---

69) 《東學史》, p.127 참조.

70) 《草稿本東學史》 제3책, p.43 참조.

71) 〈先鋒陣呈報牒〉, 《東學亂記錄》 하권, p.245.

72) 《임영討匪小錄》, 甲午 9월초 5일조, p.7.

73) 〈東匪討論〉, 《韓國學報》 제3집, p.265.

74) 위와 같음.

75) 《東學史》, p.126 참조.

다. 여기서 공곡과 공전의 징수는 전세와 군포세의 징수를 가리킴이 그 문맥에서 명백하다고 할 것이다.

집강소의 농민통치가 삼정을 개혁하고 무명잡세를 모두 철폐한 것은 농민들의 오래된 숙원을 반영하여 가혹한 중세적 봉건적 수취와 부담을 철폐하고 농민들이 원하는 바에 따라 더 합리적이고 가벼운 근대적 공과(公課)체제를 수립하게 한 것이었다고 볼 수 있다.

(5) 고리채의 무효화

집강소의 농민통치는 환곡을 무효화하고 환곡제도를 영구히 폐지함과 동시에 이왕의 모든 사적 고리채도 모두 무효화하였다.[77] 집강소의 이 대개혁으로 지주와 부호들의 부채농이 되어 가혹한 고리채로 착취당하던 가난한 농민들이 모두 부채에서 해방되었다. 음력 7월 초에 전봉준이 각 읍 집강소에 보낸 통문에서 "사채는 시비를 물론하고 절대로 시행치 못하게 하며 이 지시를 어기는 자는 마땅히 영(營)에 보고하고 처벌하라"[78]고 엄명한 데서 고리채의 무효화와 고리대부의 엄금에 대한 강력한 의지를 재확인할 수 있다.

(6) 미곡의 일본 유출 방지

집강소의 농민통치는 해안지방에서 미곡을, 무역을 통해서든지 아니든지간에 일본으로 유출시키는 것을 엄격히 금지하고,[79] 해안의 선박들을 검색하여 일본으로 실어가는 미곡들은 압류하였다.[80] 집강소의 이러

---

76) 〈巡撫先鋒陣謄錄〉, 《東學亂記錄》 상권, p.669.

77) 《東學史》, p.127 참조.

78) 《梧下記聞》 제2필, p.66.

79) 〈先鋒陣各邑了開發及甘結〉, 《東學亂記錄》 하권, p.350 참조.

한 활동은 미곡이 각종의 통로로 일본으로 유출되어 국내의 미가를 앙
등시킴으로써 빈민들의 민생이 어려워짐을 경험하고, 이것을 일본의 경
제침략 가운데 하나로 간주하여 방어하고자 한 것이었다.

(7) 지주제도의 개혁·폐지 시도

집강소의 농민통치는 중세적 봉건적 지주제도의 개혁 또는 폐지에 의
한 토지개혁을 추구하였다.[81] 이에 관련된 집강소의 폐정개혁 요강은
《동학사》의 간행본과 초고본에 수록되어 있는 〈토지는 평균으로 분작
케 할 사〉[82]와 〈농군의 두레법은 장려할 사〉[83]의 두 개 조항이다.

또한 전봉준은 그 뒤 체포되어 일제 측의 심문을 받을 때 봉기의 목적
을 묻자 "오직 나의 종국 목적은 첫째로 민족(閔族)을 타도하고 일당의
간신을 없애며, 또한 전운사를 폐하고 전제(田制)·산림제(山林制)를 개
정하며 소리(小吏)의 사리(私利)를 짓는 자를 엄하게 처분함을 원했을
뿐이다"[84]고 응답하였다. 여기서 전봉준이 말한 '전제·산림제의 개정'
은 번역하면 곧 '토지개혁'을 가리킨 것이며, 전봉준과 집강소가 토지개
혁을 추구했음을 위의 자료들에서 명백히 알 수 있는 것이다.

그러면 집강소와 전봉준은 어떠한 내용의 토지개혁을 추구하려고 했
는가? 이 문제에 해답을 줄 가능성을 가진 자료 가운데 하나가 다음과
같은 《강진읍지(康津邑誌)》〈명승초의전(名僧草衣傳)〉의 기록이다.

다산이 유배로부터 고향에 돌아가기 직전에 《경세유표(經世遺表)》를 밀

---

80) 〈宣論榜文竝東徒上書所志謄書〉, 《東學亂記錄》 하권, pp.384~386 참조.

81) 愼鏞廈, 〈甲年農民戰爭과 두레와 執綱所의 폐정개혁〉, 한국사회사학회 논문집 제8집,
   《한국사회의 신분계급과 사회변동》, 문학과 지성사, 1987 참조.

82) 《東學史》, p.127 및 《草稿本東學史》 제3책, p.43.

83) 《草稿本東學史》, 제3책, p.44.

84) 《東京朝日新聞》, 1895년 3월 5일자, 〈東學黨大臣魁と其口供〉.

실에서 저작하여, 그의 문하생인 이청(李晴)과 친한 승려인 초의(草衣)에게 맡겨서 비밀리에 보관하고 전포하도록 하였다. 그러나 그 전문은 도중에 유실되고, 그 일부가 대원군에게 박해당한 남상교(南尙敎)·남종삼(南種三) 부자와 홍봉주(洪鳳周) 일파에게 전해졌다. 그 일부는 그 뒤 강진의 윤세현(尹世顯)·김병태(金炳泰)·강운백(姜雲伯) 등과 해남의 주정호(朱挺浩)·김도일(金道一) 등을 통하여 갑오년에 기병한 전녹두(全綠豆, 전봉준-인용자), 김개남 일파의 수중에 들어가서 그들이 이용하였다. 전쟁 후 정다산의 비결(秘訣)이 녹두(綠豆) 일파의 비적(匪賊)을 선동했다고 하여, 정다산 유배지 부근의 양가(良家)와 고성사(高聲寺)·백련사(白蓮寺)·대둔사(大屯寺) 등을 수색한 일까지 있다.[85]

이 자료에 따르면, 다산 정약용의 《경세유표》가 전봉준·김개남 등 동학농민군 지도자의 수중에 들어가서 이용되고 그들을 선동했다는 것이다. 그런데 정다산의 《경세유표》에서 제시된 토지개혁안은 '정전제(井田制)' 토지개혁안인 것이다. 전봉준 등이 정다산의 정전제 토지개혁에 큰 영향을 받아 이를 수정한 토지개혁을 추구했다면, 이것은 집강소의 폐정개혁 조항의 내용과 정전제 토지개혁의 내용이 딱 맞아떨어지는 것이다. 정다산이 《경세유표》에서 제시한 정전제 토지개혁안은 농지를 반드시 지형상으로 정자전형(井字田形)으로 만들려고 한 것이 아니라, 원칙적으로 8구(區)의 사전(私田)과 1구(區)의 공전(公田)을 만들어 8가(家)의 사전 경작자가 1구의 공전을 공동경작하여 그 공전의 수확물로 공세(公稅)를 납부하고 사전의 수확물은 각각 8가의 경작농민의 소득으로 하면 이것이 바로 정전제의 실을 거두는 것이라고 하였다.[86]

집강소가 《경세유표》의 정전제 토지개혁안을 응용하여 사전 8구마

___

85) 朴宗根, 〈李朝後期 の實學思想-茶由丁若鏞の社會改革論〉(하), 《思想》 No.567, 1971, p.1284에서 재인용.

86) 《與猶堂全書》 政法集, 《經世遺表》 天官吏曹, 제1 참조.

다 공전 1구를 두고 사전은 1구를 1가에게 분배하면, 폐정개혁 요강인 "토지는 평균으로 분작케 할 사"가 완벽하게 실현된다. 왜냐하면 정전 제 9구의 각 구 면적은 완전히 균등하기 때문에, 사전 9구의 각 구를 각 각 1구씩 경작하는 농민은 "토지를 완전히 균작"하게 되는 것이다.

그러면 공세를 위한 나머지 1구의 공전은 어떻게 하는가? 집강소의 폐정개혁 요강의 〈농군의 두레법은 장려할 사〉가 바로 여기에 해당되 어, 농민들이 '두레'의 방법으로 공동경작을 하면 되는 것이다. 정전제 에서는 농토의 9분의 8은 사전이지만, 9분의 1은 공전으로 언제나 존재 하므로, 공전 경작을 위해서는 '두레'가 매우 적절하고 효율적인 필수 제도인 것이다. 따라서 〈농군의 두레법은 장려할 사〉의 요강이 실행되 어, 공전 1구를 완전히 '두레법'으로 경작하고, 사전 8구에 대해서도 모 내기·김매기 등의 작업은 '두레'로 협동경작하는 것을 장려할 필요가 절실했다고 볼 수 있다.

여기서 사전 8구의 사전이 완전히 경작농민의 사전인가, 또는 이것이 지주의 사전이고, 경작농민은 균등한 소작만 하는 것인가의 문제가 대두 된다. 정전제의 원리는 본래 사적 부재지주의 개재를 인정하지 않고 국가 (공)와 농민(사) 사이의 직접적 토지분배의 방법이었다. 집강소가 농민통 치 기간에 지주를 박해한 것을 보면, 집강소의 정전제 토지개혁에서 사전 8구를 지주의 사전으로 간주할 하등의 이유가 없는 것이며, 정전제의 본 래 원리대로 사전 8구는 경작농민의 사전 8구인 것이 틀림없는 것으로 보게 된다. 즉 집강소의 정전제 토지개혁은 중세적 봉건적 지주제도를 폐지하고, 경작농민들에게 사전 8구를 1구씩 균등하게 분배해 주어 자작 농으로 균작케 해서 그 생산물은 모두 경작농민의 소득으로 하며, '농군 의 두레법을 장려'하여 공전 1구는 두레의 방법으로 경작케 해서 그 소출 을 공세로 납부케 하고, 그 이외에는 농민이 어떠한 잡세나 부담도 지지 않도록 하는 토지개혁정책이었다고 볼 수 있다. 이때 '두레'의 방법이 사전 8구의 협동노동에도 활용될 것임은 물론이었다.

　토지개혁의 실시는 적어도 1~2년의 집권기간이 필요한 사업인데, 집강소의 농민통치 기간은 수개월에 불과했으므로 집강소의 정전제에 기초한 토지개혁은 추구만 되었지 실천되지는 못하였다. 그러나 동학농민혁명운동 기간에 동학농민군의 지주제도와 지주에 대한 적대행동은 여러 곳에서 보이고 있다. 예컨대 공주의 지주인 남선달(南先達)은 동학농민군에게 도조(賭租, 소작료)를 뺏기어 그 세가 낭패한 처지에 놓이게 되었다.[87] 장성 동학농민군 수령들의 죄상들 가운데 하나에는 "다른 사람의 도조를 늑탈한 것(勒奪他人賭租)"[88]이 중시되어 관군에게 처벌당하였다. 고부의 동학농민군 수령 이화진(李化辰)은 그 고을 동학접주의 저지로 성공은 못했지만 해제면(海際面) 지주의 도조를 수색하여 몰수하려고 출동했었다.[89] 동학농민군이 호남지방에서 도조 70석을 압수하여 명례궁(明禮宮)의 마름집에 보관시켰다는 기록도 있다.[90] 강릉에서는 동학농민군이 부호의 전재를 강제로 가져왔을 뿐 아니라 "전답문서를 빼앗고자 했다(欲奪田畓文書)"[91]고 기록되어 있다.

　집강소의 농민통치는 정전제의 원리를 자기 시대에 알맞게 수정하여 발전시킨 정전제 토지개혁정책 실시를 추구했던 것이다.

(8) 인민소장의 처리

　집강소의 농민통치는 백성들이 제출한 '소장'을 백성들의 의사가 충분히 반영되도록 정당하게 처리하여 그동안 농민들이 관과 양반 그리고

---

87) 〈雜記(報抄)〉, 《東學亂記錄》 하권, p.297 참조.

88) 〈巡撫先鋒陣謄錄〉, 《東學亂記錄》 상권, p.650.

89) 〈巡撫先鋒陣謄錄〉, 《東學亂記錄》 상권, p.650.

90) 〈先鋒陣各邑了發關及甘結〉, 《東學亂記錄》 하권, p.364 및 《宣諭榜文並東徒上書所志謄書〉, 《東學亂記錄》 하권, p.412 참조.

91) 〈東匪討論〉, 《韓國學報》 제3집, p.265.

토호들에게 억울하게 당했던 '숙원', '억원'을 모두 집강소의 농민권력
으로 풀어주고 해결해 주었다.

《동학사》에서 집강소의 활동을 기술한 곳에 "일변으로 인민의 소장
을 처리하여"[92]라고 기록한 것이 바로 이것이다. 또 김윤식이 "호남의
비도들은 …… 백성들이 원소(冤訴)하는 것이 있으면 그 자리에서 판결
해서 도리어 민심을 얻고 있다고 하다"[93]고 기록한 것도 이것을 가리킨
것이다. 위정척사파 유생 정석모(鄭碩謨)가 "천민이 함께 모두 도량(跳
梁)하여 비단 토재(討財)만 할 뿐 아니라 숙원(宿怨)을 갚으려 기도해서
호남 일대가 혼돈의 세계가 되었다"[94]고 기록한 것은 집강소의 인민소
장 처리가 농민들의 '숙원'을 풀어주는 방향에서 실행되었음을 알려주
는 기록이라고 할 수 있다.

(9) 관리 문부에 대한 검열

집강소의 농민통치는 관리들이 과거에 작성한 문부와 집강소 설치 뒤
집강소의 방조기관으로 일하는 관리들이 작성한 문부를 낱낱이 '검열'
하여 그 잘못을 바로잡고 농민통치를 엄정하게 하였다. 《동학사》에서
"일변으로 관리의 문부를 검열하며"[95]라고 한 것은 이를 가리킨 것이
다. 집강소의 동학농민군은 과거 관리들의 문부도 검열했고[96] 또 스스
로 동학농민군의 문부도 작성하였다. 관군 측은 나중에 이를 압수해서
살펴보고는 "출납(出納)에 답인성책(踏印成冊)한 것의 자세함이 관부(官
府)의 문부와 같았다"[97]고 보고하였다.

---

92) 《東學史》, p.130.

93) 〈續陰晴史〉 상권, p.318.

94) 〈甲年略歷〉, 《東學亂記錄》 상권, p.65.

95) 《東學史》, p.130.

96) 〈先鋒陣各邑了發關及甘結〉, 《東學亂記錄》 하권, pp.349~350 참조.

(10) 동학의 전도와 농민군의 강화

집강소의 농민통치는 '동학'을 농민들 사이에 적극적으로 전도하고 농민병사들을 모집하여 집강소의 호위군이라는 명분으로 동학농민군을 대폭 강화하였다. 《동학사》에서 "일변으로 관민 사이에 남은 군기와 마필을 거두어 집강소의 호위군을 세우고 만일을 경계하였다. 이때에 전라도에는 청년소아까지도 거의 다 도에 들어 접을 조직하게 되었다"[98]라고 한 것은 이를 가리킨 것이었다.

《오하기문》에 따르면, 집강소 시기에 동학 간부들은 농민들을 적극적으로 동학에 입도시켰는바, 집강소 설치 이전의 동학도인을 '구도(舊道)'라고 하고, 집강소 설치 이후에 새로 입도한 사람들을 '신도(新道)'라고 불렀으며, 속인으로서 동학을 비방하는 사람이 있을 때에는 이를 위압하여 억지로 동학에 입도시켜서 비방하지 못하게 했는데, 이를 '늑도(勒道)'라고 불렀다.[99] 집강소는 이 '구도'와 '신도'들을 '접'으로 조직하여 동학농민군을 편성하였다.[100]

이렇게 해서 전봉준이 제2차 동학농민혁명운동 봉기를 선언한 9월 초순 무렵에는 호남의 27개 큰 집강소의 동학농민군 숫자는 11만 4천5백 명에 이르게 되었다.[101] 이것은 전주화약 때의 동학농민군 병력 7천 명에 견주면 16배 이상이나 늘어난 것이었다. 그러나 이것은 호남의 작은 집강소들의 동학농민군까지 모두 계산한 것이 아니기 때문에, 실제 집강소의 동학농민군 총병력은 이보다 약간 더 많았다고 볼 수 있다.

---

97) 〈巡撫先鋒陣謄錄〉, 《東學亂記錄》 상권, p.625.

98) 《東學史》, p.130.

99) 《梧下記聞》 제1필, p.106 참조.

100) 《梧下記聞》, 제1필, p.140 및 《東學史》, p.130 참조.

101) 《東學史》, pp.134~135 참조.

(11) 동학농민군의 무기와 마필의 공급

집강소의 농민통치는 대폭 증강된 동학농민군을 무장시키기 위하여 관민 사이에 남아 있는 무기와 마필을 철저히 색출 징발해서 이를 동학농민군의 무기와 마필로 사용하였다. 동학농민군은 이것을 당시에 '수포색마(收砲索馬)'[102]라고 불렀다.

여기서 관의 무기라 함은 각 군현의 무기고에 비치되어 있는 무기들과 영(營)의 장졸들이 가졌던 무기들을 압수하여 동학농민군 무장에 사용한 것을 말하는 것이다.[103] 또 여기서 민의 무기라함은 사포수(私砲手)들을 비롯해서 민간인이 가지고 있던 총포(銃砲)·창검(槍劍) 등 각종 무기를 말하는 것이다. 예컨대 전봉준은 위봉산성에 있는 정부의 군기와 화약을 실어다가 동학농민군 부대의 무장과 무력을 강화하였다.[104] 또한 집강소의 동학농민군은 탄약을 공급하기 위하여 관민들 사이에 비축되어 있는 화약을 색출하여 징발했을 뿐만 아니라 각처에서 화약을 제조하였다.[105] 집강소의 농민통치는 후기에 오면서 일본침략군과 일전이 불가피함을 감지하고 무장의 강화를 매우 서둘렀음을 알 수 있다.

(12) 군수전(軍需錢)과 군수미(軍需米)의 비축

집강소의 농민통치는 증강된 동학농민군에 절대적으로 필요한 군수전과 군수미의 조달에 노력하였다. 조달방법은 ① 관곡(官穀)과 관전(官

---

102) 《梧下記聞》, 제2필, p.66.

103) 〈巡撫先鋒陣謄錄〉, 《東學亂記錄》 상권, p.680, 〈先鋒陣呈報牒〉, 《東學亂記錄》 하권, p.138, p.208, pp.260~266; 〈朴鳳陽經歷書〉, 《東學亂記錄》 하권, 519 및 《梧下記聞》 제3필, p.11 참조.

104) 《梧下記聞》, 제3필, p.14 참조.

105) 〈巡撫先鋒陣謄錄〉, 《東學亂記錄》 하권, p.41 및 《梧下記聞》 제3필, pp.11~13 참조.

錢)을 징발하여 사용하는 방법,106) ② 적대세력인 부호와 양반으로부터 '토재(討財)'107)하여 군수전과 군수미를 강제로 징수하는 방법,108) ③ 일정한 규칙을 만들어 민간인으로부터 군수전과 군수미를 할당해서 징수하는 방법109) 등이 사용되었다.

집강소의 동학농민군은 일본군과 일전이 감지되자 조달된 군수전과 군수미를 집강소 지배 아래에 있는 은밀한 곳에다 '비축'하였다.110) 예컨대 김개남은 구례의 화엄사에 군수미를 비롯한 군수물자를 은밀하게 비축하여 그의 종질이 되는 접주에게 관장케 하였다.111)

집강소의 농민통치는 일본침략군과 일전이 불가피하게 다가옴을 예견하고 폐정개혁과 함께 제2차 동학농민혁명운동 봉기의 준비도 감행했던 것이다.

6. 맺음말: 집강소 농민통치의 개혁 성격

지금까지의 고찰에서 밝혀지는 바와 같이 동학농민혁명운동 과정에서 집강소는 기존의 법률과 제도의 틀 안에서 기존의 지방관청이 관리의 부정을 없애고 깨끗한 행정을 하도록 하는 감시기관·감독기관이 아니었다. 집강소는 동학농민들이 '권력'을 장악하여 기존의 법률과 제도를 무시하고 그들이 원하는 개혁을 단행한 '농민의 권력기관'이었고, '농민의 통치기관'이었으며, '농민혁명 중에 시행된 지방권력의 한 형

---

106) 〈兩湖右先鋒日記〉, 《東學亂記錄》 상권, p.272 참조.

107) 〈甲午略歷〉, 《東學亂記錄》 상권, p.65.

108) 《梧下記聞》 제1필, pp.106~107; 제2필, p.71 및 p.107; 제3필, p.24 참조.

109) 〈先鋒陣呈報牒〉, 《東學亂記錄》 하권, p.245 및 《梧下記聞》 제3필, pp.13~15 참조.

110) 〈先鋒陣各邑了發關及甘結〉, 《東學亂記錄》 하권, p.342 참조.

111) 《梧下記聞》 제3필, p.25 참조.

태'였다. 즉 집강소의 활동은 본질적으로 '행정(administration)'만이 아니라 '통치(rule)'였으며, 동학농민에 의한 '농민통치(rule of peasants over the country)'였다.

또한 집강소가 설치한 농민통치의 개혁은 중세적 구체제(ancient regime, 앙시앵 레짐)의 부정부패한 측면만을 교정하려고 한 개혁이 아니라, 중세적 구체제의 골간이 되는 사회제도들인 양반신분제도, 노비제도, 중세적·봉건적 토지제도, 전정·군정·환정의 봉건적인 3정의 수취제도 등을 비롯해서 각종 중세적·봉건적 제도들을 폐지하고 농민들이 원하는 새로운 제도를 만드는 개혁이었다. 즉 집강소의 농민통치 개혁은 전근대적 구체제를 폐지하고 농민들이 원하는 근대적 신체제와 신제도, 신질서를 만들기 시작한 혁명적 개혁이었다. 집강소의 개혁은 농민들이 추구한 '근대적 개혁'의 첫 모형이었다고 볼 수 있는 것이다.

농민들은 동학농민혁명운동을 일으켜 서울을 향해 진군하다가 일본군과 청군이 침략 개입하여 나라가 결딴날 위험에 처하자 진군을 중단하고 이미 점령한 지역에 '집강소'라는 '농민혁명의 통치기관', '농민혁명의 지방정권'을 설치하여 중세적 구체제를 폐지하고 근대적 신체제를 수립하는 농민 민주주의적 농민통치를 실시하기 시작한 것이었다. 만일 외세의 간섭이 없어서 동학농민군이 패전하지 않고 서울에 입성했었다면 그들이 실질적으로 중앙정부의 권력을 장악하게 됨에 따라 전국에 걸쳐 집강소형의 '근대적 개혁' 모형이 더욱 발전하면서 실시되었을 것임은 쉽게 추정할 수 있는 일이다.

또한 집강소의 농민통치가 중세적 구체제를 폐지하고 농민형의 근대적 신체제 수립을 추구했다는 사실은 형태적 개념으로서 '갑오농민전쟁'이 역사적·사회적 성격에서는 '동학농민혁명운동'임을 증명해 주는 것이기도 한 것이다.

집강소는 비록 일부 지방에서의 일일지라도, 한국 역사상 처음으로 농민이 통치권력을 장악하고 수천 년 묵어온 중세적 구체제를 폐지하면서 농민들이 원하는 근대적 신체제의 수립을 추구한 '농민혁명의 통치 기관'이었다. 집강소와 그 농민통치의 개혁은 한국역사에서 전근대사회로부터 근대사회로 변혁하는 길을 넓게 열어준 커다란 역사적 의의를 가진 것이었다고 할 것이다.

VII. 항일민족운동으로서의 제2차 동학농민혁명운동

1. 머리말

　한국 근대사에서 가장 큰 사건이며 변혁운동 가운데 하나인 1894년의 동학농민혁명운동은 여러 단계를 거쳐 전개되었는데, 그 네 번째 단계에 해당하는 제2차 동학농민혁명운동은 항일민족운동으로 전개된 커다란 특징을 가지고 있다. 이때 동학농민군은 조선에 불법 침입하고, 궁궐까지 침범해서 국왕을 위협하여 정권을 자의로 바꾸고, 내정간섭을 자행하며, 남의 국토 위에서 청일전쟁을 도발하여 남의 나라를 전쟁마당으로 만들고, 조선을 일본의 '보호국'으로 예속시키는 정책을 채택하여 집행하는 일본침략군과 일본세력을 조국강토에서 몰아내고자 재봉기하여 문자 그대로 혈투인 항일무장투쟁을 전개하였다.

　먼저 동학농민혁명운동은 크게 구분해 볼 때 적어도 다음의 4단계를 거치면서 펼쳐졌다고 볼 수 있다.

　제1단계는 이른바 '고부농민봉기'의 단계이다. 이것은 1894년 음력 1월 11일(양력 2월 17일) 전라도 고부에서 고부 군수 조병갑(趙秉甲)의 중세적, 봉건적 가렴주구에 견디지 못한 농민 약 1천 명이 동학의 고부 접주(古阜接主)이며 서당 훈장인 전병준(全琫準)을 대표로 하고 봉기하여 고부 관아(郡衙)를 습격해서 탐관오리를 징계하고 군수 조병갑이 수탈해 간 수세(水稅) 등의 양곡을 원주인에게 돌려주는 '민요(民擾)'를 일으킨 단계이다. 이때 민요(民擾)를 일으킨 동학도와 농민들은 군수가 교체되고 신임군수 박원명(朴源明)이 농민들 요구의 정당성을 인정하며 설득하자 3월 3일(양력 4월 8일)까지 모두 해산하였다. 이것까지는 아직 농민전쟁이라고 할 수는 없고, 그 전주곡에 해당하는 소봉기, 소민란, 소폭동, 민요의 성격을 가진 것이었다고 볼 수 있다.

제2단계는 제1차 동학농민혁명운동 단계이다. 이것은 주로 전라도 일대의 동학도와 농민들이 봉기하여 대표로 전봉준(全琫準)·손화중(孫化中)·김개남(金開男) 등의 지도 아래 무장(茂長)에 남접도소(南接都所)를 비밀리에 설치하고 약 4천 명의 동학농민군을 편성하여 1894년 음력 3월 20일(양력 4월 25일, 일설 음력 3월 21일) 무장에서 봉기하여 먼저 고부를 비롯한 여러 고을의 관아를 점령하고 관군을 격파한 다음, 전라도 수도인 전주에 입성한 단계이다. 동학농민군은 이 제1차 동학농민혁명운동에서는 완벽한 승리를 쟁취하고, 4월 27일(양력 5월 31일) 전주에 입성하여 전주화약(全州和約)이 성립될 때까지 11일 동안 전주에 주둔하였다.

제3단계는 동학농민혁명운동 중에 설치된 집강소(執綱所)의 농민통치 단계이다. 이것은 민비정권(閔妃政權)이 어리석은 외세 의존정책으로 동학농민전쟁을 '진압'하기 위하여 청국군의 파견을 요청하자, 청국군 뿐만 아니라 요청받지 않은 일본군도 대규모로 침입하였으므로, 두 나라 군대를 철수시키기 위한 방편으로 동학농민군과 관군 사이에 이른바 '전주화약'이 성립함에 따라 동학농민군이 전주성을 관군에게 내어준 뒤 해산하는 형식으로 귀향한 단계이다. 동학농민군은 형식상 자진 해산하여 외국군 철수의 조건을 만들면서 전라도 53개 군현에 집강소를 설치하고 스스로 농민통치를 실시하였다. 1894년 음력 5월 8일(양력 6월 11일)부터 같은 해 음력 9월 12일(양력 10월 10일)까지가 이 단계에 해당한다.

제4단계는 제2차 동학농민혁명운동의 단계이다. 일본침략군은 동학농민군이 해산되었음에도 불구하고 철수하기는커녕 도리어 조선에 주둔한 채 본격적인 침략전쟁을 자행하기 시작하였다. 이에 전봉준을 지도자로 한 동학농민군은 1894년 음력 9월 13일(양력 10월 11일) 재봉기하여 일본침략군을 한반도에서 몰아내기 위한 혈투를 펼치기 시작한 것이다.

이 논문에서는 제4단계 제2차 동학농민혁명운동의 항일무장투쟁을 실증적으로 밝히려고 한다. 이 제2차 동학농민혁명운동은 조선땅에 불법 침입하여 조선의 국권을 무력으로 침탈하려는 일본침략군에 대항해서 국권과 독립을 수호하려고 재봉기하여 무장투쟁을 펼친 민족독립혁명운동의 측면을 갖고 있다.

2. 일본의 1894년 조선 '보호국화'정책

동학농민군이 제1차 동학농민혁명운동에 봉기하여 고부 황토현(黃土峴)전투에서 전라영병(全羅營兵)을 격파하고 다시 장성 황룡촌(黃龍村)전투에서 경군(京軍)을 격파한 뒤 1894년 음력 4월 27일(양력 5월 30일) 전라도 수도 전주성을 점령하자, 정권 유지에 위기감을 느낀 서울의 민비정권에서는 민영준(閔泳駿) 등이 앞장서서 주조선청국총리(駐朝鮮淸國總理) 원세개(袁世凱, 위안스카이)와 협의하면서 어리석게도 동학농민군 '진압'을 위하여 청국군의 파견을 요청하는 공식 조회문을 4월 29일(양력 6월 2일) 청국에 발송하였다. 원세개의 사전 보고로 사태를 주시하고 있던 청국의 북양대신(北洋大臣) 이홍장(李鴻章)은 5월 2일(양력 6월 5일) 즉시 910명의 병력을 출발시키고, 뒤이어 1천5백 명의 병력을 출발시켰으며, 일본에게는 천진조약(天津條約, 톈진조약)에 따라 음력 5월 4일 출병 사실을 통보하였다. 이에 음력 5월 5~7일에 걸쳐 약 2천5백 명의 청국군이 동학농민군 '진압'을 위하여 충청도 아산만에 상륙하게 되었다.1)

일본 측은 동학농민군이 아직 전주를 점령하기 이전인 음력 4월 18일

주조선 일본대리공사 삼촌 준(杉村濬, 스기무라 후카시)가 조선조정에서 청국군 차병(借兵)을 모색한다는 보고를 하자, 일본군 참모본부에서 극비리에 정보장교들을 다수 파견하여 정보 수집에 진력하면서 일본군 파병 준비를 모색하였다. 주조선 일본대리공사에게서 4월 30일 조선조정이 청국에 청국군의 차병을 요청하는 공문을 보냈다는 보고를 받자, 일본정부는 즉시 총리대신 이등박문(伊藤博文, 이토오 히로부미)의 주재 아래 참모총장과 차장까지 배석시킨 내각회의를 열어 조선정부의 요청이 없었음에도 불구하고 조선에 '출병'할 것을 결정하였다. 이에 일본은 음력 5월 6일(양력 6월 9일)부터 약 6천 명의 혼성여군을 불법적으로 인천·부평지구에 상륙시키고, 주조선 일본공사 대조규개(大鳥圭介, 오토리 게이스케)는 420명의 육전대와 20명의 순사에 대포 4문을 이끌고 동학농민전쟁의 '진압'을 위해서 경군이 모두 남하하여 무방비 상태에 있는 서울에 불법으로 입성하였다.[2] 일본군이 동학농민군과 가까운 지역이 아니라 조선왕국의 수도 서울과 그 인접지역에 상륙하여 주둔한 것은 동학농민군 '진압'이 목적이 아니라 다른 정치적 목적을 달성하기 위한 전략적 배치였다.

동학농민군과 조선정부에게는 이제 사태가 급변하여 일본군과 청국군을 말썽 없이 철수시키는 것이 심각한 초미의 공동 과제가 되었다. 권력유지에 눈이 먼 민비정권의 어리석은 외세의존정책으로 요청한 2천5백 명의 청국군과 요청하지 않은 6천여 명의 일본군이 침입해 들어왔을 뿐 아니라, 특히 일본군은 무방비 상태에 있는 서울에 침입하고 지척에 6천 명의 대군을 배치했으니, 일본군의 작전 여하에 따라 나라의 운명이 위태한 지경에 이르게 되었다.

이에 동학농민군 총대장 전봉준과 신임 전라 관찰사 김학진(金鶴鎭)

---

1) 《牙山縣 淸國軍兵駐紮時錢用不成冊》 및 《牙山縣 淸國軍兵駐紮時馬太不成冊》 참조.

2) 《日本外交文書》, 제27권 제2책, No. 536, 〈護衛兵帶同入京ノ顚末報告ノ件〉 p.185 참조.

1894년 6월 인천에 상륙한 일본군

은 외국 군대의 철수 조건을 만들기 위하여 긴급히 전주화약을 성립시
킴으로써 동학농민군은 전주성을 관군에게 내어주고 자진 해산하는 형
식을 취하여 각기 제 고을에 돌아가서 집강소를 설치하고 집강소 농민
통치를 시작하게 되었다.

동학농민군이 전주성을 관군에게 내어주고 해산하여 자기 고을로 돌
아가자, 예측했던 대로 조선정부는 이제 전주성이 수복되고 내란이 평
정되었으니 청국군과 일본군이 철병해 줄 것을 요청하였다.3) 청국측은
이에 동의하면서 일본 측에 '공동철병안'을 제의하였다.

일본정부는 이러한 사태 급전에 직면하자, 음력 5월 11~12일(양력 6
월 14~15일) 내각회의를 열어 토의한 뒤 오히려 이른바 '대한강경방
침'이란 것을 결정하고, 이 기회를 이용해서 군사적 위협을 가해 내정
에 간섭하되 '개혁'을 구실로 할 것과 청국에 대해서는 이 기회에 전쟁

---

3) 《淸光緖朝中日交涉資料》, 卷13, 北洋大臣來電, 5, 5월 초10일 到電報檔, pp.15~16 및
《日本外交文書》 제27권 제2책, No. 550, 〈我兵渡韓二付統署卜往復幷ノ件〉, 附屬書二,
大朝鮮督辨交涉通商事務 趙秉稷 照會, 1894년 5월초 10일자, p.206 참조.

도 불사하고 조선에서 청국세력을 몰아낼 것을 결정하였다.[4] 그리고 일본은 조선정부의 철병 요구와 청국정부의 공동철병안에는 응답하지 않은 채, 계속해서 일본군 병력을 조선땅에 늘려보내면서, 도리어 음력 5월 14일(양력 6월 17일) 청국 측에 '공동간섭안'을 제의하였다.[5]

조선조정은 이에 당황하여 일본군의 조속한 철병을 거듭 강경히 요구하였다. 그러나 일본 측은 이에 대해서는 아무런 응답 없이 청국 측에 청국군이 일본군보다 먼저 철수하면 일본군도 철수를 고려해 보겠다고 응답하였다. 일본 측의 이 모든 제안은 처음부터 청국이 동의하지 않을 줄 알면서 일본이 조선내정에 단독 간섭하여 조선을 지배하려는 침략의 일환으로 내놓은 것에 지나지 않았다. 예측했던 대로 청국 측은 음력 5월 18일(양력 6월 21일) 이홍장이 일본정부에 '공동간섭거부'의 회답을 보내었다.[6]

일본정부는 이에 청국에 공동간섭에 불응하는 한 일본은 단독으로라도 조선내정에 간섭하여 '정혁'을 추진할 것이며 일본군의 철병은 할 수 없다고 하는 이른바 '제1차 절교서'를 음력 5월 20일(양력 6월 22일) 청국에 발송하였다.[7]

일본정부는 음력 5월 24일(양력 6월 27일) 내각회의에서 이른바 '조선내정개혁안'이란 것을 결의하였다. 물론 일본정부가 조선 내정의 '개혁'에 진정한 관심이 있었던 것은 전혀 아니었고,[8] '내정개혁'을 침략과 간섭의 구실로 활용하기 위한 것이었다.[9] 일본 외무대신 육오종광(陸奥宗

---

4) 《日本外交文書》 제27조 제2책 No. 551, 〈6월 15일 閣議案竝決定, 朝鮮國變亂ニ對スル 我カ°態度竝ピニ將來ノ行動ニ關スル〉, pp.206~207 참조.

5) 《日本外交文書》 제27권 제2책, No.557, 〈朝鮮問題處理ニ關スル對談ノ要旨通告ノ件〉, pp.214~215 참조.

6) 《日本外交文書》 제27조 제2책, No.576, 〈朝鮮國變亂處理ニ關シ回答ノ件〉, pp. 234~235 참조.

7) 《日本外交文書》 제27조 제2책, No.578, 〈淸國政府ノ回答ニル日本政府ノ太刀通告ノ 件〉, pp.235~237 참조.

8) 中塚明, 《'蹇蹇錄'の世界》, 1992, pp.55~193 참조.

光, 무츠 무네미츠)은 주한일본공사 대조규개(大鳥圭介)에게 이 '내정개혁안'을 조선정부에 권고할 때에는 일본이 원하는 철도부설권, 전선가설권, 기타 각종 이권을 동시에 요구하도록 훈령하였다.10) 일본공사는 이 훈령에 따라 음력 6월 1일(양력 7월 3일) 이른바 '내정개혁안'을 조선정부에 제출하였다.

조선정부는 이 문제를 논의하기 위해 일본 측과 3차에 걸쳐 회담하였다. 조선정부는 어차피 개혁의 필요성을 통감하고 있었으므로 개혁을 하기로 결정했으며, 음력 6월 11일(양력 7월 13일) 그 개혁 담당기관으로 교정청(校正廳)을 설치하고 6월 13일에는 교정청 당상(堂上) 15명을 임명하였다.11) 조선정부는 '개혁'을 시작할 준비를 갖추어 놓고, 6월 14일(양력 7월 16일) 외무독판 조병직(趙秉稷)이 일본 측에 '개혁'은 확실히 단행할 것이므로 일본군이 먼저 철수해 줄 것을 요구하였다. 누구의 눈에도 조선정부가 '개혁'을 단행할 기구와 책임자를 임명해 놓고 개혁을 시작할 것이 명백히 보이므로 이제 일본군은 당연히 철병해야 할 것이라고 생각하였다.

그러나 일본정부는 6월 16일(양력 7월 18일) '철병거부'의 회답을 보내왔다.12) 일본의 목적은 조선내정의 '개혁'에 있었던 것이 아니라 조선의 침략과 지배에 있었던 것이다. 일본은 조선을 침략하고 지배하기 위하여 청국과 전쟁도 불사하는 정책을 집행하고 있음이 누구의 눈에도 보였다, 사태가 급박해지자 조선내정을 일일이 간섭해오던 청국독판 원세개(袁世凱)는 변복을 하고 음력 6월 18일(양력 7월 20일) 서울을 탈출하여 청국으로 귀국하였다.

---

9) 陸奧宗光,《蹇蹇錄》(岩波文庫판), pp.47~48 참조.

10) 《日本外交文書》 제27권 제1책, No.395, 〈交涉開始ニ先位チ利權確得ニ努ムペキコトヲ調令ノ件〉, p.585 참조

11) 《日省錄》 高宗 31년(1894년) 6월 13일조 참조.

12) 《日本外交文書》 제27조 제1책, No. 412, 〈內政改革ノ 勸告ニ 付朝鮮政府回答ノ件〉, pp.605~610 참조.

일본군은 드디어 준비된 작전을 개시하여 음력 6월 21일(양력 7월 23일) 새벽 4시에 조선 왕궁을 침범하였다. 일본군은 압도적인 무력으로 조선왕궁 안으로 불법 침입하여 저항하는 조선군 왕실근위병을 여러 명 사살하고 나머지 수비병을 모두 무장해제시킨 뒤 국왕과 왕비를 감금하였다.13) 일본정부는 국왕에게 강요하여 신정부를 수립하도록 압력을 가하였다. 국왕 고종은 대원군을 섭정으로 임명하고, 영의정에는 김홍집(金弘集)을 임명하여 제1차 김홍집내각을 구성하였다. 이것이 갑오경장을 시작한 온건개화파의 제1차 내각인 것이다.14)

일본군은 동일한 시각인 음력 6월 21일(양력 7월 23일) 새벽 4시에 군사작전을 개시하여 일본군 혼성여단을 아산으로 내려 보내 아산에 주둔하고 있던 청국군을 기습 공격하고 아산만에 정박한 청국 군함 2척을 격침시켰으며, 6월 25일(양력 7월 27일)에는 수원 부근의 풍도(豊島) 앞바다에서 청국 해군을 대파하였다. 일본은 조선영토 위에서 드디어 청일전쟁을 도발한 것이었다.

일본정부는 청일전쟁까지 일으키면서 조선에 대해서 어떠한 정책을 집행하려고 했는가? 일본정부의 정책은 일본군이 주둔하고 있는 기간에 조선을 일본의 '보호국(protectorate)'으로 종속시키고 이어서 '병합(annexation)'하려는 것이었다. 1894년의 일본의 대한정책은 먼저 조선을 일본의 '보호국'으로 예속시키는 것이었다.15)

일본군이 조선에 불법 상륙한 뒤 청일전쟁을 도발하기 직전인 음력 5월 23일(양력 6월 26일) 주서울 일본영사 내전정추(內田定槌, 우치다 사다쓰지)는 그의 외무대신 육오종광(陸奧宗光)에 제출한 〈대조선정책

---

13) 金允植,《續陰晴史》 沔陽行遣日記, 甲午 6월 24일조 p.326 및 黃玹,《梅泉野錄》 pp.145~146 참조.

14) 柳永益,《甲午更張硏究》(一潮閣), 1990, pp.12~28 참조.

15) ① 朴宗根(朴英宰譯),《淸日戰爭과 朝鮮》(일조각), 1989.
　　② 柳永益,《甲午更張硏究》, 1990 참조.

에 관한 의견상신서〉에서 "일본이 청국과 교전하는 일은 조선으로 하여금 아(我, 일본-인용자) 보호국이 되는 조약을 체결함에 방해를 제거하기 위하여 가장 필요한 일이다"고 지적하면서 일본군을 한반도에 상륙시킨 이 기회에 청일전쟁을 일으켜서라도 조선을 일본의 '보호국'으로 만들자고 제의하였다.

그리하여 아국(일본-인용자)이 청국과 교전하는 일은 조선으로써 아(我) 보호국을 만드는 조약을 체결함에 그 방해를 제거하기 위하여 가장 필요한 것이다. 뿐만 아니라 종래 청국정부가 당국정부(當國政府, 조선정부-인용자)의 당로자를 자국에 회유함에는 항상 자국의 강대를 자랑하고 일본의 소약(小弱)을 지적하면 족하다고 말해왔다.[16]

주서울 일본영사 내전(內田)은 위의 의견상신서에서 "일본군이 대군을 조선에 파견한 이 좋은 기회를 놓치지 말고 조선을 일본의 보호국으로 만드는 조약을 체결해서 일본제국의 세력을 조선으로 확장하며 일본상민(商民)의 이익을 증진시키자"면서 다음과 같이 외무대신에게 건의하였다.

이를 요약하면 금회 아국으로부터 이러한 대군을 당지에 파견한 이상은 이 호기회를 잃지 말고 제국 공사관·영사관·거류제국신민을 보호하는 외에 한 걸음 나아가서 조선국으로 하여금 아일본제국의 보호를 받도록 하는 조약을 체결하고, 지금부터 아일본제국이 당국(조선-인용자)의 내치외교에 간여하며 그 진보개량을 도모하여 이를 부강의 역(域)에 인도함으로써, 일(一)은 아제국의 번병(藩屏)을 강고케 하고, 일(一)은 당국에 있어서 아제국의 세력을 확장함과 함께 제국상민의 이익을 증진하는 정책을 집행할 것을

---

16)《日本外交文書》제27권 제1책, No. 379,〈對朝鮮政策ニ關シ意見上申ノ件〉, p.567.

상신합니다.[17)

주서울 일본영사뿐만 아니라 일본 국내에서도 "조선을 전적으로 아(일본-인용자) 보호국으로 하여 항상 아(我) 권력하에 굴복시키자"[18) 는 조야의 의론이 있었다고 일본 외무대신 자신이 기록하였다.

일본이 청일전쟁을 도발한 뒤, 주조선 일본공사 내전(內田)은 음력 7월 4일(양력 8월 4일)자로 외무대신 육오(陸奧)에게 조선에 대한 정책 1안으로써 "조선을 일본의 보호국으로 만들고 비밀군사조약을 체결하여 조선의 육해군을 일본군이 사용케 할 것"을 다음과 같이 건의하였다.

금일의 경우는 조선을 은연 아(일본-인용자) 보호 아래 두고 아로부터 이를 부액(扶掖)하여 독립의 기초를 공고히 하는 것은 기호의 세로 보아 부득이 한 대세라면 이 기회에 아목적을 달성하기 위하여 양국간에 비밀군사조약을 체결하여 조선의 육해군을 필요에 따라 언제든지 아의 사용에 공(供)하도록 약속케 함이 가함.[19)

일본공사 대조(大鳥)는 이 건의서의 끝에서 조선을 겉으로는 독립국으로 추켜세우면서 실제로는 일본의 보호국으로 만들어 두는 정책을 다음과 같이 건의하였다.

아울러 장래 조선을 어떠한 지위에 두고 아(我)는 어떠한 지위에 서야 할 것인가에 대해서는 처음부터 일정의 묘산(廟算, 정부정책-인용자)이 있는 줄로 아오나 본인의 생각으로는 조선을 독립국으로 추켜세우되 조금이라도

---

17) 상게서, p.567.

18) 《蹇蹇錄》, p.47.

19) 《日本外交文書》 제27권 제1책, No.429, 〈七月二十三日事變前後ニ執リシ方針ノ大略竝ピニ將來ニ向テノ鄙見上申ノ件〉, p.636.

그가 독보의 실력을 얻을 때까지는 아 보호 아래에 두고 만사부지(萬事扶持)하는 외에는 없다고 생각하니 참고하시기 바랍니다.[20]

일본 외무대신 육오(陸奧)는 조선에 대한 일본정부의 정책을 공식적으로 확정하기 위하여 1894년 음력 7월 17일(양력 8월 17일) 다음과 같은 4개의 안을 일본내각회의에 제출하였다.[21]

(갑) 조선을 하나의 독립국으로 공인하여 전연 그 자주자치를 방임하고 일본이 이에 간섭하지 않으며 타국의 간섭도 허용하지 않고 그의 운명을 그에게 일임하는 것.

(을) 조선을 명의상 독립국으로 공인할지라도 제국(일본-인용자)이 간접·직접으로 영원 또는 장시간 보익(保翼)·부지하여 타의 모(侮)를 방어하는 노(勞)를 취하는 것.

(병) 조선은 그 자력으로써 그 독립을 유지하는 것이 불가능하니, 일찍이 영국정부가 일청(日淸) 양국정부에게 권고한 바와 같이 조선영토의 안전을 일본과 청국의 양국이 담보하는 것.

(정) 조선을 세계의 중립국으로 하여 구주의 백이의(白耳義, 벨기에-편집자) 또는 스위스와 같은 지위에 서도록 하는 것.

일본 외무대신 육오(陸奧)는 이 제출서에서 (을)안이 조선을 일본의 '보호국화(保護國化)'하는 안임을 다음과 같이 문제점을 들면서 우회적으로 설명하였다.

1. 조선이 독립국이라는 사실과 (일본이) 그 강토를 침략할 의사가 없다

---

20) 상게서, p.636.

21) 《日本外交文書》 제27권 제1책, No.438, 〈朝鮮問題ニ關スル將來ノ日本ノ政策ニ關スル閣議案上申ノ件〉, pp.646~649 참조.

는 것을 제국정부(일본-인용자)가 종래 각국 정부에 향하여 공언해온 바인데, 이제 가령 간접일지라도 저 반도의 일 왕국을 제국에 굴복시킬 때에는 마침내 타외국의 비난과 시기를 초래하거나 또는 이 때문에 무수한 갈등을 발생시킬 우려는 없는가.

   2. 제국정부가 이상에서 말한 바와 같은 곤란을 돌아보지 않고 조선을 보호국과 같이 취급하는 경우에, 타일(他日) 어떤 사변에 관하여 청국 노국 기타 조선에 이해관계를 가진 방국(邦國)으로부터 조선의 독립을 침해하는 일이 있을 때 제국은 독력으로 시종 동국의 외환을 방어하여 이를 보호하는 일을 할 수 있을까.22)

즉 일본 외무대신 육오(陸奧)가 일본의 조선에 대한 정책으로서 내각 회의에 제출한 4개안은 (갑) 독립국안, (을) 보호국화안, (병) 일청 양국 담보에 의한 독립국안, (정) 영세중립국화안 등이었다.

   일본 내각회의는 이 4개안을 놓고 토의한 결과 먼저 〈(을) 보호국화안〉의 대의(大意)를 정책목적으로 하여 외무대신이 집행하도록 하고 뒤에 다시 내각의론을 확정하기로 의결하였다. 일본 외무대신 육오(陸奧)는 이에 대하여 다음과 같이 기록하였다.

   나의 금회의 제의에 대하여 내각 동료의 의론도 결국 정식 묘의(廟議)를 결정하는 데 이르지 못하고 당분간은 내가 4개의 문제 가운데 먼저 을책(乙策)의 대의를 목적으로 두어 하다가 타일 다시 묘의를 확정하기로 의결하였다.

   나는 당국책임자로서 이러한 불확실한 묘의를 실행하는 것이 매우 곤란하다고 생각했지만 전에 말해온 바의 사정에 비추어 이제 강제로 이를 확정할 수도 없었다. 어쨌든 각료협의의 결과에 따라서 장래 임기응변의 처분을

---

22) 상게서, p.648.

취할 수밖에는 없다고 생각하여, 이 뜻을 대조 공사(大鳥公使)에게 훈령하였다.[23]

즉 일본 내각회의는 1894년 음력 7월 17일(양력 8월 17일) 외무대신 육오의 정책제안 가운데서 '조선을 일본의 보호국화'하는 정책을 잠정적 정책목표로 의결한 것이었다. 일본 외무대신은 이 보호국안을 영구목표로 확정하지 않고 잠정적 목표로 의결한데 대해 불만이었지만, 결과는 동일한 것이었다.

그리하여 일본정부는 청일전쟁을 기르는 동안에 조선을 일본의 '보호국'으로 예속시키는 것을 목표로 일본의 정책을 집행하였으며, 조선민족의 저항과 국제정세의 유리한 변동이 없는 한 일본은 1905년 11월의 '을사5조약'과 같이, 조선을 '보호국'으로 만드는 정책을 1894~1995년에 집행하려고 한 것이었다. 그리고 이 보호국화 정책을 집행하기 위하여 현직 내무대신에 있던 정상형(井上馨, 이노우에 가오루)가 1894년 음력 9월 신임 일본공사로 임명되어 서울에 도착한 것이었다.[24]

이제 조선민족은 전민족적 항일투쟁을 하지 않으면 외교권과 군사권을 비롯한 국권의 주요 부분을 일본에게 박탈당하고 이른바 일본의 '보호국'으로 떨어질 절박한 위험에 놓이게 된 것이다.

3. 항일민족운동과 제2차 동학농민혁명운동의 동기

그러면 전봉준의 동학농민군은 일본정부와 조선에 상륙한 일본군의

---

23) 《蹇蹇錄》, p.130.

24) 일본 내각회의가 이 韓國 保護國化政策을 재론하여 수정한 것을 제2차 동학농민혁명운동과 三國干涉이 있은 후인 1895년 6월 4일의 내각회의에서였다. 그러므로 1894년 8월 17일(음력 7월 17일)부터 1895년 양력 6월 4일(음력 5월 1일)까지이 일본의 對韓國政策은 공식적으로도 '조선의 보호국화'에 의한 지배 정책이 명백한 것이다.

조선 '보호국화' 정책을 감지하고 있었을까?

전봉준은 그 뒤 체포되어 재판을 받을 때 배석한 일본영사의 질문에 대하여 제2차 동학농민혁명운동 기포(起包)의 동기를 다음과 같이 당당하게 응답하였다.

문(일본영사): 재차 기포는 일병이 범궐(犯闕)하였다 한 고로 재거하였다 하니, 재거한 뒤에는 일병에게 무슨 거조(擧措)를 행하려 하였느냐?

답(전봉준): 범궐한 연유를 힐문코자 함이었다.

문(일본영사): 연즉 일병이며 각국인으로 경성에 유주하는 자를 모두 구축하려 했느냐?

답(전봉준): 그러함이 아니라 각국인은 다만 통상만 하는데 일본인은 솔병하여 경성에 유진(留陣)하는 고로 아국 경토를 침략하는가 의아함이었다.[25]

또한 전봉준은 체포되어 일본군 진중에서 심문을 받을 때 일본군 제19대대 사령관의 질문에 대하여 재차 동학농민전쟁 봉기의 동기를 다음과 같이 응답하여 설명하였다.

본년 6월 이래 일본군은 계속 우리나라에 상륙해온 바, 이것은 반드시 아국을 병탄하려는 것이라고 보고 지난날 임신(진)의 화란을 생각하여 인민들이 의구(疑懼)한 나머지 나를 추대하여 수령이 되어서 국가와 생사를 함께 하기로 결심하여 이 거사를 일으킨 것이다.[26]

또한 전봉준은 개화파 정부의 재판관 질문에 대해서는 제2차 동학농

---

25) 《全琫準供草》, 再招問目, 《東學亂記錄》(국사편찬위원회 판), 하권, p.538.

26) 《報知新聞》, 1895년(明治 28), 3월 6일자 〈東學黨巨魁の審問〉.

민전쟁 봉기의 동기를 다음과 같이 응답하여 설명하였다.

> 일본이 개화라고 일컬어 애초부터 일언반사(一言反辭)도 없이 민간에 전
> 포하고, 한편으로 격서(檄書)도 없이 솔병하고 도성으로 들어와 야반에 왕
> 궁을 격파하여 규상(圭上)을 경동케 하였다고 하기에, 초야의 사민들이 충
> 군애국의 마음으로 강개하지 않을 수 없어 의려(義旅)를 규합하여 일본인과
> 접전하게 되었다.27)

여기서 명확히 알 수 있는 것은 전봉준이 조선을 병탄하고자 하는 일
본 측의 '보호국'화 침략정책을 정확히 판단하여 감지하고 있었다는 사
실이다.

전봉준은 일본군이 1894년 6월부터 한편의 격서도 없이 불법으로 조
선의 수도 서울로 들어와서, 밤중에 궁궐에 침입하여 국왕을 위협하고,
내정간섭을 하며, 서울에 유진할 뿐 아니라, 계속 일본군을 조선에 증파
하는 것을 보고, 일본군이 우리나라를 침략하고 있으며 반드시 병탄하
려는 것이라고 보고, 백성들이 충군애국의 마음으로 자신을 수령으로
추대하여 국가와 생사를 함께 하기로 결심해서 제2차 봉기를 일으켰다
는 것이다.

일본영사가 그러면 동학농민군은 서울에 입성하고 난 뒤, 서울에 거
류하고 있는 모든 외국인(각국인)을 모두 몰아내려 했는가라고 전봉준
을 배외주의자로 몰아넣으면서 항일의 초점을 흐리게 해보려는 질문을
했을 때, 전봉준이 응답하기를, 다른 외국인들은 거류하여 다만 통상만
하고 있는데 일본인은 군대를 우리의 수도 서울에 유진시키는 고로 이
것은 일본이 우리나라 국토를 침략하는 것이므로 각국인은 그대로 두고
일본인과 군만은 조선에서 몰아내려 재봉기한 것이라고 당당하게 설명

---

27) 《全琫準供草》, 初招問目, 《東學亂記錄》, 하권, p.529

하였다.

또한 일본군 제19대대 사령관의 질문에 대해서는 일본이 불법적으로 일본군을 계속 조선에 상륙시켜 증파하는 것은, 우리나라를 병탄하려는 것이라고 보고, ‘국가와 생사를 함께 하기로 결심하여’ 제2차 봉기를 감행했다고 당당하게 응답하였다.

즉 전봉준과 동학농민군은 조선에 불법 상륙하여 주둔하면서 병력을 증파하고 있는 일본군의 무력을 갖고 일본정부가 조선을 병탄하려는 정책을 시행하고 있다고 판단하고, 일본침략군을 조국강토에서 몰아내기 위해 목숨을 걸고 나라를 구하고자 제2차 봉기를 감행한 것이었다.

따라서 전봉준을 총대장으로 한 동학농민군은 처음부터 항일민족운동이라는 동기에서 제2차 동학농민혁명운동에 봉기한 것이었다. 이것은 동학농민군의 제1차 동학농민전쟁 봉기의 동기와는 크게 다른 것이었다.

동학농민군이 일본침략군을 자기의 조국강토에서 몰아내기 위해서는 청일전쟁이 종결되기 전에 일본군을 선제공격할 필요가 있었다. 한반도에 불법 상륙한 일본군은 조선 조정의 거듭된 철수 요구를 모두 거절하고 앞에 쓴 바와 같이 1894년 음력 6월 21일(양력 7월 23일) 새벽 4시에 준비된 작전을 개시하여 조선왕궁을 포위하고 궁궐을 침범하여 저항하는 왕궁 수비병을 살해하고 무장해제시킨 뒤 국왕과 왕비를 감금하였다.[28] 일본군이 조선 국왕에게 신정부를 수립케 압력을 가한 바, 국왕은 대원군을 섭정으로 하고, 김홍집을 영의정으로 한 온건개화파의 신정부를 수립하였다. 이것이 갑오경장을 시작한 제1차 김홍집내각이었다. 이어서 일본군은 혼성여단을 아산으로 남하시켜서 음력 6월 21일(양력 7월 23일) 아산에 주둔한 청군을 기습 공격하고 아산만에 정박한 청국 군함 2척도 기습하여 격침시킴으로써 청·전쟁을 도발하였다.[29] 일본군

---

28) 金允植, 《續陰晴史》 沔陽行遺日記, 甲午 6월 24일조, (국사편찬위원회 판), p.326 참조.

평양전투에서 패전한 청국군 포로

은 음력 6월 27일(양력 7월 29일) 충청도 성환에서 청국군에 승리했으며, 7월 26일(양력 8월 26일)에는 군사동맹의 일종인 조·일공수동맹을 늑결하였다. 일본군은 이어서 8월 17일(양력 9월 16일) 평양에서 청국군을 패전시키고, 청국군은 패주해서 압록강을 건넘으로써 청일전쟁의 전선은 압록강 너머에 형성되고 결국 한반도는 일본군의 지배 아래 들어가게 되었다.

전봉준과 동학농민군은 청일전쟁에서 어느 나라가 승리하든지 승리한 나라의 군대가 동학농민군을 '토벌'하러 남하할 것이라고 예견하고 있었다.[30] 이제 청일전쟁에서 일본군이 승전할 것이 확실히 예견되었는데, 이것은 호남 일대에서 집강소를 설치하고 농민통치를 실시하고 있

---

29) 朴宗根(朴英宰譯), 《淸日戰爭과 朝鮮》, pp.48~90 참조.
30) 吳知泳, 《東學史》, 1940, p.134 참조.

는 동학농민군을 머지않아 일본군이 '토벌'하러 남하한다는 것을 의미하는 것이었다. 집강소의 동학농민군들도 일본군과의 일전이 불가피함을 알고 무기와 마필과 함께 군수미(軍需米)와 군수전(軍需錢)을 비축하고 있었다.[31]

각지의 동학농민군은 이러한 사태 진전에 대응하여 재봉기할 것을 요구하는 대세가 대두하였다. 특파원을 통하여 동학농민군의 동태를 신속하게 보도하고 있던 일본의 한 신문은 이러한 추세에 대하여, "이미 양력 7월 30일 무렵에는 농민군 거병의 조짐이 보이며 그 이유로는 '전에 폐정을 개혁할 목적으로 일어났으나 조유(詔諭)를 만나 초토사(招討使)와 화약을 맺고 […⋯] 잠시 무기를 내려놓고 있었지만 일본은 대병을 파견하여 우리나라를 집어삼키려 한다' '조금이라도 나라를 걱정하는 사람들은 […⋯] 궁중의 일을 물을 겨를조차 없으므로 우리가 먼저 일어나 일병을 막아야 한다'고 주창하고 있었다"[32]고 보도하였다.

동학농민군이 전국 각지에서 재봉기할 조짐을 보이는 가운데 동학농민군 대장의 하나인 김개남이 1894년 음력 8월 25일(양력 9월 24일) 임실에서 남원으로 들어가 바로 재봉기를 준비하였다.[33] 전봉준과 손화중이 남원으로 달려가 아직 동학농민군 측의 준비가 부족함을 들어 좀더 기다린 뒤 재봉기할 것을 권고했으나, 남원에는 동학농민들이 약 7만 명이나 운집하여 기세를 올리고 있었으므로 김개남은 '큰 무리가 한번 흩어지면 다시 모으기 어렵다'는 이유를 들어 즉각 재봉기의 뜻을 굽히지

---

31) 愼鏞廈, ① 〈甲午農民戰爭시기의 農民執綱所의 設置〉, 《韓國學報》 제41집, 1985; ② 〈甲午農民戰爭시기의 農民 執綱所의 活動〉, 《韓國文化》 제6집, 1985; ③ 〈甲午農民 戰爭과 두레와 執綱所의 폐정개혁〉, 韓國社會史研究會論文集 제8집, 《한국사회의 신 분계급과 사회변동》(文學과 知性社), 1987; ④ 〈執綱所의 성립과 改革의 성격〉, 《동학 농민혁명과 사회변동》(한울사), 1993; ⑤ 〈茶山丁若鏞의 土地改革案과 東學農民軍의 土地改革案〉, 《李基白先生古稀紀念 韓國史學論叢(하권)》, 1994 참조.

32) 《東京日日新聞》 1894년 8월 5일자, 朴宗根, 전게서, p.213에서 재인용.

33) 《韓國東學黨蜂起一件》(日本外務省外交史料館所藏), 〈機密第75號(甲號)〉 甲午 9월조 참조.

않았다.34) 김개남은 전봉준 다음으로 동학농민군의 제2인자 위치에 있는 지도자였으며, 전봉준의 지시와 명령을 그대로 따르지 않고 훨씬 더 급진적인 독자활동도 하면서 전봉준과 은근히 경합하는 상황에 있었으므로, 그가 즉각 재봉기하겠다는 것은 동학농민군 전체의 재봉기를 선도할 수 있는 심각하고 중대한 일이었다.

동학농민군 총대장 전봉준은 비록 동학농민군의 재봉기 준비가 덜 되어 있다 할지라도 재봉기를 위하여 기다리고 기다리던 추수가 일단 끝났다고 볼 수 있으므로, 1894년 8월 말에 재봉기를 스스로 결정하였다. 전봉준은 음력 8월 말에 태인 본가에 들렀다가 9월 초에 태인을 출발하여, 금구·원평을 거쳐서 삼례에 도착한 뒤 제2차 동학농민전쟁 봉기의 대도소(大都所)를 정하였다. 그리하여 1894년 음력 9월 13일(양력 10월 11일) 손화중과 최경선(崔景善)을 비롯하여 다수의 동지들과 함께 동학농민군의 제2차 동학농민혁명운동 시작을 의미하는 재기포(再起包)를 선언하고, 전주·진안·홍덕·무장·고창 등 전라도 53군현에 사람을 파견하여 동학농민군의 재봉기를 선언하며 촉구하는 격문을 돌리었다.35) 이것이 동학농민군의 제2차 농민전쟁 봉기의 공식적 선언에 해당하는 것이었다.

전봉준의 재봉기 격문에 호응하여 즉각 삼례역에 모인 동학농민군이 약 4천 명이나 되었으며,36) 전라도에서만도 먼저 27개 군현의 무기고가 열려서 동학농민군이 본격적으로 무장하기 시작하였다.37) 그리고 전봉준의 격문에 호응하여 전라도 각지 집강소에서 동학농민군이 계속 재봉기하기 시작하였다.

전봉준이 음력 9월 13일 삼례에서 감행한 재봉기 선언에 의하여, 조

---

34) 黃玹, 《梧下記聞》, 甲午 8월조, 第2筆의 p.93 참조.

35) 〈全琫準判決書 原本〉, 《韓國學報》 제39집, pp.189~190 참조.

36) 〈全琫準判決書 原本〉, 《韓國學報》 제39집, pp.189~190 참조.

37) 《關草存案》, 甲午 9월 18일조, 〈全羅道 30號〉 참조.

선에 불법 침입해서 조선을 일본의 '보호국=반(半)식민지로 예속시키려고 청일전쟁까지 벌이고 있는 일본침략군을 조선땅에서 몰아내어 조국의 자주독립을 굳게 지키려는 동학농민군의 항일무장투쟁이 정식으로 선언된 것이었다.

4. 남·북접 합동에 의한 전국적 제2차 봉기

전봉준이 9월 13일 삼례에서 감행한 동학농민군의 제2차 봉기 선언과 격문 발송은 보은 대도소에 있는 동학 제2세 교주인 북접대도주(北接大道主) 최시형(崔時亨)의 사전 허락을 받지 않고 단독으로 결정함으로써 남접만 재봉기한 것이었다. 이것은 동학교단의 조직체계 안에서는 교주의 승인 없이 동학도들을 무장봉기케 한 하극상이었다고 볼 수도 있는 것이었다. 전봉준은 제1차 동학농민혁명운동 봉기 때에도 교주인 최시형의 허락을 받지 않고 감행해버렸기 때문에 북접과 남접 사이에는 약간의 갈등이 있었다. 전봉준이 이번 제2차 동학농민혁명운동 재봉기 때에도 교주 최시형의 허락을 받지 않고 먼저 감행해 버렸으므로 갈등이 더 심해질 것은 예견된 일이었다.

전봉준은 물론 이것을 예견하고 있었다. 일본침략군을 한반도에서 몰아내기 위해서는 전국에서 동학농민군이 일거에 봉기해야 했으며, 이를 위해서는 전국에 걸쳐 막강한 조직세력을 장악하고 있는 북접이 재봉기에 참가하여 북접과의 합동 항일무장투쟁이 절대적으로 필요하였다. 전봉준은 북접 산하에 있는 충청도의 접주들에게 직접 격문을 보내어 재봉기케 해서 아래로부터 교주 최시형을 움직이도록 하는 한편, 북접과 두터운 친분이 있는 오지영(吳知泳)·김방서(金邦瑞)·유한필(劉漢弼) 등을 북접대도소에 파견하여 남·북접합동을 달성하도록 하였다.

오지영 등이 이 임무를 띠고 북접대도소에 도착해 보니 김연국(金演

처형 직전의 최시형

局)·손병희(孫秉熙)·손천민(孫天民)·황하일(黃河一) 등 북접 두령들은 "도(道)로써 난(亂)을 지음은 불가한 일이다. 호남의 전봉준과 호서의 서장옥(徐章玉)은 국가의 역적이오, 사문(師門)의 난적(亂賊)이라. 우리는 빨리 모여 그것을 공격하자"는 요지의 남접 규탄 통문까지 지어놓고 있었다. 오지영 등은 일본침략군 앞에서 동학군이 내분을 보임은 불가하며 보국안민(輔國安民)을 위해 동학도인은 단합하여 생사를 같이 해야 한다는 대의를 들어 교섭하였다. 북접 측에서는 손병희가 이에 적극 찬성하여 남접 규탄의 통문을 걷어치우게 하고 합동을 추진하였다. 그 결과 북접도 보국안민의 기치 아래 재봉기하여 남·북접이 연합해서 작전과 행동을 같이 하기로 합의하였다.38) 이에 역사적인 남북접 합동·연합이 실현된 것이었다.

최시형은 음력 9월 18일 북접 산하의 대접주와 접주들을 집합케 해서, 이 자리에서 손병희와 손천민의 거의 요청을 받아들이는 형식을 취하여, "'인심이 곧 천심이라.' 이는 곧 천운소치(天運所致)이니 군 등은 도중(道衆)을 동원하여 전봉준과 협력하고 사원(師冤)을 신(伸)하며 오도(吾道)의 대원(大願)을 실현하라"고 명령하고, 손병희를 통령(統領)에 임명하여 북접동학군을 지휘하도록 통령기를 내려 주었다.39) 이로써 1894

---

38)《東學史》, pp.137~139 참조.

39) 李敦化,《天道敎創建史》, 1933, 제2편의 p.65 참조.

년 음력 9월 18일자로 청산(靑山)에서 북접의 봉기와 남접과의 합동·연합이 선언된 것이었다. 전봉준의 남접 재봉기가 선언된 지 5일 뒤의 일이었다.

전봉준이 삼례에서 남접 재봉기를 선언한 직후 그의 격문에 호응하여 처음 재봉기한 27개 집강소의 동학농민군은 약 11만 4천5백 명이었다. 이를 각 군현 집강소별로 보면 다음 〈제1표〉와 같다.40)

음력 9월 18일 청산에서 북접대도주 최시형이 북접군도 봉기하여 전봉준과 협력하도록 명령하고 손병희를 통령에 임명했다는 소식이 전해지자, 남·북접 합동·연합에 고취되어 남접 안에서도 추가 봉기가 일어났다. 남접 추가봉기의 지역과 두령들을 보면 〈제2표〉와 같다.41)

그리하여 남접에서는 약 16만 7천 명 정도의 동학농민군이 봉기한 것으로 추정된다.42) 그러나 이 봉기한 남접동학농민군이 모두 삼례로 달려와서 전봉준의 직접 지휘를 받은 것이 아니라, 이들의 대부분은 자기 고을에서 동학농민군부대를 편성하여 자기 고을의 대접주와 집강의 지휘를 받았으며, 이 가운데에서 오직 소수만이 삼례로 달려와서 전봉준부대에 편입된 것이었다.

전봉준은 삼례에 모인 동학농민군 가운데서 최경선부대는 광주에 파견하여 손화중부대와 함께 광주와 나주 부근에 주둔해서 일본군의 남해안 상륙과 배후 공격을 차단하는 동시에 호남 일대의 집강체제를 유지하기 위한 무력으로 활동하도록 하였다.43)

한편 북접에서는 9월 18일의 청산취회(靑山聚會)에서 교주 최시형으로부터, 봉기하여 전봉준과 협력하라는 명령을 받은 뒤 각지 자기 고을에 돌아가서 동학농민군을 편성, 봉기하여 북접 대도소가 있는 보은의

---

40) 《東學史》, pp.134~135 참조.

41) 상게서, pp.139~140 참조.

42) 〈宣諭榜文並東徒上書所志謄書〉, 《東學亂記錄》, 하권, p.382 참조.

43) 《全琫準供草》, 四招問目, 《東學亂記錄》, 하권, p.382 참조, 《東學亂記錄》, 하권, p.538.

〈제1표〉 제2차 동학농민혁명운동에 처음 봉기한 남접의 두령과 병력

군현	두령	병력수	군현	두령	병력수
전주	崔大鳳・姜守漢	5,000	원평	宋泰燮	7,000
고창	林天瑞・林亨老	5,000	장흥	李邦彦	5,000
태인	崔景善	7,000	해남	金炳泰	3,000
남원	金開男	10,000	무안	裵圭仁	2,000
금구	金鳳得	5,000	장성	奇宇善	1,000
함열	劉漢弼	2,000	나주	吳勸善	3,000
무장	宋敬贊・宋文洙・姜敬重	7,000	함평	李○○	1,000
			흥덕	高永叔	1,000
영광	吳河泳・吳時亨	8,000	순천	朴洛陽	5,000
정읍	孫如玉・車致九	5,000	흥양	柳希道	3,000
김제	金奉年	4,000	보성	文章衡	3,000
고부	鄭一瑞・金道三	6,000	광주	朴成東	4,000
삼례	宋喜玉	5,000	임실	李龍學・李炳用	3,000
순창	吳東昊	1,500	담양	金重華	3,000
합 계					114,500

〈제2표〉 제2차 동학농민혁명운동에 추가 봉기한 남접의 지역과 두령

도현	두령	도현	두령
咸悅	金邦瑞・吳知泳	礪山	崔○善・高德三
益山	吳景道・高濟貞	高山	朴致京
沃溝	張景化・許鎭	茂朱	李應白
臨陂	陳寬三	任實	李炳春
扶安	金錫允・金洛喆	全州	徐永道・許乃元
萬頃	金功善		

장내(帳內)로 향하였다. 이때 봉기
하여 보은에 모인 북접동학농민군
의 총 규모를 《천도교창건사》는 약
6만 명으로 추산하였고,44) 《동학
사》는 약 10만 명이라고 하였다.45)
북접 봉기 당시 처음의 지역과 두령
들을 정리해 보면 다음 〈제3표〉와
같다.

북접 동학농민군 가운데 어떤 부
대는 자기 고을에서 봉기하여 보은
까지 도착하는 과정에서 관군 및 일
본군과 치열한 전투를 하기도 하였

손병희

다. 예컨대 충주의 동학대접주 신재련(辛在蓮)의 동학농민군 부대는 음
력 9월 24일부터 진천의 유생 허문숙(許文淑)이 일으킨 민보군(民堡軍)
한테 진로 방해를 받자 이를 공격하여 격파해서 완승을 거두고 민보군에
가담했던 사람들을 귀가시켰다.46) 신재연의 동학농민군 부대는 9월 29
일에는 진천의 관아를 습격하여 점령하였고,47) 이어서 일본군과 치열한
전투 끝에 괴산읍을 점령하였다. 당시 괴산 군수 이용석(李容兩)이 충주
에 주둔하고 있는 일본군을 불러다가 동학농민군을 방어하려 했다. 이
때문에 동학농민군과 일본군 사이에 치열한 전투가 벌어져 동학농민군
에게도 상당한 피해가 있었는데, 날이 어두워지자 동학농민군이 돌격전
으로 일본군을 기습하여 섬멸하고 괴산읍을 점령한 것이었다.48)

---

44) 《天道敎創建史》, 제2편의 p.65 및 《東學史》 p.140 참조.

45) 《東學史》, p.140 참조.

46) 〈兩湖右先鋒日記〉, 甲午 9월 22일~28일조, 《東學亂記錄》 상권, pp.260~263 참조.

47) 〈兩湖右先鋒日記〉, 甲午 9월 29일조, 《東學亂記錄》 상권, p.263 참조.

48) 〈兩湖右先鋒日記〉, 甲午 9월호 10일조, 《東學亂記錄》 상권, p.269 및 《天道敎創建史》,

〈제3표〉 제2차 동학농민혁명운동에 처음 봉기한 북접의 지역과 두령

도현	두령	도현	두령
충주	辛在蓮 · 洪在吉	홍주	金斗悅 · 韓圭夏
송산	孫天民 · 徐虞淳	면천	朴熙寅
청안	李竝珠	안면도	朱炳道
청주	李容九	남포	秋鏞聲
보은	金演局 · 黃河一 · 權秉悳	공주	金知澤 · 裵成天
목천	金福用 · 李熙人	수원	金來鉉
옥천	鄭元俊 · 姜彩西	음죽	朴容九 · 權在天
서산	朴寅浩	안성	任命準 · 鄭璟洙
신창	金敬三	양지	高在棠
덕산	金○培	여주	洪秉箕 · 林學善 · 林淳灝
당진	朴容台 · 金顯玖	이천	全奎錫 · 全昌鎭 · 李根豊
태안	金東斗	양근	辛在俊
원주	李和卿 · 林淳化	지평	金泰悅 · 李在源
횡성	尹冕鎬	광주	廉世煥
홍천	車基錫 · 沈相賢 · 吳昌燮		

　　북접대도주 최시형은 각지의 동학농민군이 보은에 모이자, 손병희를 통령으로 임명하여 북접 산하 모든 동학농민군 부대를 총지휘하게 하고, 정경수(鄭璟洙)의 포(包)를 선봉군으로, 전규석의 포를 후군으로, 이종동(李鍾動)의 포를 좌익으로, 이용구(李容九)의 포를 우익으로 삼아 북접동학군 부대를 편성했는데, 이때 집합한 동학농민군이 모두 6만 명이나 되었다. 최시형은 손병희에게 명하여 북접군을 영솔하여 전봉준과 합류하도록 하였다.49) 또한 최시형은 삼례에 있는 전봉준에게 사람을 파견해서

───────────────

　　　제2편의 pp.65~66 참조.

　49)《天道教創建史》, 제2편의 p.66 및 〈兩湖右先鋒日記〉 甲午 10월 14일조,《東學亂記

서한을 통해 전봉준이 북상하면서 논산에 있으면 북접군도 논산에 도회(都會)하겠다고 통보하였다.[50]

　동학농민군 남·북접의 상호 연락과 합동은 관변 측에도 포착되어, 순무영(巡撫營)은 음력 9월 29일 무렵 "호남·호서의 (동학) 비류(匪類)가 상호 연결했으며, 호서가 바야흐로 호남에 원조를 청했다 한다"[51]고 보고하였고, 국왕도 이를 받아 "호남·호서의 비류가 상호 연락되었다 한다"면서 대책 수립과 집행을 명령하였다.

　전봉준이 재봉기한 동학농민군의 남·북접 논산대회를 열기 위하여 선봉대를 처음 파견한 것은 음력 10월 6일 무렵으로 추정된다. 이 남접 동학농민군 선봉대는 음력 10월 7일 무렵 논산의 은진을 점령하고,[52] 이어서 논산대회의 개최지역을 전진 보위하기 위하여 한밭(대전)에 진출했다가 충청도 영병 80여 명과 맞닥뜨려 '한밭전투'를 치른 뒤에 이를 격파하고 영장(營將) 염도희(廉道希)는 생포하여 불태워 죽였다.[53]

　전봉준 자신은 약 4천 명의 동학농민군을 인솔하고 음력 10월 10일 무렵 삼례를 출발하여 음력 10월 12일(양력 11월 9일) 논산에 도착하였다. 전봉준의 격문에 호응하여 250명의 군사를 이끌고 논산대회에 참가한 유생 의병장 이유상(李裕尚)은 이에 대하여 "본월(10월) 12일 논산포에 유진하고 있는데 높은 곳에 올라 남쪽을 바라보니 흙먼지가 충천하고 총포가 숲과 같이 보여서 급히 전초대를 보내어 알아보게 하였더니 남군 16만 7천 명이라고 보고하였다. 전(봉준)장군을 청하여 찾아보고 병단(兵端)을 물었더니 전(장군)이 대답하기를 며칠 전에 법헌(法軒, 최시형)의 호서군도 도회하겠다는 글을 받았으며, 장차 북으로 향하겠다

　　錄》 상권, p.275 참조.

50) 〈宣諭榜文並東徒上書所志謄書〉,《東學亂記錄》 하권, p.382 참조.

51) 《日省錄》, 高宗 31년 음력 9월 29일조, 참조.

52) 《日省錄》, 高宗 31년 음력 10월 8일조, 참조.

53) 《日省錄》, 高宗 31년 음력 10월 9일조, 참조.

고 말했다"54)고 기록하였다. 여기서 남접군을 16만 7천 명이라고 한 것은 이유상의 전초대가 탐문한 숫자인데, 논산에 도착한 전봉준의 남접군 숫자가 아니라 호남 일대에서 봉기한 남접동학농민군 총 숫자를 전하여 듣고 이유상에게 보고한 것이었다고 해석된다.

전봉준은 10월 12일 논산에 도착하자, 격서의 일종으로 먼저 경군과 충청도 영병(營兵) 그리고 백성들에게 알리는 다음과 같이 국문으로 된 고시문(告示文)을 발표하였다.

고시(告示) 경군여영병(京軍與營兵) 이교시민(而教示民)

무타(無他)라. 일본과 조선이 개국 이후로 비록 인방(隣邦)이나 누대 적국이더니 성상의 인후(仁厚)하심으로 삼항(三港)을 허개(許開)하여 통상 이후 갑신 시월의 사흉(四凶)이 협적(俠敵)하여 군부(君父)의 위태함이 조석(朝夕)에 있더니 종사의 홍복으로 간당(奸黨)을 소멸하고, 금년 시월의 개화간당이 왜국(倭國)을 체결하여 승양입경(乘夜入京)하여 군부를 핍박하고 국권(國權)을 천자(擅恣)하며 우항 방백수령이 다 개화당 소속으로 인민을 무휼(撫恤)하지 아니하고 살육을 좋아하며 생령을 도탄하매. 이제 우리 동도(東徒)가 의병(義兵)을 들어 왜적(倭敵)을 소멸하고 개화를 제어하며 조정을 청평(淸平)하고 사직을 안보할새 매양 의병 이르는 곳의 병정과 군교(軍校)가 의리를 생각지 아니하고 나와 접전(接戰)하매 비록 승패는 없으나 인명이 피차에 상하니 어찌 불쌍치 아니 하리요. 기실은 조선끼리 상전(相戰)하자 하는 바 아니어늘 여시(如是) 골육상전(骨肉相戰)하니 어찌 애닯지 아니 하리요. 또한 공주(公州) 한밭(大田) 일로 논지하여도 비록 춘간의 보원(報怨)한 것이라 하나 일이 참혹하여 후회막급이며, 방금 대군이 압경(壓京)에 팔방이 흉흉한데 편벽되이 상전(相戰)만 하면 골육상전이라. 일변 생각건대 조선사람끼리야 도는 다르나 척왜(斥倭)와 척화(斥華)는 그 의(義)

---

54) 〈宣諭榜文並東徒上書所志謄書〉, 《東學亂記錄》 하권, pp.381~382.

가 일반이라. 두어 자 글로 의혹을 풀어 알게 하노니 각기 돌려 보고 충군
우국지심(忠君憂國之心)이 있거든 곧 의리로 돌아오면 상의하여 같이 척왜
척화(斥倭斥華)하여 조선으로 왜국(倭國)이 되지 아니케 하고 동심합력하
여 대사를 이루게 하옵새라.

갑오 십일월 십이일

동도창의소(東徒倡義所)[55]

전봉준의 이 고시문은 동학농민군의 제2차 동학농민혁명운동 봉기의
목적과 이념을 극명하게 알려주는 매우 중요한 문서이다. 이 고시문은
동학농민군과 정부군이 도(道)는 다르지만 일본침략군을 반대하는 (동
학농민군의) 척왜와 청의 침략간섭을 반대하는 (개화정부의) 척화는 그
의가 동일하니 조선사람끼리 골육상전을 하지 말고 동학농민군과 정부
군이 연합하여 함께 척왜척화해서 우리 조선이 왜국이 되지 않게 항일
투쟁을 공동으로 펼치자고 호소한 것이었다. 이 고시문에서는 동학농민
군의 제2차 봉기가 일본이 조선을 병탄하여 왜국으로 만들려고 하는 것
을 막고 보국안민하려고 일어선 항일무장투쟁임을 선언함과 동시에 경
군과 영병 그리고 일반 국민들이 이에 합류하여 공동으로 항일민족운동
을 펼칠 것을 요청한 것이었다.

전봉준이 논산에 도착한 직후 고시문 발표에 즈음하여 호남의 남접
각지 동학농민군 부대들의 일부도 통문과 연락을 받고 속속 논산에 도
착하였다.

한편 북접의 동학농민군은 손병희의 지휘 아래 10월 10일 무렵 보은
을 출발해서 행군을 시작하여 돈논촌(敦論村)에서 보은수비병과 싸워
크게 승리하고, 이튿날 전군을 2대로 나누어 갑대는 영동과 옥천을 거쳐
서 논산에 도착하여 전봉준의 동학농민군과 합세했으며, 을대는 회덕의

---

55) 〈宣諭榜文並東徒上書所志謄書〉, 《東學亂記錄》 하권, pp.379~380.

지명시(芝明市)에 이르러 청주관군과 싸워 이를 크게 격파하고 논산에 도착하였다.56)

남접군과 북접군이 논산에서 합류하자 전봉준과 손병희는 결의형제를 맺고, 전봉준을 총대장으로 추대하여 공고한 단결을 다짐하였다.57) 남·북접의 동학농민군은 거대한 규모의 대회를 열어 '보국안민'을 재천명한 뒤, 음력 10월 16일 전봉준이 양호창의령수(兩湖倡義領袖)의 자격으로 충청도 관찰사 박제순(朴齋純)에게 공개장을 발송하였다.58) 그 내용의 요지는 일본침략자와 그에 부화뇌동하는 친일대신들을 통렬히 비판하고, 동학농민들이 항일의병을 일으켰으니 충청도 관찰사도 크게 반성하여 항일의병에 동참하라는 것이었다.

이때 논산대회에 참가한 남·북접군의 규모에 대하여 《선유방문병동도상서소지등서(宣諭榜文並東徒上書所志謄書)》는 남접군이 16만 7천 명이라고 기록하였고,59) 《천도교창건사(天道敎創建史)》는 북접군이 6만 명이라고 기록하였다.60) 이를 합하면 논산대회에 참가한 동학농민군은 모두 22만 7천 명이나 된다. 그러나 이것은 잘못 기록된 것이다. 앞에서도 기술한 바와 같이 16만 7천 명의 남접군 숫자는 호남 일대에서 봉기한 남접군 총 규모의 숫자를 이유상부대의 전초대가 탐문한 것이었고, 논산에 도착한 남접군의 병력 숫자는 아니었다. 또한 위의 북접군 6만 명의 숫자는 보은에 집결했던 북접군의 총 숫자이었고, 논산에 도착한 북접군의 병력 숫자는 아니었다. 논산대회에서 재편성된 전봉준직할부대는 약 1만 명이었고,61) 손병희직할부대는 약 1만여 명이었다.62) 이

---

56) 〈兩湖右先鋒日記〉 甲午 10월 14일조, 《東學亂記錄》 상권, p.275 및 《天道敎創建史》 제2편의 p.66 참조.

57) 《東學史》, p.141 참조.

58) 〈宣諭榜文並東徒上書所志謄書〉, 《東學亂記錄》 하권, pp.383~384 참조.

59) 〈宣諭榜文並東徒上書所志謄書〉, 《東學亂記錄》 하권, p.382 참조.

60) 《天道敎創建史》, 제2편의 p.66 참조.

61) 《全琫準供草》, 初招問目, 《東學亂記錄》 하권, p.529 및 〈全琫準判決宣言書原本〉, 《韓

를 기준으로 보면 논산대회에 참가한 동학농민군은 최대 숫자를 상정하
는 경우에도 5만 명을 넘지 않았다고 추정된다.

전봉준 등 동학농민군의 제2차 봉기의 목적과 이념이 일본침략군을
몰아내기 위한 항일의병의 성격을 가진 것이었기 때문에, 극소수였지만
유생 등 과거 동학에 적대적이었던 사람들도 동학농민군과 함께 논산대
회에 참가하였다. 예컨대 공주 출신의 유생 의병장 이유상, 여산 부사
겸 영장 김윤식[金元(允)植] 등은 처음에 동학농민군을 '토벌'하러 나섰
다가 동학농민군의 항일의병과 같은 성격과 활동을 보고 동학농민군에
투합하여 활동하였다. 심지어 청군패잔병 약간도 동학농민군의 논산대
본영에 찾아와 투합하기를 간청했다고 한다.63)

동학농민군이 남접뿐만 아니라, 교주 최시형의 명령 아래 북접도 봉
기하여 논산에서 남접과 합류·합동했다는 소식과 교주 최시형이 전국
에 발송한 통문은 호남과 호서지방은 물론이오, 전국에서 동학농민군을
봉기토록 작용하였다. 의정부의 음력 9월 24일자 계언(啓言)에는 "호남
과 호서의 비류(匪類)가 근래에 다시 영남과 관동과 경기와 황해도 등지
에 만연하였다"64)고 보고하였다.

황해도에서는 대접주 원용일(元容馹)·최서옥(崔瑞玉)·임종현(林鍾
賢)·오용선(吳庸善)·윤도경(尹道敬)·방찬두(方燦斗)·강성일(姜成
一) 등이 지휘하는 동학농민군이 장연에서부터 시작하여 황해도 각지에
서 수만 명이 봉기하였다.65) 황해도 동학농민군은 음력 9월 27일(양력
10월 25일) 황해도 수도인 해주를 점령하였다.66) 황해도 관찰사 정현석

國學報》 제39집, p.190 참조.

62) 《駐韓日本公使館記錄》 제1권, 〈公州附近戰鬪詳報〉, p.247 및 〈巡撫使呈報牒〉, 《韓國
學報》 제39집, p.190 참조.

63) 《東學史》, pp.141~145 참조.

64) 《日省錄》, 高宗 31년 음력 9월 24일조 참조.

65) 韓㳓劤, 〈東學農民軍의 蜂起와 戰鬪-江原·黃海道의 경우〉, 《韓國史論》 제4집, 1978
참조.

(鄭顯䂓)은 부상을 입고,[66] 관군은 동학농민군에 포박되어 이 사실을 중앙정부에 제때에 보고조차 하지 못한 형편이었다.[68] 황해도 동학농민군은 해주에서 일단 철수했으나 그 세력이 크게 떨쳐서 13개 군현을 점령하고 금천까지 진출하였다.[69] 또한 황해도 동학농민군은 청일전쟁의 군수품 조달을 위해 재령에 파견된 일본군 입강(入江) 소좌 일행을 공격하여 2명을 사살하고 나머지 일본군을 모두 황주로 패주시켰으며,[70] 풍천지방에서 활동하는 일본 상인들을 처단하였고,[71] 재령에서도 일본 상인들을 처단하고 추방하였다.[72] 일본군 측은 황해도에서 봉기한 동학농민군의 총 숫자를 약 3만 명이라고 추산하였다.[73]

경기도에서는 정경수(鄭璟洙)·임명준(任命準) 등이 안성에서, 고재당(高在棠)은 양지에서, 임학선(任學善)·홍병기(洪秉箕)는 여주(驪州)에서, 전규석(全奎錫)·김창진(金昌鎭)은 이천서, 신재준(辛在俊)은 양근에서, 김태열(金泰悅)은 지평에서 먼저 봉기하였다.[74] 뒤이어 경기도 각지에서 동학농민군이 연달아 봉기하였다. 안성의 동학농민군은 안성 군아를 공격하여 무기고를 열고 무장하였다.[75] 경기도 동학농민군은 음죽현(陰竹縣)도 점령하여 무기고를 열고 동학농민군의 무장을 강화하였다.[76] 동학농민군은 수원 부근에서도 봉기하여 일본군을 위협하면서 항

---

66) 《東學史》, p.152 참조.

67) 《黃海道東學黨征討略記》, pp.8~10 참조.

68) 《日省錄》, 高宗 31년 11월 2일조 및 11월 4일조 참조.

69) 《續陰晴史》 甲午 11월 9일조, 상권, p.345 참조.

70) 《駐韓日本公使館記錄》 제3권, 〈黃海道 東學黨征討狀況〉, p.303 참조.

71) 《駐韓日本公使館記錄》 제3권, 〈南站發甲 第10號, 黃海道 東學黨情況에 관한 報告〉, pp.254~255 참조.

72) 《駐韓日本公使館記錄》 제3권, 〈載寧地方 東學黨情況報告〉, p.306 참조.

73) 《東學黨征討略記》, p.18 참조.

74) 《東學史》, p.140 참조.

75) 《日省錄》, 高宗 31년 음력 9월 30일조 참조.

76) 《日省錄》, 高宗 31년 음력 10월 2일조 참조.

일무장활동을 펼쳤으며,[77] 수원을 공격하려고 위협했으므로 일본군은 긴급히 병력을 수원에 증파하였다.[78] 고양과 용산 사이에서는 동학농민군이 진출하여 우편배달부를 습격하여 통신을 마비시키면서 일본군을 위협하였다.[79]

경상도에서는 일찍이 음력 9월 초에 화개·남해·하동·사천·진주·곤양·성주 등지에서 동학농민군이 봉기하였다.[80] 진주에서는 음력 9월 14일(양력 10월 12일) 부내에서 동학농민군이 봉기하기 시작했는데, 9월 17일에는 하동에서 수천 명의 동학농민군이 들어와 진주성을 점령해 버렸다. 9월 18일에는 영호(嶺湖)대접주 김인배(金仁培)가 1천여 명의 동학농민군을 이끌고 진주에 들어왔는데, 군진의 전면에 '보국안민'이라고 크게 쓴 대홍기를 세우고 징과 북을 울리며 총을 쏘아대자 포성이 우레와 같아서 관속들이 모두 도망했다고 기록되어 있다.[81] 진주에 모인 동학농민군은 대집회를 개최한 다음 창원·김해·남해의 봉기를 촉구했으며,[82] 고성과 통영을 공격하려고 위협하였다.[83] 경상도 동학농민군의 강대한 세력에 놀란 일본군 측은 부산병참부의 일본군을 출동시켜 대항하기 시작하였다.[84] 일본군은 진주의 동학농민군 수천 명이 두 갈래로 길을 나누어 부산을 습격할 것이라 예

---

77) 《駐韓日本公使館記錄》 제1권, 〈水原府匪徒討伐을 위한 日軍出兵과 朝鮮官軍의 協助에 관한 諸交信〉, pp.141~143 및 〈東學黨의 景況 및 征討에 관한 華城留守의 書翰〉, pp.159~161 참조.

78) 《駐韓日本公使館記錄》 제3권, 〈水原으로의 軍隊 派遣의 件〉, pp.362~363 참조.

79) 《駐韓日本公使館記錄》 제1권, 〈高陽地方 匪徒情況과 寺院에 관한 報告上申〉, pp.223~224 참조.

80) 《梧下記聞》, 甲午 9월조, 제2필의 pp.101~103 참조.

81) 《承政院日記》, 開國 503년 9월 30일조 참조.

82) 《韓國東學黨蜂起一件》, 〈機密제75호〉 참조.

83) 《駐韓日本公使館記錄》 제1건, 〈京第92號, 慶尙道泗川의 東學黨에 관한 實況報告〉, pp.146~147 참조.

84) 《承政院日記》, 開國 503년 11월 초 4일조 참조.

견하고 그 대책에 전전긍긍하였다.[85]

　경상도의 북부지방에서도 예천을 비롯하여 각 지방에서 동학농민군이 봉기하였다.[86] 음력 9월 15일 무렵 예천에서는 동학농민군 4천~5천 명의 대규모로 봉기하여 예천읍을 공격하였다.[87] 동학농민군은 9월 17일 용궁현(龍宮縣)에서도 봉기하여 무기고를 열고 무장했으며,[88] 9월 19일에는 성주를 공격하여 무기고를 점령하고 무기를 탈취하였다.[89] 동학농민군은 상주와 금산에서도 봉기하여 급파된 일본군과 전투하였다.[90] 또한 동학농민군은 선산 부근에서도 수천 명 규모로 봉기하여 일본군의 낙동(洛東)병참부를 습격하려고 위협하였다.[91]

　강원도에서도 동학농민군의 봉기는 광범위하게 일어났다.[92] 먼저 평창에서 9월 초에 오덕남(吳德南) 등이 봉기한 것을 비롯하여, 이화경(李和卿)은 원주에서, 윤면호(尹冕鎬)는 횡성에서, 심상현(沈相賢)은 홍천에서 봉기하였다.[93] 강원도에서 큰 규모로 동학농민군이 봉기한 곳은 원주·영월·정선·횡성·홍천·강릉·양양 등지였다. 영월·평창·정선의 동학농민군은 합세하여 대군을 만들더니 대관령을 넘어 음력 9월 초4일(양력 10월 2일) 강릉을 공격해서 점령하였다.[94] 또한 차기석

---

85) 《駐韓日本公使館記錄》 제3건, 〈晉州東學黨의 釜山습격 예정〉 p.358 참조.

86) 申榮祐, ① 〈1894년 醴泉의 農民軍과 保守執綱所〉, 《東方學志》 제44집, 1984; ②〈1894년 嶺南 北西部地方 農民軍指導者의 社會身分〉, 《學林》 제10집, 1988; ③〈甲午農民戰爭 이후 嶺南 北西部 兩班地主層의 農民統制策〉, 《忠北史學》 제5집, 1992 참조.

87) 《開草存案》, 甲午 9월 17일조, 〈京畿道 33號·嶺南宣撫使 2號〉 및 《日省錄》 高宗 31년 음력 9월 15일조 참조.

88) 《日省錄》, 高宗 31년 음력 9월 17일조 참조.

89) 《日省錄》, 高宗 31년 음력 9월 19일조 참조.

90) 申榮祐, ① 〈1894년 嶺南 尙州의 農民軍과 召募營(상·하)〉, 《東方學志》 제51~52집, 1986; ② 〈1894년 嶺南 金山의 農民軍과 兩班地主層〉, 《東方學志》 제73집, 1991 참조.

91) 《駐韓日本公使館記錄》 제3권, 〈可興·洛東 東學黨情況〉, p.363 참조.

92) 韓㳓劤, 〈東學農民軍의 蜂起와 戰鬪-江原·黃海道의 경우-〉, 《韓國史論》 제4집, 1978 참조.

93) 《東學史》, p.140 참조.

(車箕錫)이 지휘하는 동학농민군은 평창의 봉평내면(蓬坪內面)에서 포수대장 강위서(姜渭瑞)가 지휘하는 관군을 패주시켰다.95) 이에 대항하여 일본군 2개 중대가 급파되었으며, 양반 유생들의 민보군이 편성되어 동학농민군에 대항하였다.96)

평안도에서도 동학농민군이 봉기하였다.97) 평안도에서는 황해도와 접경인 상원(祥原)에서 약 6백 명의 동학농민군이 봉기하여 군아를 습격하였다. 함경도에서는 원산 부근에서 수백 명의 동학농민군이 봉기하였다.

남접 전봉준의 제2차 동학농민혁명운동 봉기와 동학 제2세 교주 북접 최시형의 뒤이은 봉기 및 남·북접군의 합동에 전후하여 이들의 격문과 명령에 호응한 동학농민군이 전국적으로 봉기한 것이었다. 위에서 기술한 것은 처음 전국 각지에서 발생한 봉기만을 지적한 것이고, 뒤이어 동학농민군의 봉기와 전투는 더욱 확산되어 갔다.

이때 제2차 동학농민혁명운동에서 봉기한 동학농민군의 전국 규모는 얼마나 되었을까? 전봉준은 그 뒤 체포되어 일본군의 심문을 받을 때, 전국 동학농민군의 규모는 약 60만 명이며, 그 가운데서 자기와 함께 나라에 생명을 바치기로 서약한 핵심세력은 약 4천 명이라고 말하였다.98) 즉 전봉준과 최시형의 격문에 호응하여 전국에서 약 60만 명의 동학농민군이 일본침략군을 조국강토에서 몰아내고 보국안민하기 위한 제2차 동학농민군 봉기에 참여한 것이었다.

전봉준의 지휘 아래 남·북접 동학농민군의 논산대회가 성공적으로

---

94) 〈東匪討論〉,《韓國學報》 제3집, p.265 및 《駐韓日本公使館記錄》 제3권, 〈江陵·洪川·海州地方 東學黨征討報告〉, p.317 참조.

95) 《臨瀛討匪小錄》, 甲午 11월 초 6일조, p.19 참조.

96) 《駐韓日本公使館記錄》 제1권, 〈寧越等地에 있는 石森大尉에게 보낸 訓令寫本의 送付〉, p.229 및 〈東匪討論〉,《韓國學報》 제3집, pp.266~303 참조.

97) 《內亂實記 朝鮮事件》, 1894년(明治27)중의 〈戰亂日記〉, pp.5~6 참조.

98) 《東京朝日新聞》, 1895년(明治28) 3월 6일자, 〈東學大巨魁審問續聞〉 참조.

끝나자 주력부대의 북상과 관련하여 봉기한 각지 동학농민군의 부대 배치가 조정되었다. 먼저 북쪽으로는 김복용(金福用)이 지휘하는 3천 명의 동학농민군이 천안의 목천 세성산(細城山)에 주둔하여 일본군과 관군의 남하를 저지함과 동시에 서울로 향하는 전봉준·손병희 부대의 북상로를 확보하도록 하고, 박덕칠(朴德七)과 박인호(朴寅浩)가 지휘하는 7천 명의 동학농민군을 홍주·예산 방면에 주둔시켜 해안의 평야지대를 따라 일본군과 관군의 남하를 저지하도록 하였다. 또한 최한규(崔漢圭)가 지휘하는 3천 명의 동학농민군을 공주의 유구 방면에 전진해서 주둔케 하여 공주를 외곽으로 포위하면서 일본군과 관군의 지원로를 차단케 하였다.99) 그리고 남방으로는 김인배(金仁培)가 지휘하는 1만 명의 동학농민군은 순천·여수·화개에 배치하여 일본군의 남해안 상륙을 저지하도록 하고,100) 손화중과 최경선이 지휘하는 7천 명의 동학농민군은 강주와 나주 부근에 배치하여 일본군과 관군의 후방 공격을 차단하고 호남 일대의 집강소 농민통치체제를 유지하도록 하며, 유생들의 결집을 저지하여 후비를 담당하게 하였다.101)

그리고 논산으로부터는 전봉준이 직접 지휘하는 1만 명의 동학농민군 부대(전봉준부대)와 손병희가 지휘하는 1만여 명의 동학농민군 부대(손병희부대)가 합동한 2만 명의 주력부대는 북상하면서 서울로 가는 도중에 위치한 충청도 수도 공주를 공격하여 점령하도록 하고, 전주에 주둔하고 있는 김개남이 지휘하는 8천 명의 동학농민군부대가 뒤이어 북상하면서 후원을 담당하도록 하였다.102)

그리하여 동학농민군 주력부대인 전봉준부대와 손병희부대의 2만 명은 1894년 음력 10월 21일 논산을 출발하여 공주를 향해 진군을 시작하였다.103)

---

99) 《東學史》, p.151 참조.

100) 《梧下記聞》 甲午9월조, 제2필의 p.101 참조.

101) 《全琫準供草》, 四招問目, 《東學亂記錄》 하권, pp.551~554 참조.

102) 《梧下記聞》甲午 10월조, 제4필의 p.19 참조.

5. 일본군의 동학농민군 '토벌'작전

동학농민군이 1894년 9월 13일(양력 10월 11일) 제2차 동학농민전쟁 봉기를 선언하고 남·북접군이 합동하여 충청도 수도인 공주와 서울을 향하여 진군하기 시작하자, 청일전쟁을 한반도에서 도발하여 청국과 전쟁중인 일본군은 동학농민군을 '진압' '토벌'하기 위해 조선 관군을 독려하면서 '토벌작전' 계획에 따라 출동하기 시작하였다.

일본정부는 전봉준의 지휘 아래 동학농민군이 제2차 동학농민전쟁에 봉기했다는 보고를 받고 무엇보다도 동학농민의 봉기가 북부 함경도 지방까지 파급되어 제정 러시아가 개입할 구실을 만들게 되지 않을까 두려워하였다. 일본 외상 육오(陸奧)는 '조선의 보호국화' 실행을 위해서는 청일전쟁에서 승리함과 동시에 러시아의 개입이나 출병을 사전에 철저히 막아야 한다고 판단하여, 동학농민군의 봉기가 일본의 청일전쟁 수행에 중대한 차질을 가져올 수 있고 러시아의 개입을 초래할 수 있으니, 동학농민군에 대한 신속한 조기 진압과 동학군 봉기의 북부지방(특히 함경도 지방)에의 파급을 미연에 방지하기 위한 적극적 대책을 수립 실행하도록 새로 특파된 주조선 일본공사 정상(井上)에게 양력 10월 31일자의 훈령으로 긴급 지시하였다.104)

이 훈령을 받은 일본공사 정상(井上)은 일본의 '조선 보호국화와 병탄'에 대한 근원적 반대세력이며 공공연히 한반도에서 '축멸왜이(逐滅倭夷; 일본 오랑캐를 몰아내고 없앰)'를 강령으로 내걸고 있는 항일 독립세력인 동학농민군을 뿌리 뽑을 필요가 절실하다고 판단하여, 동학군 '토벌'만을 전담할 1개 대대 병력의 특파를 일본군 대본영에 전보로 요청하였다. 이를 받아서 일본정부가 특파한 부대가 이른바 일본군 후비

---

103) 《駐韓日本公使館記錄》 제1건, 〈諸第83號, 恩津·礪山等地 東徒의 公州攻取豫定開戰 書送付〉, p.174 참조.

104) 《駐韓日本公使館記錄》, 〈機密제79호, 東學黨의 件〉, 柳永益, 전게서, p.39 참조.

보병(後備步兵) 독립 제19대대(獨立第19大隊)였다.

일본정부와 주한 일본공사는 후비보병 독립 제19대대가 조선에 상륙하자 동학농민군 '진압'의 원칙으로서 다음 사항을 엄수하도록 명령하였다.

〈동학당 진압을 위한 파견대장에게 내리는 훈령〉

1. 동학당은 현재 충청도 충주·괴산 및 청주 지방에 군집해 있으며, 그 밖의 나머지 동학당은 전라도·충청도 각지에 출몰한다는 보고가 있으니, 그 근거지를 찾아내어 이를 초절하라.

2. 조선정부의 요청에 따라 후비보병 제19대대는 다음 항에서 지적하는 세 개의 길로 분진(分進)하여 조선군과 협력, 연도에 있는 동학당을 격파하고 그 화근을 초멸함으로써 동학당이 재흥하는 후환을 남기지 않도록 해야 한다. 그리고 그 우두머리로 인정되는 자는 체포하여 경성공사관으로 보내고 동학당 거물급 사이의 왕복문서, 혹은 정부 안의 관리나 지방관 또는 유력한 측과 동학당 사이에 왕복한 문서는 힘을 다해 이를 수집하여 함께 공사관으로 보내라.……

단, 이번 동학당을 진압하기 위해 전후하여 파견된 조선군 각 부대의 진퇴와 조달은 모두 우리(일본군-인용자) 사관의 명령에 따라 하게 하며, 우리 군법을 지키게 해서, 만일 군법을 위배하는 자가 있으면 군률에 따라 처리하기로 조선정부로부터 조선군 각 부대장에게 이미 시달되어 있으니, 세 갈래 길로 이미 출발했거나, 또는 장차 출발할 조선군의 진퇴에 대해서는 모두 우리 사관의 지휘명령을 받아야 될 것임.[105]

일본정부와 일본공사의 이 훈령에서 주목할 점은 일본군의 동학군 진압작전 원칙이 ① 동학당의 근원지를 찾아내어 초멸할 것, ② 동학당 재흥

---

105) 《駐韓日本公使館記錄》 제1권, 〈後備步兵第19大隊 運營上의 訓令과 日程表〉, p.154.

의 후환을 남기지 않도록 뿌리까지 철저히 초멸할 것, ③ 우두머리로 인정되는 자는 서울의 일본공사관으로 보낼 것, ④ 동학당 거물급 사이의 왕복문서 또는 동학당과 정부관리·지방관·유력자 사이의 왕복문서들은 힘을 다해 수집하여 일본공사관으로 보낼 것, ⑤ 일본군 사관이 조선군 각 부대를 지휘·명령할 것, ⑥ 조선군도 일본군법을 지키도록 해서 위반자는 일본군율에 따라 처벌할 것, ⑦ 동행하는 조선군뿐만 아니라 이미 출발했거나 장차 출발할 조선군도 일본군 사관의 지휘·명령을 받도록 할 것 등이다.

여기서 명백히 알 수 있는 것은 처음부터 일본군의 '토벌작전'이 항일세력인 동학농민군을 뿌리까지 철저히 색출 살육해서 일본의 조선 병탄에 대항하여 다시는 재흥하지 못하게 할 것을 목적으로 했으며, 처음부터 끝까지 일본군이 조선관군도 지휘·명령하도록 해서 이른바 동학농민군 '토벌'을 사실상 일본군이 전담하다시피 자행했다는 사실이다.

일본군 후비보병 제19대대가 동학농민군 '진압'을 전담하기 위해 특파된 병력이었기 때문에, 국내외에서 나온 많은 연구논문과 문헌들 가운데 거의 대부분은 동학농민군 '토벌'에 동원되어 전투에 들어간 일본군부대가 제19대대 병력만으로 기술하고 있다. 그러나 이것은 매우 잘못된 설명이다. 당시 일본군은 청일전쟁의 병참 보급로 확보와 병참 조달을 위하여 후비보병 제6연대와 제10연대 및 후비보병 제18대대를 이미 한반도 안의 병참로에 주둔시키고 있었다. 그 병력은 약 5천 명이었다.

일본군의 한반도 내 병참로는 경부로(京釜路)와 인천대동강로(仁川大同江路) 2개 노선으로 하여 요지마다 병참부를 설치했는데, 경부로에는 부산과 서울 사이에 모두 21개소의 병참부를 설치했으며, 인천-대동강로에는 모두 15개소의 병참부를 설치하였다. 일본군은 총 36개소나 되는 이들 병참부에 수비대라는 이름으로 각각 1~2 소대씩의 일본군 병력을 주둔시켰다.

제2차 동학농민혁명운동은 전국적으로 봉기한 것이었기 때문에 일제는 이 한반도 내 일본군 병참부의 수비대 병력을 모두 동학농민군 '진압'에 투입하였던 것이다. 이 때문에 봉기한 동학농민군 부대들도 기회만 있으면 일본군 병참부를 기습하여 치열한 전투를 전개하였다. 일본측 자료에도 동학농민군과의 전투에서 사상당한 일본군 병참부 수비대원 명단이 일부 남아 있다.[106]

특히 경기도·황해도·강원도·경상도 지방의 동학농민군 '진압'에는 전적으로 일본군 제18대대와 일본군 병참부 수비대들이 투입되었고, 또 그 가운데 일부가 충청도와 전라도의 동학농민군 '진압'에 제19대대의 보조병력으로 투입되었다. 일본군 제19대대는 기존 일본군 병력의 보조와 지원을 받으면서 전진하여 이른바 '수색토벌'의 임무를 맡은 부대였다.

일본군 제19대대는 서로·중로·동로의 3로로 진로를 나누어 〈제4표〉와 같이 남하할 작전계획을 수립하였다.

일본의 작전은 동로의 분진중대(分進中隊) 및 수비대 1중대를 며칠 먼저 출발시켜 동학농민군을 동북쪽에서부터 전라도 방면으로 내몰도록 하였다. 만일 동학농민군이 강원도와 함경도 방면으로 후퇴하면 러시아 국경과 인접한 지방으로 진출하게 되어 러시아에 군사개입의 구실을 줄 가능성이 있으므로 이를 엄밀하게 예방하고 싶었기 때문이었다.

이것은 일본정부와 일본 외상 육오(陸奧)가 가장 염려해서 조선의 '보호국화' 실행을 위해 특파된 주조선 일본공사 정상(井上)에게 주의하도록 훈령한 사항이었다.

일본군은 이에 동학농민군을 동북쪽에서부터 서남쪽으로 몰아 내려와서 전라도의 남해안 지방으로 몰아붙이고, 여기에서 모두 살육해버려 조선의 '보호국화'와 병탄에 대한 조선의 아래로부터의 저항세력을 철

---

106) 《駐韓日本公使館記錄》 제1권, 〈東學黨에 의한 지금까지의 死傷者 通報〉, pp.190~191 참조.

〈제4표〉 일본군 후비보병 독립제19대대의 3로 분진 예정표

일차	서로분진(西路分進) 중대	중로분진 중대 및 대대본부	동로분진(東路分進) 중대 및 수비대 1중대
제1일	흑천 부근	신원 부근	광주 부근
제2일	수원 부근	용인 부근	안흥 부근
제3일	진위 부근	양지 부근	장호원 부근
제4일	안성도 부근	죽산 부근	가흥 부근
제5일	천안 부근	(滯在)	충주 부근
제6일	(滯在)	진천 부근	(滯在)
제7일	대평 부근	청주 부근	안보 부근
제8일	공주 부근	문의 부근	오동 부근
제9일	노성 부근	증고역 부근	태봉 부근
제10일	여산 부근	(滯在)	낙동 부근
제11일	참례역 부근	적등동 부근	연향역 부근
제12일	전주 부근	영동 부근	(滯在)
제13일	태인 부근	추풍역 부근	다부역 부근
제14일	천원역 부근	개령역 부근	대구 부근
제15일	장성 부근	낙동 부근	(滯在)
제16일	(滯在)		
제17일	담양 부근		
제18일	가옥리 부근		
제19일	남원 부근		
제20일	운봉 부근		
제21일	함양 부근		
제22일	안의 부근		
제23일	거창 부근		
제24일	(滯在)		
제25일	권빈역 부근		
제26일	고령 부근		
제27일	성주 부근		
제28일	부상 부근		
제29일	낙동 부근		

저히 발본색원하여 모두 '초멸(剿滅)'시켜 버리겠다는 작전계획을 세워 놓고 실행해 나갔던 것이었다.107)

일본군은 이 작전을 실행하기 위해 동로의 분진중대를 음력 10월 13일(양력 11월 10일)에 다른 분진중대보다 먼저 출발시켰다. 일본군은 또한 동로에서 동학농민군을 전라도 방면으로 몰기에는 이 병력만으로 부족하다고 판단하여 음력 10월 19일(양력 11월 16일) 병참부 수비대 가운데에서 다시 1개 중대를 증파하여 2개 중대를 조선관군과 함께 동로로 분진케 하였다.108)

또한 서로와 중로의 일본군 분진중대들은 이보다 며칠 뒤에 출발해서 동학농민군을 '수색'하여 '토벌'하되, 대대본부는 중로분진대와 함께 가도록 하였다. 그리하여 동학농민군이 전라도 남해안 지방에서까지 흔적도 찾아볼 수 없을 정도로 '토벌'이 완료되면 일본군 제19대대는 경상도 낙동병참사령부에 집합하여 다음 명령을 기다리도록 하였다. 그리고 일본군의 '진압' 작전이 완료되어 낙동병참부에 마지막 부대가 모일 때까지의 작전기간을 모두 29일간으로 하여, 음력 11월 16일(양력 12월 12일)에는 모든 '토벌' 작전이 끝나고 일본군 제19대대도 경상도 낙동강병참부에 집합하도록 한 것이었다.109) 일본군의 군량 등 군수품의 보급은 일본군 각 분진중대에 조선정부의 진무사(鎭撫使)와 내무관리 등을 수행케 하여 각 지방관을 독려해서 현지 조달케 하였다.110) 이 때문에 일본군은 각지에서 조선 민간인들에게서 군량과 우마 등을 징발한 뒤 대

---

107) 《駐韓日本公使館記錄》 제1권, 〈公州敎授要請과 江原·咸鏡·慶尙道方面으로의 賊徒 侵入警告〉, pp.164~165 참조.

108) 《駐韓日本公使館記錄》 제1권, 〈東路로의 1個中隊 增派問題〉, 〈發第81號, 東路로의 1個中隊 增派報告〉, pp.165~167 참조.

109) 《駐韓日本公使館記錄》 제1권, 〈後備步兵第19大隊 運營上의 訓令과 日程表〉, pp.155~156 참조.

110) 《駐韓日本公使館記錄》 제1권, 〈後備步兵第19大隊 運營上의 訓令과 日程表〉, pp.155~156 참조.

금을 지불하지 않아서 오랫동안 분쟁을 일으켰다.111) 일본군은 또한 동학농민군 '진압'에 일본 해군도 동원하여 전라도의 여수·순천 앞바다에는 군함 축파호(筑波號, 츠쿠바호)와 조강호(操江號) 2척의 군함을 파견해 초계하면서 동학농민군이 다도해의 섬들이나 제주도로 들어가는 것을 차단하고, 때로는 육전대(해병대) 병력을 상륙시켜 동학농민군 '정토(征討)'에 협력하게 하였다.

그 결과 동학농민군 '진압'에 동원된 일본군 병력은 육군이 후비보병 제19대대, 후비보병 제18대대, 후비보병 제6연대, 후비보병 제10연대 등 약 5천8백 명이었고, 해군이 군함 축파호(筑波號)와 조강호(操江號) 2척과 육전대(해병대) 2개 중대였다.

이 병력으로 일본군은 경부로(京釜路) 이서인 충청도와 전라도의 동학농민군에 대한 포위망을 쳐서 동북부 지방에서부터 서남부 지방으로 세 길로 좁혀 내려오는 작전을 취한 것이었다. 이 작전은 진행에 따라 세부사항에서는 일부 수정되었으나, 큰 골격과 원칙은 그대로 집행되었다.

이에 견주어 조선정부 관군의 경병은 일본군이 음력 6월 21일 왕궁을 침범했을 때 일본군에 의해 무장해제를 당했었고, 그 뒤에 왕궁호위대로 남은 병력은 모두 합해야 약 2천 명밖에 되지 않았다. 갑오경장 뒤에 긴급히 새로 모집하여 편성한 교도중대[敎導中隊, 장위영(壯衛營) 소속]도 약 3백여 명에 불과했을 뿐 아니라 군사훈련의 기간이 짧아서, 모든 경병을 합쳐도 수십만 동학농민군의 봉기에 대항하기에는 역부족이었다.

동학농민군 진압에 동원된 조선군의 병력 규모를 보면, 10월 12일 서울을 출발한 선봉진이 ① 선봉진 본진 장병 89명, ② 통위영(統衛營) 장병 357명, ③ 교도중대(敎導中隊) 장병 326명 등 모두 772명이었다.112)

---

111) 〈訴狀〉(서울大古圖書), 甲年 1월 28일조 참조.

선봉진에 뒤이어 10월 16일 남하한 경병 규모를 그 보급 기록에서 보면, ① 경리영(經理營) 장병 709명, ② 순무영(巡撫營) 장병 108명, ③ 통위영(統衛營) 301명, ④ 장위영(壯衛營) 장병 844명 등 1천962명이었다.113) 선봉진과 후속 본진을 합하면 조선정부의 경병은 2천734명이었다. 즉 동학농민군 '진압'에 투입된 조선정부의 경군 규모는 약 2천800명이었다고 볼 수 있는 것이다.

여기에 조선의 각 도에는 지방군으로서 감영의 영병(營兵)이 약간 있었다. 각 감영 영병의 규모는 250~500명으로 편성되어 있었던 것으로 추산된다.

이 밖에 지방유생들이 민보군(民堡軍), 의병(義兵) 등 여러 가지 이름으로 동학농민군에 대항하는 반혁명군대를 편성하여 경병과 영병을 지원했는데, 그 규모는 일정하지 않았다.114)

일본군이 동학농민군 '진압'의 가장 강력한 주력이었을 뿐만 아니라, 이 '진압'에 동원된 조선 경군과 영병까지도 지휘하고 명령하면서 동학농민군 '진압'과 '토벌'에 나선 것이었다.

6. 동학농민군의 항일전투

동학농민군의 제2차 농민혁명운동에 따른 항일전투는 동학농민군이 봉기한 전국에서 전개되었기 때문에 이 짧은 지면에 이것을 상세히 기술하는 것은 불가능한 일이다. 그러므로 여기서는 동학농민군의 주력부대인 전봉준부대와 손병희부대의 항일전투만을 간단히 서술하기로 한다.

---

112) 〈各陣將卒成冊〉(親軍統衛營), 《東學亂記錄》 하권, p.639 참조.

113) 〈各陣將卒城冊〉(京各營供給記), 《東學亂記錄》 하권, pp.639~652 참조.

114) 〈甲午軍功錄〉, 《東學亂記錄》 하권, pp.713~728 참조.

전봉준부대와 손병희부대의 동학농민군 2만 명은 공주를 점령하기 위하여 1894년 음력 10월 21일 논산을 출발해서 어성(魯城)과 공주 부근 경천점(敬川店)에 군영을 설치하였다. 여기서 동학농민군은 세 길로 나누어 공주를 향해 진출하였다.[115]

전봉준부대의 1대는 판치(板峙)를 넘어 효포(孝浦)에 진출했고, 손병희부대는 공주 동쪽 30리 지점의 대교(大橋)에 진출하였다. 2만 명의 동학농민군이 세 길로 나누어 진출하면서 공주를 3면에서 포위하여 공격하기 시작했으므로 이제 공주는 풍전등화의 상태에 놓이게 되었다.

전봉준부대의 1대는 드디어 전투를 개시하여 음력 10월 22일 이인(利仁)역을 공격해서 점령하였다. 이에 놀란 일본군과 관군은 반격을 가하여 10월 23일 치열한 전투가 전개되었는바, 이것이 '이인전투'였다. 이 전투에서 일본군과 관군은 맹렬한 반격을 가하여 한때 이인역을 탈환한 것처럼 보였다.[116]

그러나 동학농민군이 산에 올라가 일본군과 관군에게 대포를 쏘면서 집중사격을 가하여 다시 이인역을 점령했으므로 일본군과 관군은 막대한 희생을 내고 패퇴했으며,[117] 충청도 관찰사의 후퇴명령에 기탁하여 웅치[熊峙] 방면으로 후퇴하였다.[118] 이 전투에서 일본군과 관군은 전사자 약 120명과 부상자 약 300명을 내고 참패하였다.[119] '이인전투'는 전봉준부대의 본격적인 첫 번째 큰 전투로서 큰 승리를 쟁취했으며, 동학농민군의 사기는 충천하게 되었다.

---

115) 〈官報〉, 開國 503년 11월 27일자, 〈公山剿匪記〉 중의 〈利仁地役〉, (亞細亞文化社版) 第1卷, pp.759~760 참조.

116) 〈巡撫使呈報牒〉, 甲午 10월 28일자, 《東學亂記錄》 하권, pp.17~18 참조.

117) 〈先鋒鎭呈報牒〉, 甲午 10월 26일조, 《東學亂記錄》 하권, p.165 및 《時聞記》, 甲午 10월 23일조, p.21 참조.

118) 《官報》 開國 503년 11월 27일자, 〈公山剿匪記〉 중의 <利仁之役>, (亞細亞文化社版) 第1卷, pp.760~761 및 〈巡撫先鋒鎭謄錄〉, 甲午 10월 27일조, 《東學亂記錄》 상권, pp.43~44 참조.

119) 〈東學史〉, p.146 및 菊地謙讓, 《朝鮮近代史》 하권, p.242 참조.

전봉준부대의 1대는 '이인전투'에서 승리한 뒤 바로 이어서 음력 10월 24일 새벽 공주감영의 뒷산인 봉황산을 포위했으며, 다른 1대는 판치(板峙)를 넘어 효포(孝浦)를 공격해서 점령하였다. 효포를 지키고 있던 일본군과 관군은 관군이 먼저 도망하고, 일본군도 저항을 시도하다가 동학농민군의 기세에 압도당하여 뒤이어 급히 도망쳤다.[120] 이것이 '효포전투'로서 동학농민군이 무혈의 승리를 얻은 전투였다.

이날 대교를 점령했던 손병희부대는 조선 관군의 공격을 받았으나 이를 격파하고 철수하여 전봉준부대와 합류하였다.[121]

동학농민군은 이인전투와 효포전투에서 연달아 승전하여 사기가 하늘을 찌를 것같이 충천하였다.[122] 조선정부의 《관보(官報)》에서조차 "이날 밤 적군(賊軍, 동학농민군─인용자)의 첩첩 화광이 수십리를 서로 비치니 인산인해를 어찌 큰 강의 모래 숫자에 비길 것인가"[123]고 비유하였다.

동학농민군은 10월 25일 새벽 6시에 부대를 세 길로 나누어, 3천 명의 1대는 웅치(熊峙)에 있는 관군을 공격하고, 1대는 능암산(陵庵山)에 있는 일본군을 공격했으며, 다른 1대는 그 옆 월성산(月城山)에 있는 관군을 공격하였다. 이날의 전투는 매우 치열했으나, 어느 편도 성공하지 못하고 서로 대치하다가 오후 1시에 각각 철수하였다. 이것이 '웅치전투'로서 일본군은 이 전투에 대하여 승부 없이 서로 비등한 전투였다고 보고하였다.[124]

동학농민군은 해가 져서 바야흐로 철수해야 되자 오히려 대포 소리를 연발 내어 전투를 하려는 기세를 보이면서 대장이 군대를 수습하여 철

---

120) 巡撫先鋒鎭謄錄〉, 甲午 10월 27일조, 《東學亂記錄》 상권, pp.439~440 참조.

121) 《官報》 開國 503년 11월 28일자, 〈孝浦之戰〉, (亞細亞文化社版) 제1권, p.766 참조.

122) 〈先鋒鎭呈牒〉, 甲午 10월 26일조, 《東學亂記錄》, 하권, pp.174~175 참조.

123) 《官報》 開國 503년 11월 28일자, 〈孝浦之戰〉, (아세아문화사판), p.766 참조.

124) 《駐韓日本公使館記錄》 제1권, 〈公州附近 戰鬪詳報〉, p.209 참조.

수했는바, 이를 관찰한 일본군 장교가 저들도 역시 병술을 안다고 말하였다.[125]

전봉준·손병희가 지휘하는 동학농민군은 음력 10월 25일 경천점으로 철수하여 이곳에서 약 10여 일 동안 주둔하면서 공주를 점령하기 위한 결전을 감행할 준비를 하였다. 동학농민군은 먼저 탄약 보급을 강화하고 부대도 정비하여 보강하였다. 또한 전봉준은 동학농민군 병력을 대폭 증강시키기 위하여 김개남에게 8천 명의 동학농민군을 인솔하고 경천에 와서 공주의 결전에 참가하도록 긴급히 통지하였다. 그러나 김개남부대는 경천에 오지 않았으며, 공주회전(會戰)에도 참가하지 않았다.

한편 일본군과 관군도 전투 준비를 강화하였다. 일본군은 남하하는 제19대대의 모든 병력을 공주에 집중시켰을 뿐만 아니라, 홍주에 파견된 다른 일본군 1개 중대에 대해서도 공주에 모여 합세하라고 명령하였다.[126] 그리하여 공주에 집합한 일본군은 1개 대대 병력(약 1천 명)이었으며, 조선 관군은 이규태(李圭泰)가 지휘하는 선봉진까지 공주에 도착하여 약 2천 명이 되어서, 일본군과 관군의 총병력은 약 3천 명이 되었다.

동학농민군은 2만 명의 병력을 두 갈래로 나누어 음력 11월 8일(양력 12월 4일) 오후 2시 무렵부터 판치(板峙)와 이인(利仁)에 주둔한 관군을 향해 일제히 총공격을 개시하였다.[127] 관군은 이에 대항해 악전고투하다가 막대한 피해를 입고 패전하여 공주성 안으로 철수하였다. 동학농민군은 판치공격과 이인 공격의 서전에서 먼저 완승을 거둔 것이었다.

동학농민군은 다음날인 음력 11월 초9일(양력 12월 5일) 오전 10시에 공주를 점령하기 위해 그 길목을 막고 있는 우금치[牛金峙]의 산마루에

---

125) 《官報》, 開國 503년 11월 28일자, 〈孝浦之戰〉, (아세아문화사판), 제1권, pp.766~767. 참조.

126) 《駐韓日本公使館記錄》 제1권, 〈洪州地方 東學徒討伐狀況〉, p.227 참조.

127) 〈先鋒鎭日記〉, 甲午 11월 16일조, 《東學亂記錄》 상권, pp.235~236 참조.

우금치전투 기록화

주둔한 일본군을 향해 제2차 대공격을 감행하였다. 이것이 '우금치전투'이다. 우금치전투는 참으로 치열하였다.

조선정부의 《관보(官報)》는 이를 기록하여 "적병(賊兵, 동학농민군-인용자)은 3면으로 둘러싸고 수미가 30리가 된 것이 마치 상산(常山)의 뱀과 같아서 공격하면 바로 응전하였다"128)고 묘사하였다. 《순무선봉진담록(巡撫先鋒鎭謄錄)》은 또한 이를 묘사하여, "그 이튿날 초 9일 낮이 되어 적(동학농민군-인용자)의 세력을 상세히 탐문하니 각 진이 서로 바라보는 곳에 깃발들이 가득히 꽂혀 있는데 동쪽으로는 판치(板峙) 뒷산에서 서쪽으로는 봉황산 뒷기슭에 이르기까지 연달아 3~4리에 걸쳐 산 위에 진을 친 것이, 마치 사람으로 창궐하여 고립무원의 염려가 없지 아니하였다"129)고 기록하였다. 또한 《순무사정보첩(巡撫使呈報牒)》은 동학농민군의 전투하는 모습에 대하여, "아 저, 수만의 비류들은 둘러친 것이 연하여 40~50리에 걸쳐서, 길이 있으면 길을 싸워서 빼앗고 높은 봉우리가 있으면 그것을 싸워서 점령하려고 성동추서(聲東趨

---

128) 《官報》, 開國 503년 11월 29일자, 부록 〈牛金之師〉, (아세아문화사판), p.772.

129) 〈巡撫先鋒鎭謄錄〉, 甲午 11월 29일조, 《東學亂記錄》, 상권, p.487 참조.

西)하고 섬좌홀우(閃左忽右)하면서 깃발을 휘날리고 북을 두드리며 죽음을 무릅쓰고 앞을 다투어 기어오르는 것은 어떠한 의리이며 어떠한 담략인지 언념정적에 등골이 써늘하였다"130)고 기록하였다.

또한 우금치전투에 대하여 《관보》는 묘사하기를, 일본군이 "산마루에 나란히 서서 일시에 총을 쏘고 다시 산속으로 은신했다가 적(동학농민군—인용자)이 고개를 넘고자 하면 곧 또 산마루에 올라가서 일제히 총을 발사했는데, 이렇게 하기를 40~50차 하니 시체가 산에 가득히 찼다"131)고 기록하였다.

또한 일본 측 자료인 《주한일본공사관기록》은 우금치전투에 대하여, "여기서 제3소대를 우금치산에 증파하여 일제사격으로써, 전방 산 위 약 800미터가 되는 곳에 군집한 적(동학농민군—인용자)을 대적케 했으며, 경리영병은 가장 가까운 적을 향해 사격하도록 하였다. 그러나 적은 교묘하게 지형지물을 이용, 약 2백 명이 우금치산 꼭대기에서 약 150미터 되는 산허리로 진격해 왔다. 그 선두의 5~6명은 몇 미터 앞 사각 지점에 육박했고, 앞산 위에 있던 적은 더욱더 전진해 왔다. 수시간 동안 격전했는데, 우리 군대(일본군—인용자)가 가장 힘써 싸웠다"132)라고 보고하고 기록하였다.

우금치전투는 전봉준의 동학농민군이 일본군 진지 몇 미터 앞까지 전진하여 일본군의 저지선과 진지를 돌파하여 점령하려고 40~50 차례나 공격하여 혈전을 전개한 치열한 전투였다. 그러나 동학농민군은 일본군의 최신식 무기와 화력에 계속해서 반격당하여 목적을 이룰 수가 없었다. 일본군의 장총은 5백보의 거리를 자연발화식으로 사격할 수 있었는데 견주어, 동학농민군의 화승총은 심지에 불을 붙이는데다 1백보밖에 못 나가므로 무기의 격차를 도저히 극복할 수 없는 것이었다.133) 더구나

---

130) 〈巡撫使呈報牒〉, 甲午 11월 초 10일조, 《東學亂記錄》, 하권, p.31.

131) 《官報》, 開國 503년 11월 29일자, 부록 〈牛金之師〉, (아세아문화사판) 제1권, p.773.

132) 《駐韓日本公使館記錄》 제1권, 〈公州附近 戰鬪詳報〉, pp.247~248.

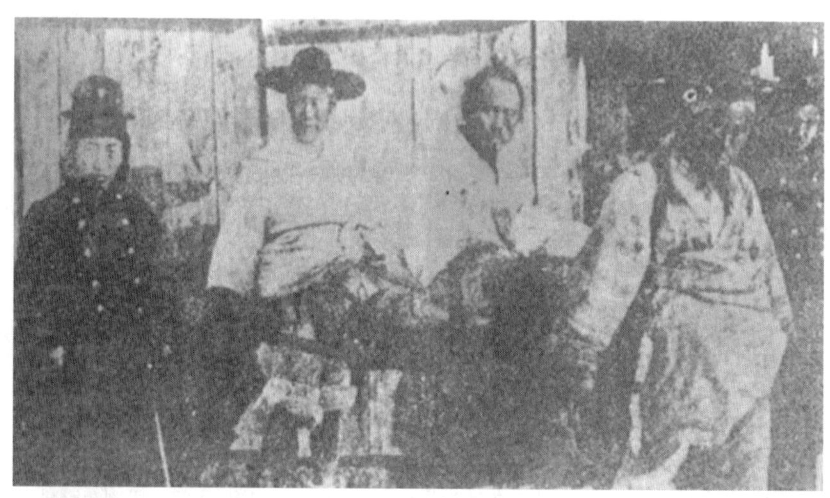

동학농민혁명에 실패한 뒤 서울로 압송되는 전봉준

일본군은 기관총과 대포로 공격하니 동학농민군의 빈약한 무기가 이를 당할 수는 없었다.

동학농민군이 우금치 고개만 넘어 일본군을 제압하면 공주는 점령되는 것이었다. 그러나 동학농민군의 돌격은 우금치 고갯마루를 선점한 일본군의 몇 미터 앞에서 일본군의 최첨단 화력 때문에 되풀이하여 좌절당하였다. 조선 관변 측 자료에서 동학농민군이 40~50차례나 고개를 넘으려고 일본군을 처절하게 공격해 와서 시체가 산에 가득했다고 기록한 것이 바로 이 우금치전투였다. 전봉준의 동학농민군은 결국 이 '우금치전투'에서 패전하여 이인 방면으로 퇴각하였다.

뒤이어 후미를 지키던 손병희부대의 1대도 음력 11월 11일(양력 12월 7일) 공주의 동남쪽 오실(梧實) 뒷산에서 경리청 경군에게 패전하였다.134) 한편 김개남부대도 음력 11월 13일(양력 12월 9일) 청주를 공격

---

133) 《梧下記聞》, 甲午 10월조, 제3필의 p.20 참조.

134) 《官報》, 開國 503년 11월 29일자, 부록 〈牛金之師〉 (아세아문화사판) 제1권,

했다가 일본군과 관군에게 패
전하였다.135) 전국 각지에서
봉기한 다른 동학농민군 부대
들도 일본군 병참부 수비대와
치열한 전투를 하여 한때 승
전하기도 했으나 후기에는 탄
약이 고갈되어 대부분 패전하
였다.

동학농민군은 '우금치전투'
의 패전을 전환점으로 전세가
역전되어 일본군과 관군의 추
격을 받는 처지가 되어서 남
쪽으로 후퇴에 후퇴를 거듭하
다가, 전봉준부대는 음력 11
월 27일(양력 12월 23일) 태인

처형 직전의 김개남

성황산전투를 마지막으로 하여, 음력 11월 28일 금구에서 해산하였
다.136) 전봉준은 부대 해산 뒤 부하 3명을 데리고 다른 동학농민군 지도
자들과 후일의 재기를 의논하려고 순창의 피노리(避老里)로 몰래 들어
갔다가 음력 12월 초2일(양력 12월 28일) 배신자의 밀고로 그 마을 사인
(士人)들의 민보군(民堡軍) 일당에게 기습당하여 체포된 뒤 교도대와 일
본군에게 인도되어 서울로 압송되었다.137) 김개남부대는 태인에서 해산
하고, 김개남은 전봉준이 체포되던 날과 같은 음력 12월 초2일 태인군
산내면 종송리(種松里)에서 강화영병에게 체포되었다.138) 관군은 김개

---

pp.773~774 참조.

135) 《駐韓日本公使館記錄》 제1권, 〈淸州附近 戰鬪詳報〉, pp.249~250 참조.

136) 《全琫準供草》, 初招問目, 《東學亂記錄》 하권, p.529 참조.

137) 法部, 《全琫準·孫化中·崔景善 押交件》(政府記錄保存所 마이크로필림 문서) 참조.

손화중(흰 도포 입은 이)

남을 전주에 데려다가 서울까지 이송하는 것은 위험하다고 하여 전주에서 바로 처형해 버렸다.139)

손병희부대는 전봉준부대와 행동을 내내 같이 하며 태인의 성황산전투까지 함께 치르고, 금구에서 전봉준부대가 해산하자 전봉준과 헤어졌다. 손병희부대는 일본군과 관군에게 추격당하면서 북상하여 충청도 보은의 종곡(鍾谷)에서 음력 12월 18일(양력 1895년 1월 13일) 일본군과 치열한 ‘종곡전투’를 치르고,140) 충주의 외서촌(外西村)에서 음력 12월 24일(양력 1895년 1월 19일) 부대를 해산했는데, 최시형과 손병희 등 간부들은 잠적하였다.141)

일본군은 전국 도처에서 패전한 동학농민군을 색출하여 잔혹하게 학살하였다. 일본군의 동학농민군에 대한 ‘토벌’은 ‘진압’에만 목적이 있었던 것이 아니었다. 일본군 대본영의 명령대로 조선의 가장 완강한 항일세력인 동학농민군을 아예 발본색원해서 모두 살해해 버리는 것이 일

---

138) 《右先鋒日記》 제3권, 甲午 12월 초 5일조, 참조.

139) 《駐韓日本公使館記錄》 제1권, 〈泰仁縣山內面鍾松里에서 東徒金介男等 襲捉〉 p.197; 《官報》, 開國 503년 12월 초 6일자, (亞細亞文化社板) 제1권, p.793; 《巡撫先鋒鎭膽錄》, 甲年 12월 초 6일 조, 《東學亂記錄》 상권, p.579 참조.

140) 《駐韓日本公使館記錄》, 제6권, 〈鍾谷附近 戰鬪詳報〉, pp.68~70 참조.

141) 《天道敎創建史》, 제2편의 p.67 참조.

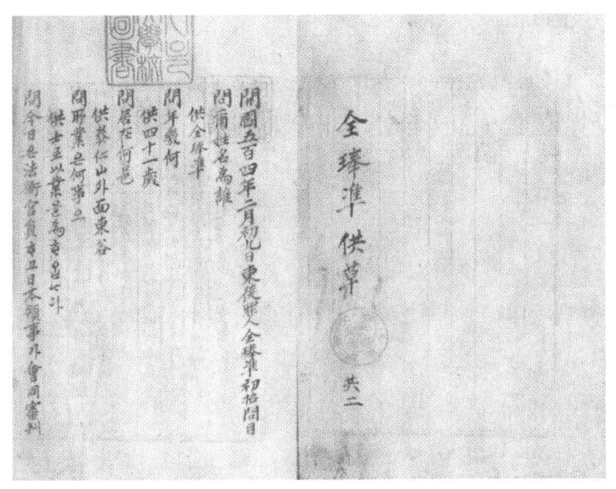

전봉준 공초

본군의 '토벌' 목적이었다. 이 때문에 조선 관군도 동학농민군 피체포자들을 잔혹하게 살해했지만,[142] 일본군은 더욱 '철저한 수색'과 색출된 농민군에 대한 더욱 잔혹한 '학살'을 자행하였다. 동학농민군이 이미 '해산'하여 평범한 농부가 되어버린 경우에도 일본군은 점령지에서 이들을 철저히 '색출'하여 '학살'하였다. 하나의 예를 들면, 보성 군수의 갑오년 음력 12월 26일자 보고에 따르면, 장위영의 경군과 일본군이 보성군에 도착하여 동학농민군에 가담했던 경력이 두드러진 자 수십 명을 체포하여 처단한 뒤, 경군은 이미 떠났는데도 불구하고 일본군은 여전히 보성읍에 남아 보성군에서 정보를 캐내어 동학농민군에 가담했던 자 30여 명을 추가로 더 색출하여 체포해서 '총살'하였다.[143] 이것은 동학 농민군이 불살인(不殺人)의 원칙을 지키어 점령지에서 가능한 한 사람을 죽이지 않았던 것과는 너무나 대조적이었다.

전봉준부대 등 동학농민군의 주력부대가 해산한 뒤에도 일부 동학농

---

142) 《日清交戰錄》(春陽堂), 제23호(1894년, 明治 27년 12월 11일) 〈東學黨の討伐〉, p.41 참조.

143) 〈巡撫先鋒鎭謄錄〉, 甲午 12월 26일조, 《東學亂記錄》 상권, p.638 참조.

민군은 남해안 쪽으로 밀리면서 완강히 일본군과 관군에게 저항하였다. 예를 들면, 전라남도 장성에서는 약 1천 명의 동학농민군이 해산하지 않고 음력 12월 초4일(양력 12월 30일) 벽사역(碧沙驛)을 점령하였다.144) 이 동학농민군 부대는 숫자가 더욱 증가하여 이튿날인 12월 초5일 새벽에는 장흥부를 공격하여 점령해서 일본군에 협력하여 동학농민군을 학살한 장흥 부사의 이서들을 처벌하였다.145) 이 동학농민군 부대는 한때 1만 명의 대부대로 증가하여 음력 12월 초7일(양력 1895년 1월 2일) 강진읍을 점령하였다.146) 이 동학농민군 부대는 관군이 지키고 있는 장흥부를 제2차로 다시 점령하려고 음력 12월 13일부터 장흥성을 포위하여 공격하다가 긴급 구원차 도착한 일본군 및 경군 교도대의 대병력과 12월 5일 장흥성 남문 밖에서 대격전을 펼쳐 약 2백 명의 전사자를 낸 뒤 전투력이 다하여 해산하였다.147) 동학농민군의 이와 비슷한 저항은 동학농민군이 봉기한 전국 각지에서 있었다. 동학농민군이 일본군과 얼마나 격렬하고 완강하게 싸웠는가를 알 수 있다.

제2차 동학농민혁명운동에서 동학농민군이 최후의 항전을 전개한 전투는 1895년 음력 1월 24일(양력 2월 18일)의 '대둔산전투'이다. 전라북도 완주군 운주면(雲洲面)과 충청남도 금산군 및 논산부에 걸쳐 있는 높이 878미터의 대둔산에 동학농민군 26명이 들어가서 지형지물을 이용하여 요새를 만들어 놓고 끝까지 한사코 저항하였다. 충청감영에서 영병을 파견하여 음력 1월 8일부터 3일 동안이나 공격했으나 실패하고 돌아왔다. 이어서 전라감영에서 대포를 끌고 가 포격해서 이를 점령하려다가 역시 실패하고 돌아왔다. 유생들의 민보군부대가 찾아가서 공격하

---

144) 〈右先鋒日記〉 제3권, 甲午 12월 8일조, p.24 참조.

145) 〈先鋒鎭呈報牒〉, 開國 503년 12월 초 6일조, 《東學亂記錄》 하권, p.214 참조.

146) 〈右先鋒日記〉 제3권, 甲午 12월 8일조, p.24 및 〈巡撫先鋒鎭謄錄〉, 甲午 12월 초 10일조, 《東學亂記錄》 상권, p.588 참조.

147) 〈巡撫先鋒鎭謄錄〉, 甲午 12월 21일조, 《東學亂記錄》 상권, pp.623~624 참조.

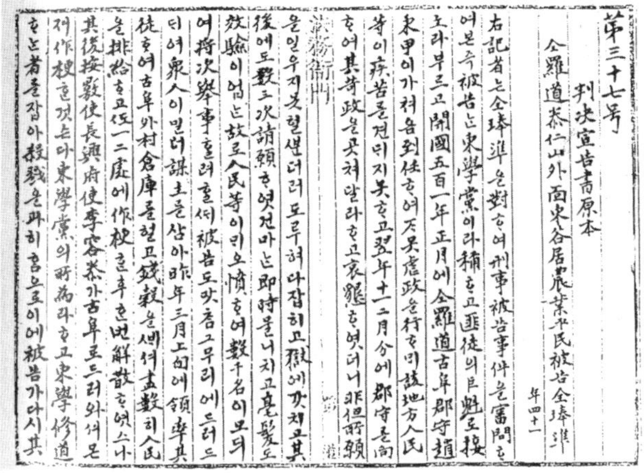
第三十七號
判決宣告書原本
全羅道泰仁山外面東谷居農業平民 被告 全琫準 年四十一
右記者는 全琫準을 對ᄒᆞ여 刑事被告事件을 審問ᄒᆞ여 본즉 被告는 東學黨이라 稱ᄒᆞ는 匪徒의 巨魁로 接主라 부르고 開國五百一年 正月에 全羅道古阜郡守 趙秉甲이가 쳐음 到任ᄒᆞ여 가지가지 虐政을 行ᄒᆞ미 該地方人民等이 疾苦를 견ᄃᆡ지 못ᄒᆞ고 翌年 十一二月分에 郡守를 向ᄒᆞ여 其苛政을 곳쳐 달라ᄒᆞ고 哀願ᄒᆞ엿더니 非但 所願을 일우지 못ᄒᆞᆯ ᄲᅮᆫ더러 도로혀 다 잡히고 獄에 갓치고 其後에도 數三次 請願ᄒᆞ엿건마는 卽時 물니치고 毫髮도 效驗이 업ᄂᆞᆫ 故로 人民等이 ᄆᆡ오 憤ᄒᆞ여 數千名이 모되여 將次 擧事ᄒᆞ려 ᄒᆞᆯᄉᆡ 被告도 맛ᄎᆞᆷ 그 무리에 드러드되여 衆人이 밀어 謀主를 삼아 昨年 三月上旬에 領率其徒ᄒᆞ여 古阜外村倉庫를 헐고 錢穀을 ᄲᅢ셔 盡數히 人民을 排給ᄒᆞ고 또 一二處에 作梗ᄒᆞᆫ 後 ᄒᆞᆫ번 解散ᄒᆞ엿스나 其後 按覈使 長興府使 李容泰가 古阜로 드러와서 모져 作梗ᄒᆞᆫ 것은 다 東學黨의 所爲라 ᄒᆞ고 東學修道ᄒᆞᄂᆞᆫ 者를 잡아 殺戮을 과히 ᄒᆞᆷ으로 이에 被告가 다시 其
法務衙門

전봉준
판결선고서 원본

다가 도리어 역습을 당하여 패주하였다. 일본군은 일본군 3개 분대와 조선관군 30여 명으로 된 특공지대(약 60명)을 편성하여 총기뿐만 아니라 등산용 장비를 갖고 배후에서 기습하여 동학농민군을 공격하였다. 동학농민군 26명은 항복하지 않고 끝까지 완강하게 일본군과 싸우다가 전원이 전사하였다.148)

전국에서 동학농민군의 완강한 항전으로 일본군의 작전은 크게 차질이 생겼고 지연되었다. 일본군은 원래 29일 만에 '토벌' 작전을 끝내고 1894년 음력 11월 16일(양력 12월 12일)에는 낙동병참사령부에 집합할 계획이었는데 뜻밖에 동학농민군이 완강하게 항전했기 때문에, 일본군 제19대대 작전이 2개월이나 지연되어 1895년 음력 1월 16일(양력 2월 10일) 무렵까지 나주에다 '토벌' 본부를 설치하고 작전을 수행하다가 용산으로 돌아갔다.149)

일본군의 작전은 전투에서 동학농민군을 이기려는 것이 아니라 근원

148) 《駐韓日本公使館記錄》 제6권, 〈大芚山附近 戰鬪詳報〉, pp.71~73 참조.

149) 《駐韓日本公使館記錄》 제65권, 〈各地戰鬪詳報 및 東學黨征討策 實施報告書 送付의 件〉, pp.63~68 참조.

적 항일세력을 발본색원하려는 것이었으므로 전국 각지에서 전사자뿐만 아니라 '색출'에 따른 학살이 자행되었다.

항일민족운동으로서의 제2차 동학농민혁명운동에서 전사·학살된 동학농민들의 총수에 대하여, 《천도교창건사》는 '20만 명 이상'150)이라고 하였고, 박은식은 약 30만 명이라고 기록했으며,151) 《동학사》는 약 30~40만 명이라고 기록하였다.152) 동학농민군은 자기 조국을 '보호국'으로 만들고 병탄하려는 일본침략군을 조국강토에서 몰아내려고 봉기하여 완강하게 일본군과 싸우다가 적어도 20만 명 이상이 전사하고 학살당한 것이었다.

7. 제2차 동학농민혁명운동 실패의 원인

동학농민군의 동학농민혁명운동 실패에는 여러 가지 원인들이 있지만, 그 가운데서도 다음의 몇 가지 원인이 특히 주목된다.

첫째, 일본군 정규군의 계속적 증파와 동학농민군에 대한 집중적 '토벌' 공격이다. 일본정부는 막대한 일본군을 한반도에 불법 상륙시켜 청일전쟁을 도발하고 한반도 안에 병력을 주둔시켰을 뿐만 아니라, 동학농민군의 제2차 봉기를 '진압'하기 위한 목적만으로 별도로 후비보병 제19대대와 군함 2척 및 육전대(해병대)를 증파하여 동학농민군을 재기불능하도록 철저하게 수색하고 잔혹하게 학살하였다. 청일전쟁에서 일본군이 거둔 승리에서도 증명되는 바와 같이 당시 일본 정규군의 전투력과 현대적 화력은 민병인 동학농민군이 감당하기에는 벅찬 것이었다. 일본침략군이 이러한 막강한 현대적 무기와 화력으로 동학농민군을 공

---

150) 《天道敎創建史》, 제2편의 p.69.

151) 朴殷植, 《韓國痛史》(1915), 《朴殷植全書》 상권, p.111 참조.

152) 《東學史》, p.154 참조.

격하고 학살한 것이 제2차 동학농민전쟁의 패전의 첫째 원인이었다고 지적할 수 있다.

둘째, 동학농민군의 무기의 열악성, 탄약의 결핍, 군사훈련의 부족이 제2차 동학농민혁명운동 실패의 한 원인이 되었다. 황현(黃玹)은 당시에 이것을 지적하여, 동학농민군의 주무기인 화승총은 사거리가 1백 보이고 심지에 불을 붙여 발사하므로 눈비 속에서는 사용할 수 없었는데, 일본군의 총은 사거리가 4백~5백 보이고 불이 스스로 붙는 내발식(內發式)이어서 심지에 불을 붙일 필요가 없으므로 눈비 속에서도 중단없이 사격할 수 있었기 때문에, 일본군이 동학농민군의 사거리 밖에서 공격하면 동학농민군은 응사하지 못하고 연패할 수밖에 없었다고 기록하였다.153) 그 위에 일본군은 최신식 기관총과 대포로 무장되어 있었다. 김윤식(金允植)은 일본군·관군·동학농민군이 가진 무기의 이·불리의 차이 때문에 일본군 1명이 동학농민군 수천 명을 상대할 수 있었고, 경군 10명이 동학농민군 수백명을 상대할 수 있다고 기록하였다.154) 뿐만 아니라 동학농민군은 이러한 열악한 무기마저도 연이은 전투도 탄약이 부족했고 지속적으로 이를 공급받지 못함으로써 전투력을 상실하였다. 또한 동학농민군은 동학신도들과 농민들을 모집한 민병이었기 때문에 군사훈련이 부족했기에 훈련을 철저하게 잘 받은 정규군과는 상대가 되기 어려웠다.155)

셋째, 동학농민군의 광범위한 분산성과 불충분한 조직성이 제2차 동학농민혁명운동 실패의 한 원인이 되었다. 무장한 동학농민군은 제2차 동학농민혁명운동 때 전라도와 충청도뿐만 아니라 전국 각 지방에서 수십만(전봉준의 증언에 따르면 약 60만) 명이 봉기하였다. 그러나 이 60

---

153) 《梧下記聞》, 甲午 10월조, 제3필의 p.20 참조.

154) 〈錦營來礼(雲養)〉, 甲午 10월 12일자 書札 《東學亂記錄》 상권, pp.90~91 참조.

155) 《駐韓日本公使館記錄》 제6권, 〈各地戰鬪詳報 및 東學黨征討策 實施 申告書 送付의 件〉, p.62 참조.

만 명의 거대한 동학농민군은 정규군처럼 하나의 통일된 지휘체계 밑에서 일사불란하게 작전과 전투를 하지 못하고 각기 지방과 부대별로 분산되어 완전히 개별부대별로 작전과 전투를 감행하였다. 따라서 동학농민군은 60만 명이라고 할지라도 실제의 전투 단위는 보통 수백 명, 수천 명에 지나지 않았으며, 가장 크고 막강한 전봉준부대와 손병희부대도 각각 1만 명씩에 불과하였다. 동학농민군부대들 사이에서 이념적, 사상적, 심리적 협조는 완벽했지만, 실제 작전상의 협조는 정규군처럼 유기적으로 통일된 능률적 협조가 아니라 협의와 합의에 시간이 소요되고 완만하게 움직이는 비능률적 협조였다. 동학농민군의 이러한 광범위한 분산성과 그리고 유기적, 통일적 조직성의 부족은 동학농민군의 제2차 동학농민혁명운동에서 패전의 중요한 원인들 가운데 하나였다고 지적하지 않을 수 없는 것이다.

넷째, 동학농민군 지도자들의 군사적 전략·전술의 부족이 제2차 동학농민혁명운동 패전의 한 원인이 되었다고 볼 수 있다. 동학농민군과 일본군의 무기와 화력의 격차와 전투력의 격차가 큰 조건에서 동학농민군은 계속 유격전을 연쇄적으로 감행하여 일본군의 방비가 약한 지점이나 허점을 기습해서 타격을 가하고 철수한 뒤 산길을 따라 북상하면서 다음 허점을 기습하여 일본군과 관군을 대혼란에 빠뜨리는 유격전을 연이어 감행하면서 공주를 반드시 점령하려 하지 말고 바로 서울로 향하여 산길로 북상하는 전략 전술이 절실하게 필요했다고 볼 수 있다. 그러나 동학농민군 지도부는 공주를 점령하려고 현대무기로 잘 무장된 일본군의 진지를 향하여 잘 무장되지 않은 동학농민군으로 하여금 정면돌파의 공식적 돌격전을 감행하였다. 이것은 당시의 조건에서는 동학농민군에게 막대한 희생만 내게 했지 성공하기는 어려운 전략·전술이었다고 지적할 수 있다.

다섯째, 당시 갑오경장을 추진한 개화파정부의 관군이 일본군의 지휘를 받으면서 일본군에 협조하여 '토벌'에 가담한 것이 제2차 동학농민혁명운동 실패 가운데 또 하나의 원인이 되었다. 동학농민군과 일본군의 대결관계에서 조선정부와 관군이 어느 편에 가담하는가는 승패에 결정적 영향을 끼치는 것이었는데, 동학군이 재봉기하자 개화파정부는 일본군의 압력에 굴복하고 또 동학농민군의 재봉기를 동시에 자기들에 대한 '반란'이라고 보아 일본군에 협조해서 동학농민군에 대한 '진압'과 '토벌'에 출동하였다. 이것은 동학농민군이 패전하게 된 중요한 원인으로 작용했다고 볼 수 있다.

여섯째, 양반유생들이 민보군 등 각종 이름을 가진 반동학·반혁명군을 조직하여 동학농민을 공격한 것도 후기에는 제2차 동학농민혁명운동 실패의 한 원인으로 작용하였다. 물론 양반유생들의 민보군은 전혀 전투력이 강한 것은 아니었으나, 동학농민군이 후퇴하던 시기에는 각 지방에서 동학농민군을 고립시키고 각종 정보를 일본군에게 제공하여 동학농민군의 활동을 어렵게 만들었다.

위의 여섯 가지 큰 원인들이 복합적으로 작용하여 거대한 규모의 전국적인 제2차 동학농민혁명운동도 성공하지 못하고 일본군과 관군에게 패전하게 된 것이었다고 볼 수 있을 것이다.

8. 항일민족운동으로서 제2차 동학농민혁명운동의 사회사적 의의

항일민족운동으로서 제2차 동학농민혁명운동은 동학농민군이 일본군에 패전하여 그 목적을 모두 달성하지는 못했지만, 한국근대사에서 매우 큰 역사적 의의를 가진 운동이었다. 특히 다음의 몇 가지 점은 주목할 필요가 있을 것이다.

첫째, 제2차 동학농민혁명운동은 일본 군국주의·일본 제국주의자들의 조선침략과 '보호국화' 및 병탄 시도에 대한 조선 농민들의 반침략·반제국주의 무장투쟁이었다. 비유하면 즉 그것은 동학농민들의 '항일의병'운동이었다. 당시 동학농민군도 이것을 잘 인식하여 그들 자신을 자주 '의병'이라고 표현했으며, 그들의 본부를 '창의소(倡義所)', 그들의 봉기를 '창의', 그들의 격문을 '창의문'이라고 표현하기도 하였다.

물론 제1차 동학농민혁명운동도 반침략·반제국주의운동을 포함하기는 했으나 그보다는 반봉건 혁명운동을 선행시킨 특징이 있었던 데 견주어, 제2차 동학농민혁명운동의 특징은 반침략·반제운동을 반봉건운동보다 선행시킨 조선농민들의 반제민족혁명운동이었다. 제2차 동학농민혁명운동에서 동학농민들은 자기 조국에 불법 침입해서 내정간섭을 자행하고 청일전쟁을 도발하며 조선을 '보호국화'하고 병탄하려는 일본침략군을 조국 땅에서 몰아내기 위하여 전국적으로 봉기해서 참으로 용감하게 헌신적으로 투쟁하였다. 일본이 1894년 8월 17일 내각회의에서 조선을 '보호국화'하기로 결의했다가 약 1년 뒤인 1895년 6월 4일 내각회의에서 이 '보호국화'정책과 병탄정책을 일시 후퇴시켜 수정한 것은, 밖으로부터 '삼국간섭'의 파급 영향도 있었지만, 안으로부터 동학농민군의 제2차 동학농민혁명운동이라는, 20만 명 이상의 동학농민들이 목숨을 바친 격렬한 항일민족운동이 근원적 영향을 주었다고 볼 수 있다. 제2차 동학농민혁명운동은 동학농민들에게 막대한 희생을 입히면서도 일제가 조선을 보호국화하고 병탄하려는 침략정책을 실시 후퇴케 하고 수정케 하여 조국의 독립을 지키는 데 상당한 성과를 가져왔다고 볼 수 있는 것이다.

둘째, 제2차 동학농민혁명운동은 나라의 자주근대화를 완강하게 저지해 오던 조선왕조의 중세적 구체제(앙시앵 레짐)를 더욱 근본적으로 붕괴시키고 해체시켰다. 물론 이에 앞서 제1차 동학농민혁명운동과 집강소의 농민통치가 선행해서 구체제를 붕괴시켰지만, 이것은 주로 '호남지방'에서와 '갑오개혁에 반영'되어서의 일이었다. 그런데 동학농민군의 제2차 동학농민혁명운동은 전국적 수준에서 농민들의 무장봉기한 실력에 의하여 전국적으로 구체제를 더욱 철저하게 붕괴시키고 해체시켰다. 갑오경장이 중앙정부의 탁상개혁으로 끝나지 않고 지방 농촌에서까지 근저에서 실행된 부분들은 전국에서 무장한 동학농민군의 제2차 동학농민혁명운동 봉기로 말미암아 구체제를 실질적으로 붕괴시켜 버렸기 때문에 가능했던 것이었다고 볼 수 있다.

셋째, 제2차 동학농민혁명운동은 각계 각층 조선 국민의 민족적·정치적·사회적·사상적 각성을 크게 촉진하고 고취시켰다. 제2차 동학농민혁명운동은 조국독립과 외세침략문제를 제기하면서 전국을 심층에서부터 흔들어 놓고 전 국민의 각성을 촉구했기 때문에, 특히 항일민족의식과 개혁의식이 전국적으로 농촌과 산촌 방방곡곡에까지 성장하게 되었다.

넷째, 제2차 동학농민혁명운동은 조선의 자주근대화운동과 근대사회로의 발전에 아래로부터 거대한 추동력을 공급하였다. 제2차 동학농민혁명운동에서 동학농민군이 일본침략군의 추방과 함께 대대적 개혁의 단행을 전국적으로 요구한 것은 갑오경장 정부가 한편으로 동학농민군의 무장봉기를 탄압하면서도 다른 한편으로는 동학농민군의 아래로부터 대대적 개혁 요구에 밀리어 농민의 요구를 개화파식으로 번역해서 대개혁을 단행하는 데 근원지인 원동력이 되었다. 동학농민군이 패전하여 자신은 집권하지 못했다 할지라도 집권한 개화파정부로 하여금 갑오경장의 대개혁을 농민의 요구에 부응하여 단행하도록 동학농민군이 아래로부터 대대적이고 급박한 사회적 압력을 주입하여 결국 대개혁이 이루어지게 한 것은 한국근대사에서 매우 큰 역사적 의의를 가진 것이었다고 할 수 있다.

다섯째, 제2차 동학농민혁명운동은 한국민족의 반일역량을 크게 제고시키고 그 뒤 반일의병운동의 튼튼한 토대와 원동력을 형성하여 공급하였다. 제2차 동학농민혁명운동 봉기 결과 전국에 걸쳐 특히 농촌과 산촌에 반일의식과 반일역량이 크게 제고되어 축적되었으며, 전국에서 제2차 동학농민혁명운동에 참가했던 다수의 동학농민군 병사들은 그 뒤 기회가 있을 때마다 여러 의병부대의 병사가 되어 제2차 동학농민혁명운동 때와 마찬가지로 완강한 항일무장투쟁을 펼쳤다. 한말 의병운동을 기록한 각종 관찬 문헌들과 자료들에서 의병부대들의 병사에 대해 '동비구당(東匪舊黨)' '갑오동비여당(甲午東匪餘黨)' '갑오동비지누망자(甲午東匪之漏網者)' '갑오누망지비류(甲午漏網之匪類)' '갑오비류(甲午匪類)'가 많다고 기록한 것은 모두 이것을 가리킨 것이었다.

제2차 동학농민혁명운동은 전투에서는 비록 동학농민군이 패전했다 할지라도, 1894년에 조선을 '보호국화'하고 결국 병탄하려고 한 일본의 침략정책을 후퇴시키고 일시 수정케 했으며, 한국 역사에서 수천 년 묵어온 낡은 구체제를 붕괴시키고 해체시켜 근대사회로의 길을 넓게 열어주었고, 또한 조국독립을 지키기 위한 반일역량을 크게 제고시켜 뒷날 항일 의병무장항전의 선구가 되었다는 점에서 한국근대사에서 매우 큰 사회적 역사적 의의를 가진 운동이었다고 볼 수 있다.

9. 맺음말

위에서 살펴본 바와 같이 1894년 음력 9월 13일 본격적으로 봉기한 제2차 동학농민혁명운동은 일본침략군을 조국강토에서 몰아내고 조국의 완전한 자주독립을 수호하기 위하여 전개한 항일민족운동이었다.

일본에서는 동학농민군이 전주성을 점령한 직후 동학농민군 '진압'을 구실로 대규모의 일본군을 한반도에 불법 상륙 침입시킬 무렵부터 조야에서 이 기회에 한반도에 파견된 군사력을 활용하여 '조선을 일본의 보호국'으로 만들어 예속시키자는 주장이 강력히 대두하였다. 1950년대에 공개된 일본 측의 비밀공식문서들에 따르면 현지에서 활동중인

주서울 일본영사는 이 좋은 기회에 군사력을 동원하여 조선을 일본의 보호국화하는 조약을 체결하자고 강력히 요청했으며, 주조선 일본공사도 이 기회에 조선을 일본의 보호국으로 만들 것을 건의하였다. 마침내 일본 내각회의는 1894년 음력 7월 17일(양력 8월 17일) 외무대신 육오종광(陸奧宗光, 무츠 무네미츠)이 제출한 조선에 대한 일본의 정책 4개안인 ① 독립국안 ② 보호국화안 ③ 일청양국 담보에 의한 독립국안 ④ 영세중립국안 가운데서 '보호국화안'을 잠정적인 정책으로 채택하여 의결하였다. 그리하여 일본정부는 조선을 일본의 보호국으로 만들기 위한 본격적인 정책을 집행하기 시작했으며 이 일을 담당할 현지 책임자로 정상형(井上馨, 이노우에 가오루)이 주조선 일본공사로 임명되어 서울에 착임한 것이었다. 일본은 1905년 11월 '을사오조약' 체결 강요 때 자행한 바와 같은 국권박탈과 보호국으로의 예속을 10여 년 앞서 1894년에 달성하려고 한 것이었다.

조선민족은 이제 일본의 침략정책에 저항하는 전 민족적 항일투쟁을 하지 않으면 외교권·군사권·재정권을 비롯한 국권의 주요 부분을 일본에 박탈당하고 이른바 '보호국'이라는 반식민지 상태에 떨어질 절박한 위험이 놓이게 되었다.

이러한 민족적 위기 상황에서 나라의 완전독립을 지키고 일본침략군을 몰아내기 위하여 봉기한 것이 동학농민군의 제2차 동학농민혁명운동이었다. 당시 정확한 정보 수집이 어려운 여건 속에서도 동학농민군 총대장 전봉준이 일본의 동태를 관찰하고 '일본이 우리나라를 침략하고 있으며 반드시 우리나라를 병탄하려는 것'이라고 감지하여 판단한 것은 경탄할 만치 정확한 것이었다. 이에 전봉준을 총대장으로 한 동학농민군은 전봉준의 표현을 빌리면 "충군애국의 마음으로 국가와 생사를 함께 하기로 결심해서" 봉기했으며, "조선으로 왜국이 되지 아니케 하기 위하여" 일본군과 싸운 것이었다.

동학농민군의 제2차 동학농민혁명운동에서는 남접뿐만 아니라 최시

형이 직접 지휘하는 북접도 봉기하였다. 남접만 봉기하는 경우에는 제1
차 동학농민혁명운동의 경우와 같이 주로 호남지방이 봉기한 것으로 되
지만 교주 최시형의 북접이 남접에 합세하여 봉기했다는 것은 북접 산
하에 있는 전국의 동학농민들이 봉기함을 의미하는 것이었다. 그리하여
제2차 동학농민혁명운동에서는 전라도뿐만 아니라, 충청도·경상도·
경기도·강원도·황해도 전역에서 동학농민들이 대규모로 봉기했으며,
평안도와 함경도의 일부 남부지방에서까지도 가담하여, 동학농민들이
전국적으로 봉기하게 된 것이었다. 전봉준의 추산에 따르면 무장한 동
학농민군만도 약 60만 명에 달하였다. 이 가운데에서 가장 막강한 부대
인 남접의 전봉준부대와 북접의 손병희부대는 논산대회에서 합류한 뒤
약 2만 명의 병력으로 서울을 최종 목적지로 하여 그 중간에 위치한 충
청도 수도 공주를 점령하기 위하여 진군을 시작하였다.

　일본 정부는 동학농민군에 대항하고 이를 '진압'하기 위하여 36개 병
참부수비대 이외에 일본 본토에서 후비보병 제19대대를 한반도에 특파
하였다. 그리하여 동학군 '진압'에 동원된 일본군은 육군이 후비보병 제
19대대, 제18대대, 제6연대, 제10연대 등 약 5천8백 명의 병력이었고, 해
군이 군함 2척과 육전대(해병대) 2개 중대를 특파하였다. 이에 견주어
조선 관군은 총 약 2천8백 명이 동원되었다. 일본군은 조선 관군에 대해
서도 지휘·명령을 했으며, 일본 군율에 따라 조선 관군의 위반자를 처
벌하였다.

　일본 정부는 '조선의 보호국화' 예속을 달성하기 위해서는 청일전쟁
에서 승리함과 동시에 러시아의 개입이나 출병의 구실을 주지 않아야
한다고 판단하여, 동학농민군의 봉기가 일본의 청일전쟁 승리에 중대한
차질을 가져올 수 있고 러시아의 개입을 초래할 수 있으니 신속한 '조기
진압'과 함경도 등 북부지방에의 파급을 미연에 방지하며, 궁극적 항일
세력인 동학농민군을 재기불능하도록 발본색원하라고 명령하였다. 이
에 일본군은 동학농민군을 전라도의 서남해안으로 몰아넣으면서 전투

에서 철저히 색출하여 살해하는 전략을 수립하여 집행하였다.

동학농민군의 주력부대인 전봉준부대와 손병희부대는 1894년 음력 10월 21일부터 공격전을 시작하여 10월 22일과 23일의 '이인전투', 10월 24일의 '효포전투'에서는 승리하였다. 이어서 10월 25일의 '웅치(熊峙)전투'에서는 무승부에 가까웠지만 동학농민군은 우세한 위치를 유지하였다.

동학농민군은 대오를 재정비하여 음력 11월 초8일 공주를 점령하기 위한 총공격을 시작하여 판치(板峙)와 이인에 진을 친 일본군과 관군을 패주시켰다. 동학농민군은 이어서 음력 11월 9일 공주로 들어가는 마지막 고개인 우금치(牛金峙)에 주둔한 일본군에 대한 총공격을 시작하였다. 동학농민군은 오전 10시부터 오후까지 일본군의 산마루 저지선 몇 미터 앞까지 돌격하면서 40~50차례나 혈전을 전개하였으나 이 고개를 점령하지 못하고, 흰옷 입은 시체만 산에 가득히 남긴 채 결국 패전하였다.

동학농민군의 화승총은 심지에 불을 붙여 1백 보밖에 못 나가는데, 일본군의 장총은 5백 보의 거리를 자연발화식으로 사격할 수 있을 뿐만 아니라, 기관총과 대포로 공격하니 동학농민군의 빈약한 무기가 이를 당할 수는 없는 것이었다.

전봉준부대와 손병희부대가 '우금치(牛金峙)전투'에서 패전한 이후에는 전세가 역전되어 동학농민군은 일본군과 관군에게 추격당하는 처지에 놓이게 되었다. 전국의 다른 지방에서 봉기한 동학농민군들도 전반기에는 승승장구했으나, 후반부에는 무기와 탄약의 고갈로 패전하였다.

일본군은 전국 각지에서 패전한 동학농민군을 색출하여 잔혹하게 학살하였다. 일본군의 작전은 동학농민군과의 전투에서 승리하는 데 목적이 있었던 것이 아니라 조선의 가장 완강한 항일세력인 동학농민군을 발본색원해서 모두 살해해 버리는 데 목적이 있었으므로, 동학농민군이 이미 해산하여 평범한 농부가 되어버린 경우에도 일본군은 점령지에서 이들을 철저히 '색출'하여 잔혹하게 학살하였다. 그리하여 동학농민군은 전사자만이 아니라 '색출'에 의한 '학살'로 해산한 이후에도 수많은 동학농민들이 희생당하였다.

동학농민군의 전사자와 피살자에 대해 ① 한 자료는 20만 명 이상 ② 다른 자료는 약 30만 명 ③ 또 다른 자료는 약 30만~40만 명이라고 기록하였다. 적은 숫자를 취하여도 약 20만 명의 동학농민군이 제2차 동학농민혁명운동에서 희생당한 것이었다.

제2차 동학농민혁명운동은 막대한 희생을 수반했음에도 불구하고 1894년에 조선의 국권을 빼앗고 조선을 일본의 '보호국'으로 예속시키려던 일본의 침략정책을 파탄시켜서 조선의 자주독립을 사수하는 데 크게 이바지하였다. 일본 내각회의가 1894년 양력 8월 17일 (음력 7월 17일) 이를 수정하게 된 것은 안으로는 제2차 동학농민혁명운동의 저항과 밖으로는 러시아·프랑스·독일의 '삼국간섭'의 영향 때문인데, 삼국간섭마저도 국내 제2차 동학농민혁명운동의 충격에 힘입은 바가 컸으니, 제2차 동학농민혁명운동의 항일무장투쟁은 조국의 독립을 지키는 데 상당한 성과를 내었다고 볼 수 있다.

또한 제2차 동학농민혁명운동은 전국적으로 중세적 구체제를 더욱 철저하게 붕괴시키고 해체시켜서 근대사회로의 길을 넓게 열어주었을 뿐만 아니라, 개화파 정부가 갑오경장의 대개혁을 단행케 하는 아래로부터의 추동력도 공급하였다.

제2차 동학농민혁명운동은 또한 전국적으로 항일민족의식을 크게 각성시켜 제고시키고, 조선민족의 반일역량을 크게 강화하고 축적시켜서 그 뒤 반일의병운동의 튼튼한 토대와 원동력을 형성하여 공급하였다. 제2차 동학농민혁명운동에 참가했던 다수의 동학농민군 병사들은 그 뒤 기회가 있을 때마다 의병부대의 병사가 되어 완강한 항일무장투쟁을 전개하였다.

한말 의병운동을 기록한 각종 관찬문헌들에서 의병부대들의 병사에 대해 '갑오동비여당(甲午東匪餘黨)'이 많다고 기록한 것은 모두 이것을 가리킨 것이었다.

  이러한 면에서 1894년의 제2차 동학농민혁명운동은 매우 큰 역사적 의의를 가진 참으로 위대한 항일민족혁명운동이었다고 할 수 있다.

VIII. 동학농민혁명운동의 사회사적 성격과 의의

1. 머리말

동학농민혁명운동은 한국근대사에서 가장 큰 변혁운동 가운데 하나이며, 그 뒤의 역사 전개에 결정적으로 큰 영향을 끼쳤다. 그러면 동학농민혁명운동의 역사적 사회적 성격은 무엇인가?

한때 학계에서는 조선왕조 통치집단의 입장과 관점을 그대로 계승하여 이를 '동학란(東學亂)'이라고 명명하면서 그 역사적 사회적 성격도 '난(亂)'의 성격을 가진 것이라고 해석하던 시기가 있었다. 그러나 오늘날 우리 학계는 이러한 견해는 거의 극복했다고 보이므로 여기서는 이 견해에 대해서는 다루지 않기로 한다.

오늘날 갑오동학농민혁명운동의 역사적 사회적 성격과 관련하여 논의의 쟁점·핵심에 있는 것은 이 운동을 '혁명·혁명운동'으로 해석해야 하는가 또는 혁명으로까지는 볼 수 없고 아직 혁명·혁명운동의 수준에 도달하지 못한 '농민봉기·농민전쟁'의 성격을 가진 것으로 해석해야 하는가의 문제라고 할 수 있다.[1]

---

1) ① 金庠基, 《東學과 東學亂》(大成出版社), 1947.
　　② 金容燮, 〈東學亂研究論-性格問題를 중심으로-〉, 《歷史敎育》 제3집, 1958.
　　③ 申福龍, 《東學黨研究》, (探求堂), 1973.
　　④ 崔玄植, 《甲午東學革命史》, (金剛出版社), 1980.
　　⑤ 盧泰久(편), 《東學革命의 研究》(백산서당), 1982.
　　⑥ 金昌洙, 〈東學革命運動과 全琫準〉, 《韓國思想》 제19집, 1982
　　⑦ 韓㳓劤, 《東學과 農民蜂起》(一朝閣), 1983.
　　⑧ 李炫熙(편), 《東學思想과 東學革命》 (청아), 1984.

1894년에 일어난 갑오동학농민혁명운동은 농민군을 편성해서 무장을 하고 군대의 편제를 만들어 전투를 하면서 운동을 전개했으므로 형태상으로는 농민전쟁임에 틀림이 없다. 그러므로 형태론의 측면에서 이 운동을 '갑오농민전쟁·동학농민전쟁'이라고 부른다면 이것은 정확한 것이라고 생각된다.

그러나 형태론으로 끝나서는 역사의 심층과 내용을 이해할 수 없으므로 반드시 그 역사적 사회적 성격을 밝힐 필요가 있다. 일부 학자들 사이에는 갑오동학농민혁명운동은 당시 이 운동의 주체세력인 농민들이 갖고 있던 저수준(低水準)의 정치의식과 정치적 미숙성 때문에 아직 혁명, 혁명운동이라고는 볼 수 없고 역사적 사회적 성격에서도 농민봉기나 또는 전쟁 규모의 대봉기라는 의미에서의 농민전쟁의 성격을 벗어나지 못한다는 견해가 있다. 즉, 형태에서나 역사적 사회적 성격에서나 갑오동학농민혁명운동은 최대로 높이 평가하여 해석해 보아야 농민봉기·농민전쟁이라는 것이다.

그러나 필자는 1894년의 동학농민혁명운동은 형태상으로는 농민전쟁이지만, 역사적 사회적 성격에서는 농민혁명운동이라고 생각하고 있다. 농민혁명이라고만 하지 않고 농민혁명운동이라고 하여 운동을 붙이는 이유는 이 운동이 완전히 성공하여 집권을 하지 못하고 운동으로 그쳤기 때문이다.

또한 필자는 사상·종교로서의 동학을 매우 독창적인 평등사상과 휴머니즘을 창도한 획기적인 것으로 높이 평가하며, 동학이 농민혁명운동에 이상·이념과 조직을 공급하여 동학과 농민전쟁이 결합했다고 해석

---

⑨ 李離和, 〈東學農民革命에 나타난 南·北接 갈등〉, 《민족·통일·해방의 논리》(형성사), 1984.

⑩ 鄭昌烈, 〈東學農民戰爭과 프랑스혁명의 한 비교〉, 《프랑스혁명과 한국》(일월서각), 1991.

⑪ 愼鏞廈, 〈프랑스혁명에 비추어 본 1894년 東學農民革命運動〉, 《프랑스혁명과 한국》(일월서각), 1991 참조.

하는 결합설을 주장하고 있다.2)

이러한 관점에서 이 운동을 동학농민혁명운동. 갑오동학농민혁명운동, 1894년 동학농민혁명운동의 역사적 사회적 성격을 가진 것으로 해석하고 이렇게 명명할 수 있다고 생각한다.

이 논문에서는 형태론에서 명명한 '갑오농민전쟁'이 왜 역사적 사회적 성격에서는 '갑오동학농민혁명운동'이 되는가의 이유를 먼저 밝히려고 한다. 다음에 동학농민혁명운동이 한국근대사에서 어떠한 역할을 수행했는가를 밝히고, 전근대사회로부터 근대사회로의 이행에서의 특징적 구조로서 동학농민혁명운동과 시민적 개혁의 결합설을 제시하여 밝히려고 한다. 그리고 끝으로 동학농민혁명운동의 사회사적 의의를 고찰하는 작업에 문제를 한정하기로 한다.

2. 1894년 동학농민혁명운동의 혁명운동적 성격

갑오동학농민혁명운동은 그 운동형태에서 보면 농민군을 편성하여 전투·전쟁의 방법을 통해서 목적을 달성하려고 한 농민전쟁의 양상을 갖고 있고, 그 역사적 성격을 보면 중세적·봉건적 구체제(앙시앵 레짐)를 해체하고 신체제를 수립하려고 한 농민혁명의 성격을 갖고 있음을 알 수 있다.

갑오동학농민혁명운동의 혁명운동적 성격은 적어도 제1차 농민혁명봉기 때부터는 명료하게 나타나고 있다. 동학농민군의 제1차 농민혁명 때의 문서들은 동학농민군 자신이 농민혁명을 목표로 봉기했었음을 알려주고 있다. 동학농민군이 1894년 음력 3월 20일 무장(茂長)에서 4천명의 병력으로 봉기한 뒤 진격하여 먼저 고부(古阜)를 점령하고, 고부

___

2) 愼鏞廈. ① 〈東學과 甲午農民戰爭의 民族主義〉, 《韓國學報》 제47집, 1984.
　② 〈東學과 甲午農民戰爭의 結合〉, 《韓國學報》 제67집, 1992 참조.

백산(白山)에서 3월 25일 무렵 농민군을 약 7천 명으로 증강시킴과 동시에 농민군의 강령에 해당하는 다음과 같은 〈사대명의(四大名義)〉를 공포했는데, 여기에는 분명하게 동학농민군의 목표로서 혁명의지가 포함되어 있었다.

① 사람을 죽이지 않고 물건을 파괴하지 않는다(不殺人 不殺物).
② 충과 효를 모두 온전히 하여 세상을 구하고 백성을 편하게 한다(忠孝雙全 濟世安民).
③ 일본 오랑캐를 몰아내어 없애고 왕의 정치를 깨끗이 한다(逐滅倭夷 澄淸聖道).
④ 군대를 몰고 서울로 들어가서 권세가와 귀족을 모두 없앤다(驅兵入京 盡滅權貴).3)

위의 사대명의 가운데 제3항인 '일본 오랑캐를 몰아내어 왕의 정치를 깨끗이 한다'는 조항은 개항 뒤부터 당시까지 국내에 침투한 일본제국주의 침략세력을 몰아내려는 반침략·반제국주의 민족투쟁의 선언이었고, 제4항인 '군대를 몰고 서울로 들어가서 권세가와 귀족을 없앤다'는 조항은 구체제(앙시앵 레짐)의 골간인 민비수구정권(閔妃守舊政權)과 양반 귀족을 모두 타도하겠다는 반봉건 농민혁명운동의 선언이었다고 볼 수 있다. 특히 이 사대명의의 제4항(驅兵入京 盡滅權貴)이야말로 제1차 농민혁명에서 농민군의 혁명적 목표를 집약적으로 표현하고 있는 것이라고 해석될 수 있는 것이다.

또한 동학농민군이 백산에서 3월 27일 무렵 호남 일대와 전국에 발송하여 백성들의 호응과 궐기를 촉구한 다음과 같은 격문(檄文)은 그 내용에서 그들의 봉기가 나라와 백성들을 위한 반제·반봉건 농민혁명을 지

---

3) 鄭喬, 《大韓季年史》(국사편찬위원회), 상권, p.74.

향한 것임을 명료하게 밝히고 있다.

> 우리가 의(義)를 들어 이에 이름은 그 본의가 단단 타(他)에 있지 아니하고 창생을 도탄 가운데서 건지고 국가를 반석 위에다 두자 함이라. 안으로는 탐학한 관리의 머리를 버히고 밖으로는 횡포한 강적(强敵)의 무리를 구축하자 함이다. 양반과 부호의 앞에 고통을 받는 민중과 방백(方伯)과 수령(守令)의 밑에 굴욕을 받는 소리(小吏)들은 우리와 같이 원한이 깊은 자라 조금도 주저치 말고 이 시각으로 일어서라. 이 기회를 잃으면 후회하여도 미치지 못하리라.

갑오　　월　　일

호남창의대장　재백산(湖南倡義大將　在白山)[4]

이 격문을 분석해 보면 동학군 봉기의 본의는 백성들[蒼生]을 도탄 가운데서 건지고 국가를 튼튼하게 반석 위에다 두려고 하는 것임이 선언되고 있다. 즉 민중과 국가를 구제하기 위한 봉기임을 먼저 선언하고 있는 것이다. 그 방법은 먼저 '안으로는 탐학한 관리의 머리를 버히고'라고 하여 창생을 도탄에서 건지는 본의의 실시를 먼저 탐학한 양반관료들의 머리를 베는 혁명운동을 단행함으로써 시작하려 하고 있다. 그리고 국가를 반석 위에 두려는 본의는 '밖으로는 횡포한 강적의 무리를 구축하자 함이다'고 하여 강적인 일본 제국주의의 침략세력을 몰아내는 것을 우선적 방안으로 제시하고 있는 것이다. 또한 이 격문은 봉기의 적대관계를 양반·부호 대 민중임을 밝히어 그것이 반봉건(반양반) 농민(민중)혁명운동임을 밝히고 있다.[5]

---

4) 吳知泳,《東學史》, 1940, p.112.

5) 東學農民軍은 '兩班·富豪 對 民衆'과 동시에 '方伯·守令 對 小吏'도 대치시키고 있는데, 여기서 '小吏'(吏胥들)를 거론한 것은 혁명운동의 主體勢力으로서가 아니라 同調勢力으로 끌어들여 東學農民軍이 各官衙를 占領해 나갈 때 그들의 협조를 얻기 위한 것이었다고 이해된다. 이 檄文 직후에 발송된 吏胥들에게의 通文이 이를 반증해

동학농민군은 1894년 음력 3월 20일 제1차 농민혁명에 봉기하여 음력 4월 27일 전주를 점령, 입성할 때까지 고부·태인·부안·정읍·홍덕·무장·고창·금구·원평·영광·함평·무안·장홍·장성 등 무려 20여 개의 군현을 점령하였다.

이때 동학농민군은 농민들을 취합하여 혁명군을 편성해서 무장 봉기하고, 합법적 지방행정기관들을 부정하여 비합법적 방법으로 이를 공격 점령하여 점령지역에서 양반관료의 구체제 행정질서를 근본적으로 부정하여 붕괴시켰으며, 그 대신 동학농민군의 관점에서 정당하다고 인정하는 방식으로 읍폐민막(邑弊民瘼)의 교정사업을 단행하였다.6) 이것은 혁명운동의 모든 조건을 갖춘 운동이어서, 동학농민군이 양반관료의 구체제의 통치질서를 전면적으로 부정하고 반대하는 반봉건 농민혁명을 펼쳤음을 극명하게 증명해주고 있다. 뿐만 아니라 이것은 동학농민군이 궁극적으로 서울로 쳐 들어가 진멸권귀하겠다고 선언하고 시작한 운동이었으므로, 그들이 당시 봉건적인 중앙의 민비수구체제에 철저하게 반대하고 혁명운동을 시작했었음을 여기서 잘 알 수 있다.

1894년의 제1차 농민혁명은 반봉건적 성격과 반제·반침략적 성격을 모두 갖고 있었으나, 반제적 성격보다는 반봉건적 성격을 선행시킨 동학농민들의 반봉건적 혁명운동이라는 역사적 성격을 가진 것이라고 볼 수 있다.

이어서 동학농민군은 청군과 일본군이 갑오동학혁명의 '진압'에 개입하여 조선에 침입하자 두 나라 군대를 철수시키기 위해서 관군과 1894년 음력 5월 8일(양력 6월 11일) 전주화약을 맺고, 형식상 자진 해산하는 외양을 갖추어 외국군 철수의 조건을 만들어 주면서 전라도 53개 군현에 집강소를 설치하여 민정통치를 실시하였다.7) 이때 집강소의

준다.

6) 愼鏞廈, 〈甲午農民戰爭의 第1次 農民戰爭〉, 《韓國學報》 제40집, 1985 참조.

7) 愼鏞廈, 〈甲午農民戰爭시기의 農民執綱所의 設置〉, 《韓國學報》 제41집, 1985 참조.

통치내용은 구체제(앙시앵 레짐)의 기본적 제도들을 해체시키고 농민들이 원하는 신체제를 추구하는 것이어서 가히 혁명적인 것이었다. 이 부분은 절을 바꾸어 좀더 상세히 살펴보기로 하는데, 먼저 지적해 두어야 할 것은 동학농민군의 집강소 통치가 농민혁명의 성격을 갖고 있다는 사실이다.

동학농민들은 집강소 통치 기간에 무장을 강화하고 준비를 갖추었다가 '동학란' 진압을 구실로 조선에 침입한 일본군이 철수하기는커녕 도리어 조선 국토 위에서 청일전쟁을 도발하고, 궁궐 침범을 자행하여 조선왕궁 시위대를 무장해제시키며 마음대로 정권을 농단하고 내정간섭을 자행하자, 전봉준의 지휘 아래 1894년 음력 9월 13일(양력 10월 11일) 제2차 농민혁명운동으로 봉기하였다. 재기포한 동학농민군은 한반도에 침입한 일본군을 자기 조국땅에서 실력으로 몰아내려고 무장하여 일본군과 치열한 전투를 펼쳤으며, 일본군 측에 굴복하여 일본군에 협조하는 중앙 개화정부(開化政府)에 대해서도 친일적 비주체성을 반대했고, 일본고문단·관군의 연합부대들에 대해서도 치열한 전투를 펼쳤다.

따라서 동학농민군의 제2차 농민혁명운동은 반봉건적 성격과 반제·반침략적 성격을 모두 갖고 있었으나, 반봉건적 성격보다는 반제·반침략적 성격을 선행시킨 조선농민들의 반제·반침략 민족혁명운동이라는 역사적 성격을 가진 것이었다고 볼 수 있다.

이와 같이 갑오동학농민혁명운동은 제1차 봉기·집강소 민정통치와 제2차 봉기를 거치면서 그 혁명운동의 성격에 대한 강조점이 조건에 따라 약간 이동하기는 했지만, 총체적으로 반봉건·반침략·반제·농민혁명운동의 역사적 성격을 가진 것이라고 해석하는 것이 적절한 것이라고 생각된다.

3. 동학농민혁명운동의 구체제(앙시앵 레짐) 해체와 집강소

갑오동학농민혁명운동의 혁명운동적 성격은 동학농민군의 집강소 통치 내용을 보면 좀더 구체적으로 알 수 있다.

오지영(吳知泳)은 《동학사》에서 동학농민군이 집강소 통치를 할 때 12개조의 폐정개혁 요강을 제정하여 실행했다고 했는데, 그 내용이 간행본(刊行本)과 초고본(草稿本)에 약간의 차이가 있다. 먼저 《동학사》 간행본에 수록된 12개조 폐정개혁 요강은 다음과 같다.

① 도인(道人)과 정부(政府) 사이에는 숙혐(宿嫌)을 탕척(蕩滌)하고 서정(庶政)을 협력할 사.
② 탐관오리는 그 죄목을 사득(査得)하여 일일이 엄징(嚴懲)할 사.
③ 횡포한 부호배(富豪輩)는 엄징할 사.
④ 불량한 유림(儒林)과 양반배(兩班輩)는 징습(懲習)할 사.
⑤ 노비문서(奴婢文書)를 소거할 사.
⑥ 칠반천인(七班賤人)의 대우는 개선하고 백정두상(頭上)에 평량립은 탈거할 사.
⑦ 청춘과부(靑春寡婦)는 개가(改嫁)를 허할 사.
⑧ 무명잡세(無名雜稅)는 일병(一幷) 물시(勿施)할 사.
⑨ 관리(官吏) 채용은 지벌(地閥)을 타파하고 인재(人材)를 등용할 사.
⑩ 왜(倭)와 간통(奸通)한 자는 엄징할 사.
⑪ 공사채(公私債)를 물론하고 이왕의 것은 일병 물시(勿施)할 사.
⑫ 토지는 평균으로 분작(分作)케 할 사.[8]

한편 《동학사》의 초고본에 수록된 폐정개혁 요강 12개조는 다음과

---

8) 《東學史》, pp.126~127.

같다.

① 인명을 남살(濫殺)한 자는 버힐 사.
② 탐관오리는 거근할 사.
③ 횡포한 부호배를 엄징할 사.
④ 유림과 량반배의 소굴을 토멸(討滅)할 사.
⑤ 잔민(殘民) 등의 군안(軍案)은 불지를 사.
⑥ 종 문서는 불지를 사.
⑦ 백정의 머리에 패랭이를 벗기고 갓을 씨울 사.
⑧ 무명잡세 등은 혁파(革罷)할 사.
⑨ 공사채를 물론하고 과거의 것은 일병 물시할 사.
⑩ 외적과 연락하는 자는 버힐 사.
⑪ 토지는 평균분작으로 할 사.
⑫ 농군의 두레법은 장려할 사.9)

위의 두 개 폐정개혁 요강 12개조를 비교해 보면, 초고본에 수록되어 있음에도 불구하고 간행본에서 빠진 것은 ① 인명을 남살한 자는 버힐 사(제1조), ② 잔민의 군안은 불지를 사(제5조), ③ 농군의 두레법은 장려할 사(제12조) 등이다. 반면에 초고본에는 없는데 간행본에 수록되어 있는 것은 ① 도인과 정부 사이에는 숙혐을 탕척하고 서정을 협력할 사(제1조), ② 청춘과부의 개가를 허할 사(제7조), ③ 관리채용은 지벌을 타파하고 인재를 등용할 사(제12조) 등이다.

이 밖에 초고본과 간행본의 조항 내용이 같은 것들 가운데에는 초고본의 표현이 좀더 강경한 것을 알 수 있다. 예컨대 양반신분에 대한 신분투쟁 조항에서 초고본에서는 '유림과 양반배의 소굴을 토멸할 사'라고 하

---

9) 《草稿本東學史》, 제3집, pp.43~44.

였으나, 간행본에서는 '불량한'의 한정적 형용사를 붙이고 '토멸' 대신에 징습이라고 완화된 표현을 채택하고 있는 것이다.

이와 같이 초고본과 간행본 사이에 차이가 난 것은 무엇보다도 초고본이 집강소 설립 초기의 폐정개혁 요강을 수록한 것이고, 간행본은 동학농민군의 6월 15일 남원대회 뒤 동학농민군 총대장 전봉준과 전라 관찰사 김학진(金鶴鎭) 사이에 '관민상화지책(官民相和之策)'이 합의 채택된 이후의 집강소 폐정개혁 요강을 수록했기 때문일 것이라고 추정된다. 이 점은 간행본의 폐정개혁 요강 제1조가 초고본에는 없는 '도인과 정부 사이에는 숙혐을 탕척하고 서정을 협력할 사'로서 '관민상화'를 제1조로 강조하고 있는 면에서도 알 수 있다.

위의 동학사 간행본과 초고본의 집강소 폐정개혁 요강들은 모두가 실시되었던 것이므로 이를 모두 합쳐서 보면, 사회신분제의 폐지와 사회신분 해방에 관한 것이 간행본의 ④·⑤·⑥·⑦·⑨의 5개 조항, 초고본의 ④·⑥·⑦의 3개 조항으로 가장 비중이 큼을 알 수 있다. 그 밖에 간행본에서는 탐관오리의 처벌, 횡포한 부호의 처벌, 무명잡세의 폐지, 친일분자의 처벌, 고리채(高利債)의 무효화, 지주제도의 개혁 등이 각각 1건씩으로 되어 있으며, 초고본에서는 인명 남살자 처벌, 탐관오리 발본색원, 횡포한 부호의 처벌, 잔민의 군안의 소각, 무명잡세 혁파, 공사채의 무효화, 친일분자의 처벌, 지주제도의 개혁, 두레법 장려 등이 각 1건씩이다. 초고본에서 특히 주목할 것은 잔민의 군안 소각(軍政), 무명잡세의 혁파[전정(田政)…… 등), 공사채의 무효화[환정(還政)……등] 등 삼정(三政)의 개혁이 모두 거론되고 있으며, 지주제도의 개혁과 두레법 장려가 동시에 농업제도 개혁의 방안으로 제시되어 추진되었다는 사실이다.10)

무엇보다도 먼저 주목할 것은 집강소의 농민통치가 격렬한 사회신분

---

10) 愼鏞廈, 〈甲午農民戰爭과 두레와 執綱所의 폐정개혁〉, 《韓國社會研究會論文集》 제8집, 《한국사회의 신분계급과 사회변동》, (문학과 지성사), 1987 참조

해방운동을 전개하고 당시의 사회신분제를 사실상 실력으로 폐지해 버렸다는 사실이다. 집강소 시기 동학농민들의 사회신분 해방운동에 대하여 황현(黃玹)의 《오하기문(梧下記聞)》은 당시에 다음과 같은 관찰 기록을 수록해 놓았다.

적당(동학농민군-인용자)은 모두 천인노예이므로 양반·사족(士族)을 가장 증오하였다. 그래서 양반을 나타내는 뾰족관을 쓴 자를 만나면 곧 바로 꾸짖으며 말하기를 "너도 역사 양반인가" 하고 관을 벗기어 빼앗아 버리거나 또는 그 관을 자기가 쓰고 거리를 돌아다니면서 양반을 욕주었다.

무릇 집안의 노비로서 도적들(동학농민군-인용자)을 따르는 자는 물론이요, 비록 도적들을 따르지 않는 자라 할지라도 모두 지극히 천한 자가 주인을 위협하여 노비문권을 불사르고 양인됨을 강제로 승인케 하거나 또는 그 주인을 결박하여 주리를 틀고 곤장과 매를 치기도 하였다. 이에 노비를 가진 자들은 바람에 따라 노비문권을 불살라서 그 화를 덜었다. (노비로서) 삼가는 자가 혹시 (노비문권을) 불사르지 말기를 원하는 경우에도 그러나 기함이 널리 맹렬하게 타오르고 있어서 주인이 더욱 이를 두려워하였다.

혹은 노와 사족주인이 모두 함께 도적을 따르는 경우에는 서로 (평등하게) 접장(接長)이라 칭하면서 그들의 법을 따랐다. 도한(屠漢, 백정), 재인(才人) 등속의 무리도 역시 평민·사족과 평등하게 같이 예를 했으므로 사람들이 더욱 치를 떨었다.[11]

황현의 이 증언 기록은 ① 동학농민군이 양반신분제도를 부정하고 양반을 욕주었으며, ② 동학농민군에 가담한 노비는 물론이요 가담하지 않은 노비들까지도 주인을 위협하여 강제로 노비문서를 불사르게 하고 종량(양인됨)을 승인케 하여 노비해방을 쟁취했고, ③ 노비의 주인이 멈

---

11) 黃玹, 《梧下記聞》, 第2筆의 p.97

칫거릴 때에는 그 노비가 주인을 결박하여 주리를 틀고 곤장을 쳤으며, ④ 노비들의 신분해방운동에 놀란 노비 주인이 화를 덜려고 스스로 자진해서 노비문서를 불살라 노비해방을 승인했고, ⑤ 때로는 노비가 노비문서를 불사르지 말기를 원하는 경우에도 거세게 불타오르는 노비해방투쟁의 기염에 겁을 먹은 노비 주인들이 더욱 두려워하여 자기의 노비들을 해방시켰으며, ⑥ 노비와 그 양반신분의 주인이 함께 동학농민군을 따르는 경우에는 서로 평등하게 접장이라고 부르면서 평등한 예를 했고, ⑦ 노비뿐만 아니라 백정[白丁-도한(屠漢)]·재인[才人-창우(倡優)] 등 칠반천인들도 해방되어 양인(평민), 양반(사족)과 서로 평등하게 예를 했음을 극명하게 알려주고 있다.

즉 여기서도 알 수 있는 바와 같이 집강소의 폐정개혁 요강 가운데 사회신분제도 폐지 부분인 ① 불량한 양반들의 응징, ② 유림과 양반들의 소굴 토멸, ③ 지벌의 타파와 양반신분제도의 폐지, ④ 노비문서의 소각과 노비해방, ⑤칠반천인의 해방, ⑥ 백정에 대한 차별 대우의 폐지 ⑦ 청춘과부의 개가 허용 등은 집강소의 민정통치에 의하여 실행된 것이었다.

집강소 통치의 사회신분제도 폐지는 천민신분 출신의 농민군 부대들에 의하여 강력하게 뒷받침되었다. 집강소가 설치되자 대접주 손화중(孫化中)은 전라도에서 백정·재인·역부(驛夫)·야장(冶匠)·승도(僧徒) 등 평일의 천민들로 수천 명의 천민 출신 농민군 부대를 편성해서 천민신분 가운데 하나인 재인 출신 홍락관(洪絡官)에게 지휘케 했는데,12) 이 부대는 사납고 용맹하기 짝이 없어 사람들이 가장 두려워하였다.13) 또한 대접주 김개남(金開男)도 전라도에서 창우(倡優)·재인(才人) 등 천민 신분 출신들로 1천 명의 농민군 부대를 편성해서 활동케 했다.14) 이러한

---

12) 《梧下記聞》, 제3필의 p.35 참조.

13) 《梧下記聞》, 제2필의 p.97 참조.

14) 《梧下記聞》, 제3필의 p.23 참조.

천민출신 농민군부대가 사납고 용맹하기 짝이 없었던 것이 그들의 신분해방투쟁과 관련된 것이었음을 추정하는 것은 전혀 어려운 일이 아니다.

집강소의 농민통치가 사회신분제를 폐지했다는 사실은 갑오동학혁명 뒤에 관군의 동학농민군에 대한 문죄(問罪) 항목에서도 확인된다.

관군은 동학농민군의 10죄 가운데 여섯 번째 죄목에 '평등을 자칭하여 명분(신분을 의미)을 부수었다'15)는 사실을 들었다. 또한 관군의 전봉준에 대한 문죄에서도 '양반과 부자를 모조리 짓밟았으며 종문서를 불질러 강상(綱常)을 무너뜨렸음'16)을 들었다.

여기서 우리가 주목해야 할 것은 구체제(전근대 사회체제)의 첫째 골간이 되는 것이 바로 사회신분제라는 사실이다. 구체제·구질서는 모든 것이 사회신분제를 핵심으로 하여 조직되고 구조화한 것이었다. 그런데 갑오동학농민혁명운동에서 집강소의 동학농민들이 이 구체제의 첫째 골간을 그들의 힘으로 철저히 붕괴시켜 버리고 폐지해 버린 것이었다.

다음으로 주목할 것은 집강소의 농민통치가 봉건적 지주제도의 개혁 또는 폐지를 내용으로 한 토지개혁을 추구했다는 사실이다. 이에 관련된 폐정개혁 요강은 ① 토지는 평균으로 분작케 할 사와 ② 농군의 두레법은 장려할 사의 두 개 조항이다. 그런데 이 두 개 조항의 내용을 설명해 줄 수 있는 중요한 자료가 다음과 같은 《강진읍지(康津邑誌)》의 〈명승초의전(名僧草衣傳)〉 가운데 중요한 자료가 있다.

다산(茶山)이 유배로부터 고향에 돌아가기 직전에 《경세유표(經世遺表)》를 밀실에서 저작하여 그의 문하생인 이청(李晴)과 친한 승려인 초의(草衣)에게 맡겨서 비밀리에 보관하여 전포(傳佈)하도록 의뢰하였다. 그러나 그 전문은 도중에 유실되고 그 일부는 대원군에게 박해당한 남상교·남

---

15) 〈兩湖右先鋒日記〉, 《東學亂記錄》 (국사편찬위원회), 상권, p.272. 〈仮稱平等而毁壞名分 六也〉 참조.

16) 《東學史》, p.157.

종삼 부자 및 홍봉주(洪鳳周) 일파에게 전해졌다. 그 일부는 그 뒤 강진의 윤세현(尹世顯)·김병태(金炳泰)·강운백(姜雲伯) 등과 해남의 주연호(朱挺浩)·김도일(金道一) 등을 통하여 갑오년에 기병(起兵)한 전녹두(全綠豆, 전봉준-인용자)·김개남 일파의 수중에 들어가서 그들이 이용하였다. 전쟁 후 다산의 비결이 녹두 일파의 비적을 선동했다고 하여, 다산 유배지 부근의 양가(良家)와 고성사(高聲寺)·백련사(白蓮寺)·대둔사(大屯寺) 등을 수색한 일까지 있다.[17]

즉 다산 정약용의 《경세유표》가 전봉준·김개남 등 동학농민군 지도자의 수중에 들어가서 이용되고 그들을 선동했다는 것이다. 그런데 정다산의 《경세유표》에서 제시된 토지개혁안은 정전제(井田制) 토지개혁안인 것이다. 전봉준 등이 정다산의 정전제 토지개혁안에 큰 영향을 받아 이와 비슷한 토지개혁안을 추구했다면 이것은 집강소의 폐정개혁 항목의 내용과 딱 맞아 떨어진다. 정다산이 《경세유표》에서 제시한 정전제 토지개혁안은 반드시 지형상으로 정자전형(井字田形)을 만들려고 한 것이 아니라 원리적으로 8구의 사전(私田)과 1구의 공전(公田)을 만들어서 8가의 사전 경작자가 1구의 공전을 공동경작하여 그 공전의 수확물로 공세(公稅)를 납부하고 사전의 수확물은 8가의 경작농민 소득으로 하면 이것이 바로 정전제의 실(實)을 거두는 것이라고 하였다.[18]

집강소의 동학농민군이 《경세유표》의 정전제 원리를 이용하면, '토지는 평균으로 분작케 할 사'가 완벽하게 실현된다. 왜냐하면 정전제 9구의 각구 면적은 완전히 평등하기 때문에 사전 8구를 경작하는 농민은 토지를 완전히 분작하게 되는 것이다. 공세(公稅)를 위한 나머지 1구의 공전은 어떻게 하는가? 집강소의 폐정개혁 요강에 '농군의 두레법은 장

---

17) 朴宗根, 《李朝後期の 實學思想-茶山 丁若鏞の 社會改革論》(하), No. 567, 1971, p.1284 에서 재인용.
18) 《與猶堂全書》, 政法集, 《經世遺表》 天官吏曹, 第一 참조.

려할 사'가 바로 여기에 해당되어, 농민들이 두레로 공동경작을 하면 되는 것이다. 정전제에서는 농토의 9분의 8은 사전이고, 9분의 1은 공전이므로 공전 경작을 위하여 두레는 매우 적절하고 효율적인 필수의 제도인 것이다. 따라서 '농군의 두레법은 장려할 사'가 실행되어 공전 1구를 완전히 두레로 공동경작하고, 사전 8구에 대해서도 모내기·김매기 등의 작업은 두레로 협동경작하는 것이 장려될 필요가 절실했다고 볼 수 있다.

여기서 사전 8구의 사전이 완전히 경작농민의 사전인가, 또는 이것이 지주의 사전이고, 경작농민은 균등한 소작만 하는 것인가의 문제가 대두된다. 정전제의 원리는 본래 사적 부재지주의 개제(介在)를 인정하지 않고 국가(공)와 농민(사) 사이의 직접적 토지분배 방법이므로, 여기서도 원칙적으로 봉건적 지주제도는 폐지되고 사전 8구는 경작농민(소유)의 사전 8구인 것이다. 즉 집강소의 토지개혁은 원칙적으로 봉건적 지주제도를 폐지하는 다산의 정전제 토지개혁의 원리를 이용하여 경작농민들에게 사전 8구를 평등하게 분배해 주어 자작농으로 균작하게 해서 그 생산물은 모두 경작농민의 소득으로 하고, 농군의 두레법을 장려하여 공전 1구를 두레로 공동 경작케 해서 그 소출은 농민의 유일한 부담으로서 공세(公稅)로 납부하게 하는 토지개혁안이었다고 볼 수 있다. 이때 두레가 사전 8구의 협동경작에도 활용될 것은 물론이다.

토지개혁의 실행은 적어도 1~2년의 집권기간이 필요한 사업인데 집강소의 농민통치기간은 수개월에 불과했으므로, 동학농민의 정전제 원리에 기초한 토지개혁은 추구만 되었지 실천되지는 못하였다. 그러나 갑오동학농민혁명 기간에 동학농민군의 지주제도·소작제도에 대한 적대행동은 여러 곳에서 보이고 있다. 공주의 지주인 남선달은 갑오동학농민혁명으로 도조(賭租, 소작료)를 동학농민들에게 빼앗기어 그 세가 낭패한 처지에 놓이게 되었다.19) 장성의 동학농민군 두령들의 죄상들 가운데 하나에는 다른 사람의 도조를 늑탈한 것(勒奪他人賭租)20)이 중시되어 관군에 처벌되었다.

고부의 동학농민군 두령 이화진(李化辰)은 그 고을 동학접주의 저지로 성공은 못했지만 해제면 지주의 도조를 수색하여 압수하려고 출동했었다.21) 동학농민군이 도조 70석을 압수하여 명례궁(明禮宮)의 마름집에 보관시켰다는 기록도 있다.22) 강원도 강릉에서는 동학농민군이 부호의 전재(錢財)를 토색했을 뿐 아니라 '전답문서를 빼앗고자 했다(欲奪田畓文書)'23)고 한다.

이러한 기록들은 동학농민군이 지주제도를 개혁하거나 폐지하고자 한 적대활동을 했음을 간접적으로 알려주고 있다.

여기서 우리가 다시 주목해야 할 것은 구체제의 둘째 골간이 되는 사회제도가 봉건적 지주제도라는 사실이다. 봉건적 지주제도는 신분적 강제에 의하여 잉여생산물의 전부에 해당하는 고율소작료를 양반지주가 수취하는 제도로서, 구체제의 물질적 기초가 되는 제도였다. 이 봉건적 지주제도는 사회신분제가 폐지되면 신분적 강제가 폐지되어 봉건성이 원칙적으로 소멸되지만 고율도조(소작료)가 남아 있는 한 반봉건성을 잔존시키게 되는 것이다. 갑오동학농민혁명운동에서 집강소의 동학농민들이 봉건적 지주제도의 개혁 또는 폐지를 추구하는 토지개혁을 요강으로 한 것은 구체제의 둘째 골간을 동학농민들의 실력으로 폐지하려한 혁명적 추구였다고 볼 수 있다.

다음으로 살펴보아야 할 것이 동학농민군의 정치체제에 관한 정책과 추구이다. 그러나 이에 관한 구체적 자료가 없는 것이 문제이다. 제1차

---

19) 〈雜記(報抄)〉,《東學亂記錄》 하권, p.297 참조.

20) 〈巡撫先鋒鎭謄錄〉,《東學亂記錄》 상권, p.650 및 〈先鋒鎭呈報牒〉,《東學亂記錄》 하권, p.245 참조.

21) 〈巡撫先鋒鎭謄錄〉,《東學亂記錄》 상권, p.628 참조.

22) 〈先鋒鎭各邑了發關及甘結〉,《東學亂記錄》 하권, p.364 및 〈宣諭榜文竝東徒上書所志謄書〉,《東學亂記錄》 하권, p.412 참조.

23) 〈東匪討論〉,《韓國學報》 제3집, 새 資料 昭介, p.265.

동학혁명 봉기 때 동학농민군의 사대명의 가운데 하나에 '일본 오랑캐를 몰아내어 없애고 왕의 정치[聖道]를 깨끗이 한다(逐滅倭夷澄淸聖道)'는 강령이나 각종 문헌에 국왕에 대한 충(忠)의 기록은 있어도 국왕을 부정하는 기록은 없는 것으로 보아 군주제 자체를 폐지하려는 의식은 없었다고 판단된다.

그러나 사대명의의 하나에 '군대를 몰고 서울로 들어가 권세가[權]와 귀족[貴]을 모두 없앤다(驅兵入京 盡滅權貴)'고 하여, 당시 집권한 민비수구정권은 철저히 진멸할 것을 선언하였다. 그런데 객관적으로 보아 민비수구정권은 구체제의 마지막 정권이었다. 동학농민군이 추구한 정치체제는 군주제는 존속하되, 민비수구정권은 철저히 타도하여, 과거의 민비정권이 존재했을 때와는 다른 군주제, 다른 정부를 추구한 것이었다. 이러한 다른 군주제, 다른 정부란 어떠한 것이었을까?

동학농민군이 군대를 몰아 서울에 입성하지 못했으므로 중앙정부의 조직과 관련된 구체적인 것은 알 길이 없다. 여기서 주목해야 할 것은 집강소의 조직에서 의사원(議事員)을 두었다는 기록이다. 오지영은 《동학사》에서 집강소 통치가 '의사원 약간인을 두었으며'24)라고 하여 집강이 전제(專制)·독재하지 못하도록 약간의 의사원을 두어 충분한 토의를 거친 뒤에 정책을 집행했음을 알려주고 있다. 이것은 동학농민의 집강소 안에 의사기관이 있었음을 시사하는 것이다. 이로 미루어 동학농민군이 서울에 들어가 집권을 했으면 적어도 정부에 의사기관을 설치하고 의사원을 두어 정책을 사전에 토의하는 제도를 만들었을 것이라고 추정해 볼 수 있다. 이것은 결국 동학농민군도 의식·무의식 간에 당시 역사의 대세에 따라 정치체제 개혁의 방향만은 전제군주제를 입헌대의군주제(立憲代議君主制)의 방향으로 추구하고 있었던 것이라고 볼 수 있지 않을까?

---

24) 《東學史》, p.126.

　물론 동학농민군이 공화제를 추구하지 않았음은 명백하다. 1894년 당시에는 가장 진보적이었던 개화파도 공화제를 추구하지 못하고 입헌군주제를 개혁목표로 추구하던 시대이다.25) 동학농민군이 군주제의 폐지와 공화제의 추구를 못한 것은 어쩌면 당연한 일이었다고 볼 수 있다. 동학농민군은 한국역사에서 구체제의 마지막 정권인 민비수구정권을 철저히 타도하고 과거의 전제군주제에 어떠한 변화를 주려고 했으니, 만일 그들이 서울에 들어가 정권을 장악하는 데 성공했더라면 그들도 당시 국내에서 가장 선진적 지식을 많이 갖고 있던 개화파의 자문을 얻어가면서 1894년 당시의 역사 대세에 따라 불가피하게 입헌군주제의 방향으로 나가게 되었을 것이라고 추정해 볼 수 있다. 그러나 동학농민군에게 군주제 개혁에 대한 구체적 구상이 없었던 것은 그들의 큰 한계라고 보아야 할 것이다.

　그럼에도 불구하고 동학농민군의 집강소는 농민에 대한 전근대적 부담을 모두 혁명적으로 철폐하였다. 예컨대, 집강소는 농민을 착취해오던 환곡제도를 혁명적으로 즉각 폐지하고 공채인 모든 환곡의 부채를 전면 무효화했다. 뿐만 아니라 사채도 이왕의 것은 모두 무효화하는 혁명적 조치를 단행하였다. 집강소의 폐정개혁 요강에 '공사채를 물론하고 이왕의 것은 일병 물시할 사'의 조항이 있을 뿐만 아니라, 전봉준이 1894년 7월 초에 전라도 내의 각 읍 집강소에 보낸 통문(通文)에서 "사채는 시비를 물론하고 절대로 시행치 못하게 하며 이 지시를 어기는 자는 마땅히 영(營)에 보고하고 처벌하라"26)고 엄명한 데서 사채의 무효화와 사채 징봉(徵捧)의 엄금이 단호하게 실행된 것을 알 수 있다.

　동학농민군의 집강소는 또한 군포세(軍布稅)도 혁명적으로 폐지할 것을 추구하였다. 이것은 집강소의 폐정개혁 요강에 '천민 등의 군안은

---

25) 兪吉濬, 〈西遊見聞〉, 《兪吉濬全書》 제1권, pp.168~169 참조.

26) 《梧下記聞》, 제2필의 p.66.

불지를 사'라고 하여 '노비문서는 불지를 사'와 같이 '불지른다'는 표현은 즉각 혁명적 폐지를 의미한다는 데서 알 수 있다. 또한 집강소는 전세(田稅)도 크게 삭감하여 징수했으며, 이미 구정부에 의해 과도하게 징수되어 있는 부분은 억류하였다. 관군이 장성 동학농민군의 죄목 가운데 하나로 '공납을 조갈하였다'[27)는 기록은 농민군의 기준에서 과잉 징수된 전세에 대한 저지로 해석된다. 또한 동학 대접주 김덕명(金德明)의 죄목들 가운데 하나에 '이 자는 원평점(院坪店)에 도소(都所)를 크게 설치하고 공곡(公穀)과 공전(公錢)을 사사로이 징수했다'[28)는 기록은 집강소와 동학농민군이 그들이 정한 삭감된 세율에 따라 전세를 징수했었음을 알려주는 것으로 해석된다.

즉 동학농민군은 전정·군정·환정의 삼정을 혁명적으로 개혁한 것이었다. 이러한 개혁의 추구는 다른 자료를 통해서도 확인할 수 있다. 예컨대, 강원도의 경우를 보면 동학농민군은 강릉을 점령하자 1894년 9월 5일 동문(東門)에 '삼정의 폐막을 교혁하고 보국안민하다(矯革三政之弊瘼輔國安民)'[29)는 방문을 붙였다. 동학농민군은 9월 초4일 영월·평창·정선의 3읍을 점령했을 때에도 '삼정을 마음대로 정했다(冒定三政)'[30)고 했고, 강릉의 '부중(府中)에 4~5일 유주(留住)하는 동안에도 군포세(軍布稅)와 적조세(糴租稅, 환곡)를 바로 잡아서 삼정을 임의로 삭감했다'[31)고 하였다. 전라도의 집강소에서는 물론이요, 강원도에서도 삼정의 혁명적 개혁이 추구된 것이었다.

그 밖에 법전에 규정되어 있지 않은 무명잡세를 동학혁명군이 혁명적

---

27) 〈先鋒鎭呈報牒〉,《東學亂記錄》, 하권, p.245.

28) 〈巡撫先鋒鎭謄錄〉,《東學亂記錄》, 상권, p.669.

29) 《臨瀛討匪小錄》, p.7.

30) 〈東匪討論〉,《韓國學報》 제3집, p.265.

31) 〈東匪討論〉,《韓國學報》 제3집, p.265. '留住府中 至於四五日 維正軍糴稅 三政任意減削' 운운 참조.

으로 철폐했음은 물론이다. 집강소의 폐정개혁 요강에 있는 '무명잡세 등은 혁파할 사' '무명잡세는 일병 혁파할 사' 등의 조항이 먼저 이를 잘 말해주고 있다.

집강소의 민정통치는 이 밖에 탐관오리의 징계, 횡포한 부호의 응징과 토재(討財), 미곡의 일본 유출 방지, 인민들의 소장(訴狀) 처리, 관리 문부에 대한 검열, 동학의 전도와 농민군의 강화, 농민군의 무기와 마필의 공급, 군수전과 군수미의 비축 등 여러 가지 활동을 하였다.32)

여기까지만 보아도 집강소의 농민통치는 구체제(앙시앵 레짐)의 골간이 되는 제도들을 아래로부터 근본적으로 폐지하거나 개혁하여 붕괴시켰으며, 신분차별제도를 철폐하여 평등하고, 봉건적 지주제도를 폐지하여 자작농의 균작제도가 수립되며, 의사기관을 두어 농민들의 의견을 수렴하는 신정권을 수립하고, 모든 무명잡세와 환곡·군포세의 제도를 폐지하여 삼정을 근본적으로 개혁하며, 농민들의 의견이 나라 정치에 채택되어 실현되는 좀더 평등하고 자유로운 그들 나름의 신체제를 지향한 혁명운동을 동학농민군의 강력한 힘으로 펼쳤다는 사실을 알 수 있다.

4. 조선왕조 사회신분·계급구조의 특수성과 농민층의 사회적 지위

우리는 1894년 당시 조선왕조에서 농민계층의 미성숙을 이유로 들어 갑오동학농민혁명운동을 농민혁명, 농민혁명운동의 성격을 갖고 있는 것으로는 볼 수 없고, 최대로 평가해 보아야 그 성격 내용에서도 농민전쟁의 성격을 벗어날 수 없는 것이라고 낮게 평가하는 견해를 자주 듣게

---

32) 愼鏞廈, 〈甲午農民戰爭시기의 農民執綱所의 活動〉, 《韓國文化》 제6집, 1985 참조.

된다. 이러한 견해의 배경에는 서유럽 역사의 영향을 크게 받아, 봉건적 구체제를 타도하고 근대적 신체제를 수립할 수 있는 것은 상·공인을 중심으로 한 시민계급뿐이고 농민계급은 그 계급적 미성숙과 고립성·분산성으로 말미암아 도저히 봉건적 구체제를 해체하고 근대적 신체제를 수립하는 혁명운동을 담당할 수 없는 것이라는 선입견이 작용하고 있는 것으로 보인다.

이러한 견해의 가장 큰 문제점은 기본적으로 19세기 조선왕조사회의 신분·계급구조의 특수성과 18세기 서유럽사회의 신분·계급구조의 특수성 사이에 있는 차이를 놓친 데에 있다고 생각된다.[33]

18세기 서유럽(프랑스 대혁명 이전) 사회의 신분·계급구조의 위계는 단순화해서 말하면, 기본적으로 귀족[士]·부르주아[商·工]·농민 및 노동자의 서열 구조였다.[34] 즉 동양식으로 표현하면, 사상공농(士商工農)의 구조로서, 부르주아(상·공)는 귀족의 바로 아래에서 사회 경제적으로나 정치적으로나 크게 성숙하여 있었던 반면에, 농민계층은 대부분 농노적 상태에 있었으며 문맹과 무지가 지배하고 있었다. 즉 서양중세와 18세기 서양사회의 농민계층은 사회의 신분·계급구조의 위계 서열에서 최하위에 있었으며 정치적으로나 사회경제적으로나 매우 미성숙한 상태에 있었다고 볼 수 있다.

이에 견주어 19세기 조선왕조사회의 신분·계급구조의 위계는 널리 아는 바와 같이 사농공상(士農工商)의 서열 구조로서, 양반귀족의 바로 아래에 부르주아(상·공) 계급이 아니라 농민층이 있었고, 농민층의 아래에 부르주아 계층에 해당하는 공·상계층이 있었다. 뿐만 아니라 공·상계층은 신량역천층(身良役賤層)으로 취급되어 농민층보다도 더

---

33) 愼鏞廈, 〈프랑스혁명에 비추어 본 1894년 東學農民革命運動〉, 프랑스革命 200주년 紀念 國際學術會議 발표논문: 閔錫泓·미셸 보벨編, 《프랑스혁명과 한국》 (일월서각), 1991 참조.

34) 閔錫泓, ① 《西洋近代史硏究》 (일조각), 1975.
　　② 《프랑스 革命史論》, (까치), 1988 참조.

사회적으로 천시되었으며, 정치적으로나 사회적으로나 계층 그 자체로
서는 농민층보다도 더 미성숙한 상태에 있었다.

19세기 조선왕조사회의 농민층은 경제적으로는 다수가 빈곤했지만
사회적으로는 대부분이 지위가 상승하는 양인신분이었으며, 조선왕조
후기에 전국적으로 서당이 농촌사회 방방곡곡까지 급속히 보급되어 농
민층의 교육수준이 크게 높아졌고, 농촌지식인이 널리 존재하게 되었으
며, 그에 비례하여 농민층의 정치적 의식수준과 비판의식도 현저히 상
승하게 되었다. 따라서 19세기 말 조선왕조사회의 농민층은 중세 말기
서부유럽사회의 농민층과는 확연히 달리 정치적 사회적으로 훨씬 더 성
숙한 계층이었다고 볼 수 있다.

그러므로 서양의 도식에 교조적으로 추종해서 처음부터 농민층은 혁
명운동을 전개할 수 없는 미성숙한 계층이고 오직 부르주아 계층만이
혁명운동을 할 수 있었다고 보는 것은 한국근대사의 특수성을 간과한
견해라고 볼 수 있는 것이다.[35]

오히려 한국근대사에서는 부르주아 계층에 해당하는 상공인층이 미성
숙했으므로, 구체제(앙시앵 레짐)의 담당신분인 양반귀족층 그 바로 아
래에 위치하며 상대적으로 상공인 계층보다 성숙한 계층인 농민층이 혁
명운동을 일으켜 붕괴시킨 것은 조금도 이상할 것이 없다.

또한 농민층은 고립되고 분산되어 있어서 혁명운동을 일으키지 못한
다는 견해도 교조주의적 편견임을 인식할 필요가 있다. 농민층은 마을
공동체 안에서 다른 농민들과 일상적으로 결합되어 생활하고 있기 때
문에 다른 계층보다 특히 고립되고 분산되어 있는 것은 아니다. 뿐만
아니라 1894년 동학농민혁명운동의 경우에는 동학 교단이라는 종교조
직이 농민층에게 조직과 사상을 주어 농민층을 조직적으로 공고히 단
결시키고 동원했으므로, 여기에서는 농민층의 고립성과 분산성을 혁명

---

35) 愼鏞廈, 〈甲午農民戰爭의 主體勢力과 社會身分〉, 《韓國史硏究》 제50·51 합집, 1985
참조

운동 불가능의 요인으로 말할 여지가 없는 것이다.

뿐만 아니라 갑오동학농민혁명은 19세기 말인 1894년에 일어난 혁명 운동으로서, 이것을 서양의 16세기 초 농민전쟁과 비교하거나 여기에서 유추하여 농민층의 본래적 미성숙을 주장하고, 따라서 농민층은 혁명운동의 주체세력이 될 수 없다고 보는 것은 역사의 진전을 부정한 견해인 것이다. 이러한 견해는 조선왕조사회와 서양 중세사회의 신분·계급구조의 차이를 간과한 견해일 뿐 아니라, 또한 무엇보다도 16세기 초와 19세기 말의 약 380년에 걸친 역사의 진전을 간과한 견해인 것이다.

19세기 말인 1894년의 시점은 조선왕조사회에서도 봉건적 모순이 이미 무르익어 드러날 대로 모두 드러났고, 농민층도 이를 충분히 타도할 수 있을 만큼 성장했으며 조직과 사상도 동학에 의해 공급되어 농민층이 혁명운동을 일으킬 수 있었던 것이다.

그러므로 서양역사의 해석을 교조적으로 도입하여 농민층은 혁명을 일으킬 수 없는 미성숙한 계층이므로, 갑오동학농민전쟁은 농민혁명운동으로 해석할 수 없다고 주장하는 것은 역사에 대한 미성숙한 견해인 것이다. 역사 실체로서 농민이 실제로 혁명운동을 일으켰다면 서양역사에 전례가 있든 없든 간에 우리는 이것을 농민혁명운동으로 해석해야 할 것이다.

일찍이 박은식은 갑오동학농민혁명운동에 대하여 "즉 그것은 우리나라 평민의 혁명이다"36)고 하였다. 오늘날의 사회과학적 관점에서 '갑오동학란'은 1894년 동학농민혁명이라고 보아야 할 것이다.

---

36) 朴殷植, 〈韓國獨立運動之血史〉, 《朴殷植全書》 상권, p.455.

5. 동학농민혁명과 시민적 개혁의 결합설

세계 각국 근대사에서 가장 중요한 연구과제 가운데 하나는 중세적 구체제(앙시앵 레짐)를 어떻게 해체시키고 근대적 신체제를 어떻게 수립했는가의 문제라고 할 수 있다.

한국근대에서 중세적 구체제의 붕괴와 근대적 신체제의 수립과정을 보면, 1894년 3월에 동학농민들이 동학혁명을 일으켜서 구체제(앙시앵 레짐)의 골간들인 민비수구파 정권, 양반사회신분제도, 봉건적 지주제도, 봉건적 수취제도…… 등 구체제 전반을 혁명적으로 붕괴시키면서 집강소형의 신체제 수립을 추구해 나가자, 약 3개월 뒤에 갑오경장(甲午更張) 개화파가 이를 받아서 근대적 개혁을 단행하기 시작하였다.

갑오동학농민혁명운동이 아래로부터 구체제를 혁명적으로 붕괴시켜 주지 않았다면 당시 개화파의 작은 실력으로는 구체제를 붕괴시킬 수 있는 힘이 전혀 없었으며, 집권할 기회조차도 없었을 것이다.[37] 또한 갑오경장 개화파가 집권한 뒤에도 동학혁명이 아래로부터 구체제를 혁명적으로 붕괴시키면서 집강소의 폐정개혁을 과감하게 단행하지 않았다면, 갑오경장 개화파의 법제적 개혁은 '종이위의 개혁(Paper reform)'에 그치고 말았을 것이다. 실제로 개화파 집권 뒤 갑오경장의 대개혁은 동학농민혁명운동에서 농민들이 추진한 혁명적 대변혁을 개화파식으로 번역하고 수정해서 단행한 것이 매우 많았다.[38]

갑오경장 개화파가 추진한 대개혁은 프랑스식 개념으로 표현하면 본질적으로 시민적 근대개혁이었으나, 개화파 자신들은 대부분 양반귀족 출신들이었다.[39] 이 양반귀족 출신의 개화파들은 동학혁명의 여파로 집

---

37) 柳永益, 《甲午更張硏究》(일조각), 1990 참조.

38) 鄭진相, 〈甲午農民戰爭에 관한 社會史的 硏究〉(박사학위 논문), 1992.

39) 愼鏞廈, 〈1894년의 社會身分制의 廢止〉, 《奎章閣》 제9집, 1985. 《韓國近代社會史》(一志社), pp.97~145 참조.

권하게 되자 시민적 혁명을 추진한 것이 아니라 시민적 개혁을 추진하였다. 당시 개화파는 시민적 혁명을 추진할 실력도 없었고 지향도 없었으며, 그들이 실제로 추구한 것은 처음부터 시민적 개혁이었다. 갑오경장 개화파는 동학농민혁명이 진행되는 동안에는 시민적 개혁을 매우 과감하게 단행하였다. 그러나 동학농민군이 우금치전투에서 패전하여 동학농민혁명이 붕괴된 이후에는 갑오경장 개화파는 시민적 개혁을 단행하는 데 그 속도를 현저히 늦추고 더욱더 온건한 개혁을 추진하는 경향이 있었다.

예컨대, 동학농민군의 집강소가 설치되기 시작한 1894년 5월 8일 이후 동학농민군이 혁명적으로 양반신분제도를 폐지하고 노비문서를 불사르며 노비신분과 천민신분의 신분해방을 단행하자, 6월 23일에 집권한 개화파는 뒤이어 이를 흡수해서 6월 28일부터 군국기무처(軍國機務處)에서 사회신분제 폐지를 법제화하여 단행하는 과감한 법령을 위로부터 제정공포해서 수천 년 묵어온 우리나라의 사회신분제도를 마침내 폐지하기에 이르렀다.40) 그러나 1894년 12월 우금치전투에서 동학농민군이 패전한 이후 전국 도처에서 양반유생들이 반혁명군을 편성하여 동학농민군의 잔여세력을 색출하고 탄압하면서 사회신분제의 부활을 추구하자, 갑오경장 개화파는 한편으로 이를 억제하면서 다른 한편으로 사회신분제 폐지의 후속조치를 크게 완화하여 속도를 늦추었다.41) 동학농민군을 마지막 단계에서 궤멸시키는 데 큰 공훈을 세운 양반신분층의 사회신분제 유지를 위한 봉건적 반동이 성공하지 못한 것은 사회신분제 폐지를 추구하는 개화파 세력이 집권하여 위에서 버티면서 이를 눌러 해체시켰기 때문이었다. 그러나 동학농민군 패배 뒤에는 사회신분제 폐지의 속도가 크게 느려진 것이 엄연한 사실이었다.42)

---

40) 《更張議定存案》 제1책, 開國 503년 음력 6월 28일조 및 7월 초 2일조. 《高宗實錄》, 高宗 31년 甲午 6월 28일조 및 7월 초 2일자 참조.

41) 《高宗實錄》, 高宗 32년 乙未 3월 10일조 및 《官報》. 開國 504년 3월 10일조 참조.

즉 동학농민혁명운동에 의하여 사회신분제도가 혁명적으로 철폐되어 나가자, 뒤를 이어 집권한 개화파가 사회신분제 폐지의 법제화를 단행하여 개혁을 실시함으로써, 아래로부터 동학농민들의 혁명과 위로부터 개화파의 개혁이 결합하여 우리가 한국근대사에서 볼 수 있는 바와 같은 역사적 변혁으로서 사회신분제 폐지가 실현된 것이었다. 그리고 이 동학농민들의 혁명과 개화파의 개혁 결합은 친화력에 바탕을 둔 결합이 아니라 본질적으로 목표의 동일성에 입각한 구조적 결합이라고 볼 수 있다.

갑오개혁의 다른 부분 개혁들도 사회신분제 폐지의 경우와 대동소이한 것이 대부분이었다. 당시 국내에서 서구식 근대체제의 내용을 가장 잘 알고 근대적 사회정치기구에 의한 정밀한 신체제의 개혁사상을 갖고 있던 세력은 소수이지만 개화파였기 때문에 그들은 동학농민들의 혁명운동으로 말미암아 중세적 구체제가 붕괴되고 호남 일대에서 농민들의 집강소형 신체제가 추구되자, 이를 수용하여 개화파식으로 번역하고 자신들의 신체제 구상을 융합하여 근대사회로 이행을 추진한 것이었다.

우리가 사건사(事件史)의 시각에서 보면 1894년의 갑오동학농민혁명운동은 실패한 별개의 사건이고, 개화파의 갑오경장이라는 시민적 근대개혁은 또 다른 별개의 사건으로 보일 수 있다. 그러나 사회사학에서 강조하는 구조사(構造史)·구조변동사(構造變動史)·장기사(長期史)·심층사(深層史)·거시사(巨視史)·전체사(全體史)의 방법과 시각에서 보면, 19세기 한국역사에서 구체제(앙시앵 레짐)는, 1894년 동학농민혁명운동으로 말미암아 붕괴되고, 이것이 닦아 놓은 길 위에서 근대적 신체제의 수립은 개화파의 갑오개혁이라는 시민적 근대개혁에 의하여 추진됨으로써 동학농민혁명과 개화파의 시민적 개혁의 결합에 의해 19세기 말 한국의 근대사회체제가 수립되었음을 알 수 있다. 그리고 이때의

---

42) 《奏議》 제5책, 開國 504년 3월 29일조 참조.

동학농민들의 혁명운동과 개화파의 시민적 개혁 결합은 친화력에 바탕을 둔 결합이 아니라 구조 결합의 내용을 가진 것이었다고 볼 수 있을 것이다.

6. 동학농민혁명운동의 역사적 의의

지금까지 살펴본 동학농민혁명운동은 비록 완전히 성공하지는 못했다 할지라도 한국근대사에서 매우 큰 역사적 의의를 가진 민족운동·농민운동이었다. 특히 다음과 같은 몇 가지 사실이 그의 큰 역사적 의의로서 주목된다.

첫째, 동학농민혁명운동은 우리나라 농민들의 대표적인 반중세·반봉건운동이었고, 반침략·반제국주의 애국운동이었다. 제1차 동학농민혁명운동은 반봉건·반침략의 성격이 복합된 농민운동으로서 반침략보다는 반봉건적 성격이 더욱 강한 농민혁명운동이었다. 동학과 농민층이 결합하고, 농민층 가운데서도 양인신분과 천민신분층의 소작농·빈농층이 핵심적 주체세력이 된 동학농민군은 조선왕조의 전근대체제를 반대하여 농민혁명운동을 일으킨 것이었다.

이에 견주어 제2차 동학농민혁명운동은 반봉건적 성격보다는 일본침략군을 자기의 조국강토에서 몰아내기 위한 반침략적·반제국주의적 성격이 전면에 부각된 민족혁명운동이었다. 제2차 동학농민혁명운동에서 동학교도들과 농민들은 무려 30만 명이 목숨을 잃는 희생을 당하면서도 일본침략군과 일본세력을 한반도에서 몰아내고 자기 조국을 지키기 위하여 보국안민의 기치 아래 민족혁명의 애국운동을 헌신적으로 전개하여 나라와 겨레를 지키는 일에 크게 이바지했으며 애국정신을 크게 드높였다.

둘째, 동학농민혁명운동은 당시의 양반신분제도와 당시까지 수천년 묵어온 사회신분제도를 폐지하는 데 결정적 역할을 하였다. 한국역사에서 1894년의 사회신분제 폐지는 양인·천민의 하위신분층 농민들이 동학농민혁명운동에 의하여 먼저 아래로부터 혁명적으로 사회신분제를 폐지해 나가자 그 뒤에 갑오경장 개화파들이 이를 받아서 법령으로 사회신분제를 폐지한 것이었다.

셋째, 동학농민혁명운동은 당시까지 수천 년 지속되면서 나라의 자주근대화를 완강하게 저지하던 구체제(앙시앵 레짐)를 근본적으로 붕괴시켰다. 당시 한국 민족국가의 자주독립과 근대사회로 이행을 위해서도 민비정권을 정치권력의 핵심으로 하는 구체제를 붕괴시키는 것이 선결의 대과제로 전제되어 있었는데, 한국사회의 근대화 과정에서도 이 대과제를 시민세력이나 개화파가 수행하지 못하고 동학농민세력이 동학농민혁명운동을 통하여 수행함으로써 근대사회로의 이행의 길을 넓게 열어 준 것이었다. 즉, 동학농민혁명운동은 한국사회를 근대화하는 데 절반의 과제인 구체제를 붕괴시키는 데는 성공한 것이었으며, 이 면에서 동학농민혁명운동은 완전히 실패한 것이 아니라 부분적으로 성공한 것이었다고 볼 수 있다.

넷째, 동학농민혁명운동은 집강소의 농민정치를 실시하여 한국역사에서 처음으로 농민이 권력을 장악하고 농민에 의한 농민을 위한 농민의 농민민주주의적 근대개혁의 지방통치를 실시하였다. 이것은 동학농민들이 구체제를 붕괴시킴과 동시에 그들이 원하는 신체제와 근대화의 모형을 제시한 것으로서, 만일 일본군의 간섭이 없어서 동학농민군이 패전하지 않고 서울에 입성했었다면 전국에 걸쳐 집강소형의 근대적 신체제가 수립될 수 있는 모형이 정립된 것이었다.

다섯째, 동학농민혁명운동은 개화파 정부가 갑오개혁을 추진하는 데 아래로부터의 추동력이 되어 대개혁을 단행하도록 하는 근원적 힘이 되어 주었다. 당시 개화파의 실력으로는 동학농민혁명운동이 없었더라면 집권할 기회도 없었을 것이다. 개화파 집권 뒤의 갑오경장의 대개혁은 동학농민들의 개혁요구를 개화파식으로 번역하고 수정하여 단행한 것이 매우 많았다. 즉 19세기 한국역사에서 전근대사회로부터 근대사회로의 이행은 구조적으로 동학농민혁명운동과 개화파의 시민적 개혁의 결합에 의하여 수행된 것이었다. 동학농민혁명운동은 동학농민들 자신이 집권하지는 못했다 할지라도 집권한 개화파 정부로 하여금 갑오경장의 대개혁을 단행하도록 결정적인 사회적 압력을 주입했다는 면에서도 큰 역사적 의의를 가진 것이었다. 갑오경장의 여러 가지 개혁들은 동학농민혁명운동의 개혁요구 조항들과 분리해서는 정확히 이해되기 어려운 것임을 여기서 주목할 필요가 있다.

여섯째, 동학농민혁명운동은 전국적으로 각계각층에 걸쳐 광범위한 국민들의 정치적 사회적 각성을 크게 촉진하였다. 동학농민혁명운동에서 드러난 여러 가지 민족적·정치적·사회적·신분적·경제적·문화적 문제 제기들은 전 국민에게 심대한 충격을 주었으며, 이 동학농민혁명운동의 큰 충격을 받고 19세기 말 한국 국민들의 정치의식과 사회의식이 크게 계발되고 고양되었다고 볼 수 있다.

일곱째, 동학농민혁명운동은 그 뒤 일본 제국주의의 침략에 대한 반일 역량(反日力量)을 크게 제고시켰으며, 항일 의병운동의 저변의 토대를 튼튼하게 만들었다. 동학농민혁명운동에 참가했던 많은 동학농민군 병사들은 그 뒤 의병부대들의 병사가 되어 기회 있을 때마다 항일무장투쟁을 완강하게 전개하였다. 많은 관찬 문헌들에서 의병의 병사들은 '동비여당(東匪餘黨)'이 많다고 기록한 것은 이것을 가리킨 것이었다.

즉, 동학농민혁명운동은 한국근대사에서 수천 년 묵어온 낡은 전근대적 구체제를 붕괴시키고 근대사회로 이행하는 길을 넓게 열어 주었으며, 이 열린 길 위에서 개화파들이 구조적으로 역할을 분담하여 동학농민들의 개혁요구 조항들을 개화파식으로 번역하고 수정해서 근대국가와 근대사회 수립의 대개혁을 단행한 것이었다.

제2부

동학농민혁명운동기의 농촌사회와 농민생활

IX. 조선왕조 후기의 지주제도와 농민생활

1. 지주제도의 기원

한국 사회사에서 지주제도의 기원은 멀리 삼국시대까지 거슬러 올라
갈 수 있다. 삼국시대에도 일부 사적 토지 매매가 있었다는 기록이 있
고, 이와 관련하여 사전(賜田)이나 사원전(寺院田) 또는 식읍(食邑)이 지
주제도에 의하여 경작되었으리라고 추정되고 있다. 통일신라시대에는
토지 매매가 성행하였고, 특히 그 말기에는 토지 겸병과 토지 사유화가
진행되었다. 따라서 이러한 토지에서는 몰락한 농민이 소작농으로 되어
봉건적 지주제도가 전개되었던 것으로 추정되고 있다.

고려시대에 들어오면 기록에도 지주제도의 편린이 나타난다. 《고려
사(高麗史)》의 973년(광종 24년) 12월조(條)에는 "진전(陳田)을 개간한
사람은 사전(私田)의 경우 첫해의 수확물은 개간자가 전부 갖고 둘째 해
부터는 토지의 주인과 반씩 나눈다"고 기록되어 있다. 얼마 뒤인 1111년
(예종 6년) 8월조에는 "3년 이상 묵은 진전을 개간한 경우에는 그 수확
물을 2년 동안 전부 전호(佃戶: 소작 농가)에게 주고 제3년에 전주(田主;
지주)와 반씩 나눈다"고 기록되어 있다. 이 기록들은 고려 초기부터 공
전제(公田制) 아래서도 휴경지 또는 폐토지를 의미하는 진전의 개간 경
작에서는 합법적으로 지주제도가 존재했었음을 증명해주고 있다. 이 기
록에서도 이 시대에는 지주를 전주, 소작인을 전호라고 불렀고, 소작료
율은 생산물의 50%였음을 알 수 있는 것이다.

고려 중기 이후 공전제가 현저히 붕괴되기 시작하고 고려 말기에 중앙

집권적 국가의 통제력이 약화되자 권세를 장악한 귀족층은 각 지방에 대농장들을 설치하여 지주화하였다. 그들은 권세의 크기에 따라 큰 권세를 가진 귀족들은 대지주가 되고 작은 권세를 가진 귀족들과 신진 관료들은 중소 지주가 되었다. 그때까지의 공전을 사전화하여 지주가 된 귀족들은 그들이 사점한 토지의 대부분을 자기의 노비들이나 몰락한 농민들에게 소작시킴으로써 지주제도는 일반적인 제도가 된 것이다. 이 경우에 권세 있는 귀족인 지주들은 소작인들에게 강력한 '사회신분적 강제(규제)'를 가하였다. 자경 농민(자작농)의 소작농으로의 몰락은 신분적 몰락을 수반하는 경우가 많았으며, 소작인들은 귀족 지주에 대하여 대체로 농노적 지위에 있었다고 볼 수 있다. 고려 말기의 지주제도는 이 점에서 전근대적·봉건적 지주제도였으며, 귀족 지주는 농노적 지위에 있는 소작인으로부터 '사회신분적 강제'에 의하여 생산물의 50%에 달하는 소작료를 수취하는 전형적인 봉건적 지주였다고 말할 수 있다.

2. 지주제도의 성립

조선왕조의 개창을 추진한 신진 관료들은 1391년(고려, 공양왕 3년)부터 과전법(科田法)이라는 토지개혁을 단행하였다. 이 토지개혁은 고려 말기의 봉건적 대농장들을 몰수하고 고려시대의 토지문서들을 소각하는 한편, 이성계를 추종하는 신진 관료들을 중심으로 과전(科田)·군전(軍田)·공신전(功臣田)·별사전(別賜田) 등의 이름으로 토지를 재분배하였다. 이 재분배된 토지에서는 이른바 '병작반수(竝作半收)'라는 소작료율 50%의 지주제도 시행을 엄금하고, 부득이 타인에게 경작시킬 경우에도 생산물의 10%만 조(租: 소작료에 해당)를 징수하게 되었다. 또한 이 토지개혁은 토지 겸병의 대두를 방지하기 위하여 토지 매매를 금지하였다.

과전법의 이러한 조치는 비록 '병작반수'는 금하였다 할지라도 '차경

(借耕)'은 허용되어 남아 있었기 때문에 기회만 있으면 소작료가 생산물의 10%로부터 50%로 증가하여 '병작반수'가 일반화할 소지를 남긴 것이었다. 실제로 과전법 실시 도중에도 일부 지방에서는 관행으로서 '병작반수'가 시행되고 있었기 때문에, 조선왕조 정부는 1406년(태종 6년) 토지 없는 백성이나 빈농의 구휼을 위해서는 예외적으로 '병작반수'도 허용하는 조치를 취하였다.

특히 주목해야 할 것은 조선왕조 정부는 1424년(세종 6년)에 사적 토지 매매를 허용하는 칙령을 내렸으며, 이를 전환점으로 토지사유제(土地私有制)가 공식적으로 성립되어 급진전되기 시작했다는 사실이다. 과전법이 토지사유제도의 발전 대세에 밀려 붕괴 위기에 직면하자, 세조는 1466년(세조 12년) 과전법을 직전법(職田法)으로 개정했고, 성종은 1470년(성종 1년) 직전법을 다시 수정했으나, 모두 실패하여 과전법체제는 15세기 말에 완전히 무너지게 되었다.

과전법이 무너짐에 따라 이제까지 예외적인 것으로 허용되어 존재하던 '병작반수'가 모든 '차경'에 적용됨으로써 15세기 말에 '병작'이라는 제도로 전근대적·봉건적 지주제도가 확립된 것이었다. 지주제도가 한번 확립되자 토지 겸병의 진전과 함께 '병작'이라는 이름의 전근대적 지주제도는 전국적으로 급속히 확산되어 나가고, 임진왜란 이후 17세기에는 '도지(賭地)'라는 새로운 종류의 지주제도까지 발생하여 조선왕조의 보편적인 토지제도로 전개되었다.

3. 지주제도의 종류

조선왕조 후기 사회의 지주제도는 크게 나누어 병작법(竝作法)과 도작법(賭作法) 두 가지 종류가 있었다.

(1) 병작법

병작법은 농민들 사이에서는 보통 '어우리' '타작법(打作法)' '절반법(折半法)' '반작법(半作法)' 등으로 불리던 제도로서, 매년의 수확량을 미리 정한 소작료율에 의거하여 징수하는 지주제도였다. 따라서 병작법에서 소작료율은 일정하게 고정되어 있었으나, 소작료액은 풍흉에 따라 변동하였다. 병작법의 소작료율은 일반적으로 총 생산물의 50%가 지배적이었다. 이 때문에 농민들은 병작법을 '절반법' 또는 '반작법'이라고 부르기도 한 것이었다. 병작법은 고려 말기와 조선왕조 초기에 지주제도가 형성되어 전개되기 시작할 때부터 이 지주제도가 폐지될 때까지 가장 성행했던 종류의 지주제도였다.

실학자 이익은 병작법을 정의하여 "다른 사람의 토지를 경작하는 것을 병작이라 하는데 대개 전주와 전객(佃客; 소작인)이 각각 그 수확의 반을 거두는 것이다"[《성호사설(星湖僿說)》 인사문(人事門), 본정서(本政書)]고 하였다. 18세기 후반 19세기 초엽의 실학자들이 지주제도의 전형으로서 문제 삼은 것도 바로 이 병작법이었다.

실학자 정약용은 조선왕조 후기 병작법 지주제도의 폐해를 들면서, 지주는 앉아 놀면서도 생산물의 10분의 5를 거두어들이고, 소작인(전객)은 소작료로서 생산물의 10분의 5와 전세(田稅) 10분의 1을 합하여 총 생산물의 10분의 6을 납부하지 않으면 안 된다고 개탄하였다. 정약용은 자기 시대의 병작법 지주제도의 모습에 대하여, 지주[田主]는 소작인[佃客]으로부터 생산물의 50%를 소작료로 징수하는 것이 일반적이며, 소작료 징수 방법은 지방에 따라 다르다고 지적하였다. 즉 경기도와 충청도에서는 벼를 벤 그날에 타작하여, 즉석에서 소작료를 징수하지만, 전라도에서는 소작인이 이를 노적(露積)했다가 겨울철에 타작하여 소작료를 납부한다고 하였다. 또한 지세와 종자의 부담에 대하여 경기도와 충청도에서는 이를 지주가 부담하고 볏짚을 지주와 소작인 사이에 균분(均

分)하면서 50%의 소작료를 징수한다고 지적하였다. 그러나 전라도에서는 지세와 종자를 소작인이 부담하고 볏짚은 모두 소작인이 취득하면서 지주는 생산물의 50%를 소작료로 징수한다고 지적하였다.

실학자 박지원은 충청도 면천군(沔川郡)의 병작법 지주제도의 사례를 들면서, "현재 민호(民戶) 가운데 자기의 전지(田地)를 경작하는 농가는 10분의 1, 2도 안 되는데, 공부(公賦)가 10분의 1이요 사세(私稅)가 반(半)을 갈라가니 공사세(公私稅)를 합하여 계산하면 곧 10분의 6이나 된다"[과농소초(課農小抄), 한민명전의(限民名田議)]고 지적하고, 농민들이 쉬지 않고 근면하여 경작한다 할지라도 이렇게 가혹한 지주제도를 그대로 두고서야 그들이 어떻게 마침내 유민(流民)이 되어 굶어죽지 않겠느냐고 개탄하였다.

병작법의 소작료 징수 방법에는 예분법(刈分法)과 곡분법(穀分法)의 두 가지 종류가 있었다. 예분법은 작물을 베어서 탈곡하기 전에 벼 묶음으로 소작료를 징수하는 방법이었고, 곡분법은 탈곡하여 알벼를 징수하는 방법이었다. 예분법은 주로 북부지방에서 성행하였고, 곡분법은 주로 남부지방에서 많이 행해졌다.

(2) 도작법

한편 지주제도의 한 종류로서 도작법은 농민들 사이에서는 보통 '도지', '도지법(賭地法)', '도조법(賭租法)'이라고 불리던 것으로서, 원칙적으로 일정의 소작료액을 지주와 소작인 사이에 사전에 협정한 뒤 매년의 수확량 변동에 관계없이 일정액의 소작료를 징수하는 방법이었으며, 풍흉에 따라 소작료액이 변동하지 않는 것이 특징이었다. 즉 도작법의 가장 큰 특징은 소작료의 정액제에 있었다고 할 수 있다.

그러나 도작법에는 반드시 구분해 보아야 할 두 가지 다른 방법이 포함되어 있었다.

첫째는 ‘정도법(定賭法)’, ‘정도조(定賭租)’, ‘영정도지(永定賭只)’, ‘영세(永稅)’ 등으로 통칭되었던 것으로서, 풍흉에 관계없이 사전에 소작료액을 정하여 해마다 일정의 소작료액을 징수하는 방법이었다. 이 ‘정도법’의 소작료액을 정하는 표준은 ① 평년작(平年作)을 표준으로 하는 방법, ② 토지의 매매 가격을 표준으로 하는 방법, ③ 토지의 면적을 표준으로 하는 방법 등이 있었다. 이 가운데서 1)의 평년작을 표준으로 하는 방법이 가장 널리 통용되었고, 2)와 3)은 특례적인 것이었다. 이 ‘정도법’이야말로 본래의 ‘도작법’이라고 할 수 있는 것이었다.

둘째는 ‘집수(執穗)’, ‘두지정(頭支定)’, ‘집조(執租)’라고 통칭되었던 것으로서, 매년 작물이 성숙한 뒤 베기 전에 지주가 간평인(看評人)을 파견하여 소작인 입회 아래 작황을 조사하고 그 수확 예상량을 추정하여 소작료를 정하는 방법이었다. 따라서 소작료율은 일정하였으나 소작료액은 매년 풍흉에 따라 변동하였다. 이 방법은 비록 수확 예상량을 추정하여 소작료를 결정했다고 하지만 매년의 풍흉에 따라 소작료액이 변동하므로 오히려 본질적으로 ‘정도법’보다는 병작법에 더 접근하는 것이었다고 볼 수 있다.

이러한 ‘정도법’과 ‘집수법’의 이질적인 지주제도가 하나의 ‘도작법’ 안에 섞여 있었던 이유는 역사적으로 그것이 동일 지주의 동일 종류 토지에서 대체로 동일한 소작료율의 소작료를 징수했기 때문인 것으로 보인다.

(3) 지주제도의 변동

일제 강점지에는 ‘병작법’ 지주제도는 ‘타조법(打租法)’, 도작법 안의 ‘정도법’은 ‘정조법(定租法)’, 도작법 안의 ‘집수법’은 ‘집조법(執租法)’이라는 명칭으로 규정되어 3종류의 지주제도가 있는 것으로 분류되었다.

구한말 탁지부(度支部: 재무부)의 조사에 따르면 경상도 지방의 병작법과 도작법의 시행 비율은 병작법이 68%, 도작법이 32%(이 가운데서 정도법이 20%, 집수법이 12%)이었다.

지주제도 변동 과정의 측면에서 보면, 고려 말기와 조선왕조 초기의 지주제도는 '병작법'뿐이었고, '도작법'은 17세기부터 성립되어 발전한 것이라고 해석되고 있다. 도작법은 정액 소작료 제도이기 때문에 생산력 증대 면에서는 병작법보다는 나은 것이었고 지주보다 소작인측에서 더 유리한 제도라고 이해되었다.

도작법은 주로 역둔토(驛屯土)나 궁방전(宮房田)에서 시행되었으며, 민유지의 경우에는 주로 지주의 거주지로부터 원격지에 있는 비옥한 논이나 주로 밭에서 시행되었고, 그 소작료율은 환산하면 총 생산량의 3분의 1에 해당하는 것이 일반적이었다. 도작법의 소작료액은 도작법의 발생 초기부터 병작법의 소작료보다 저렴한 것이 일반적이었다. 따라서 도작법의 발생과 성장은 지주제도에서 변동의 한 측면을 나타내는 것이었다고 볼 수 있다.

4. 소작료율과 소작료 형태

(1) 소작료율

소작료율은 지주제도의 종류에 따라 차이가 있었다.

병작법의 소작료율은 그 별명이 '절반법', '반작법', '병작반수'로 불릴 만큼 거의 전부가 총 생산량의 50%이었다. 때때로 병작법의 소작료율이 이보다 저율이거나 또는 고율인 경우도 있었으나 이것은 극히 드문 예외에 지나지 않았다. 그러나 소작료 이외에 지세와 종자를 지주와 소작인 가운데 누가 부담하는가에 대해서는 다음과 같이 지역과 경우에 따라 다양하였다.

① 지주가 지세를 부담하고 소작인은 종자를 부담하여 소작료율을 생
   산물의 50%로 하는 것.
② 지주가 지세와 종자를 모두 부담하고 소작료율을 생산물의 50%로
   하는 것.
③ 소작인이 지세와 종자를 모두 부담하고 소작료율을 생산물의 50%
   로 하는 것.
④ 수확물에서 지세와 종자에 상당하는 수량을 공제한 뒤 그 나머지
   에서 50%를 소작료로 징수하는 것.
⑤ 지주가 재배 작목을 지정하고 지세와 종자를 부담하여, 생산물의
   50%를 소작료로서 징수하는 것.
⑥ 지주가 지세를 부담하고 소작인이 종자를 부담하여 볏짚 전부를
   갖고, 생산물의 50%를 징수하는 것.

이 가운데서 ①과 ②가 가장 보편적으로 시행되었고, 3)은 호남지방
의 관행이었으며, ④·⑤·⑥은 특수한 경우에만 행해졌다.

한편 도작법의 소작료율은 그 별명이 '삼분법(三分法)'이라고 불릴 만
큼 환산하면 생산량의 3분의 1이 지배적이었다. 그러나 예상수확량을
어떻게 추정하는가에 따라 소작료율은 생산량의 4분의 1부터 10분의 4
사이에 분포되었던 것으로 볼 수도 있다. 특히 도작법 안의 '집수법' 간
평(看評)의 경우에는 지주 측이 주로 이를 평가 결정함으로써 실제 소작
료율은 생산량의 3분의 1보다 약간 높은 것이 보통이었으나 2분의 1보
다는 낮았다. 따라서 원칙적으로 도작법의 소작료는 총 생산량의 3분의
1이 기준이 되었다고 볼 수 있다.

도작법은 어느 경우에나 그 발생 초기부터 환산하면 병작법보다 소작
료율이 저율이었으므로, 지세와 종자는 소작인의 부담이었다. 그 대신
볏짚은 소작인이 모두 갖는 것을 일반적인 관행으로 하였다.

도작법 가운데 '정도법'은 풍년에는 소작료가 저렴하게 되고 흉년에

는 소작료가 상대적으로 높아지지만 장기적으로 계산하면 병작법보다 정도법이 소작료가 현저히 저렴하여 소작농에게 유리하였다. 그러므로 지주제도를 병작법에서 도작법(정도법)으로 바꾸려는 소작농 및 개혁적 관료·지식인들의 운동과, 이에 대항하여 역둔토에서 오히려 도작법을 병작법으로 역전시켜보려는 지주들의 시도 사이에 갈등이 끊임없이 전개되었다.

여기서 주목해야 할 것은 조선왕조 후기사회 지주제도의 소작료율 50%는 당시 소작료율의 상한(上限)이었다는 사실이다. 이것은 경작 농민의 잉여 생산물이 총 생산물의 50%를 넘지 못하던 당시 농업 생산력의 발전 수준과 관련되어 있었던 것이라고 할 수 있다.

소작인은 소작료 이외에도 일부 지방에서는 지주의 관혼상제 때에 무상 노동을 제공하는 일이 있었으며, 평안도 지방에서는 1년에 3회 소작인에게 무상 노동을 시키는 관행이 있었다.

경작지의 토지 개량과 수선 및 수리 비용에 대해서는 노동력의 투입만 필요한 소개선은 이를 소작인이 부담하였고, 자본의 투입이 필요한 대개선은 이를 지주가 부담하는 것이 관행이었다.

(2) 소작료의 형태

소작료 형태에서는 대부분 현물 형태로 징수되었고, 오직 '정도법'의 경우에 때때로 금납(金納)이 채택되어 '화폐소작료'가 드물게 시행되었다. 때때로 지주가 소작지를 원격지에 소유하고 있어서 '현물소작료'가 매우 불편함을 느낄 경우나 또는 지주가 특히 '화폐'를 요구하는 경우에는 현물소작료를 당시의 시가로 환산하여 화폐로 납부하는 '대금납(代金納)'이 일부 행해지기도 하였다.

화폐소작료는 갑오개혁(1894) 이전에는 주로 역둔토에서 발생했다가 갑오개혁 이후에는 점차 완만히 성장해가고 있었다.

전반적 추세는 비록 매우 완만하기는 하지만 병작법 현물소작료에서 도작법 화폐소작료 형태로 바뀌어가고 있었다고 할 수 있다.

5. 소작기간과 소작 계약

소작기간은 일반적으로 미리 정하는 일은 없었고 소작인이 소작료를 태납(怠納)하지 않는 한 무기한으로 영년(永年) 계속되었다. 심지어 자자손손이 지주—소작 관계가 지속되는 경우도 많았다. 이것은 조선왕조 시대에는 소작농이 소작지에 대하여 관습상의 경작권을 갖고 있었음을 나타내는 사실이라고 볼 수 있다. 조선왕조의 지주제도에서는 소작인의 '경작권'으로 말미암아 소작농의 지위는 그 뒤 일제 치하의 지주제도에 견주어 훨씬 안정되어 있었다고 볼 수 있다.

소작 계약은 병작법에서는 지주(또는 그 대리인으로서의 마름)와 소작인 사이에 구두계약으로 정하는 것이 대부분이었고, 문서로 계약하는 것은 드물었다. 그러나 때로는 지방에 따라서 구두계약 성립 후 지주와 소작인 사이에 각서 형식의 문서를 교부하는 경우도 있었다. 그러나 도작법의 경우에는 문서계약이 널리 시행되었다. 이때 지주로부터 소작인에게 교부하는 계약 문서를 '패지(牌旨)' 또는 '차첩(差帖)'이라고 불렀으며, 소작인이 지주에게 교부하는 계약문서를 '지정표(支定標)' 또는 '도지표(賭地標)'라고 불렀다.

6. 기생 지주제도와 소작지 관리

조선왕조 후기사회의 지주제도는 지주가 농업 경영에는 직접 참가하지 않는 기생 지주제도(寄生地主制度)의 특징을 갖고 있었다. 이러한 기생 지주들은 토지 개량이나 농업 생산력의 증대에는 관심이 없었고 따라서 농업 생산에 투자도 하지 않았다. 기생 지주의 주요 관심은 한 뼘의 땅이라도 소유 토지(소작지)를 확대하여 소작료를 징수하는 데 집중되어 있었다. 농업 생산과 농업 경영의 실제 담당자는 소작인이었으며, 지주는 시종일관 '기생 지주'에 지나지 않았다.

따라서 기생 지주들은 대지주인 경우에도 하나의 단지에 농장식으로 대토지를 소유한 것이 아니라 여러 곳에 흩어져 있는 소유 필지들의 합계가 대토지 소유를 형성한 경우가 대부분이었다. 대지주의 소작지에서도 농업 경영은 소작인들에 의하여 분절되어서 영세 경영 또는 소경영이 지배하고 있었다.

기생 지주는 농촌 안에 거주하는 재촌 지주(在村地主)와 서울 및 지방 도시에 거주하는 부재 지주(不在地主)로 나누어 볼 수 있다. 그러나 재촌 지주도 부재 지주와 마찬가지로 농업 생산과 농업 경영에는 직접 참가하지 않는 기생 지주임에는 변함이 없었다.

소작지 관리에서는, 소지주는 스스로 소작지를 관리했으나 중대지주(中大地主) 또는 원격지에 소작지를 소유하고 있는 지주는 모두 지주를 대리하는 대리인을 두어 소작지를 관리하였다. 이 지주의 대리인을 보통 '마름[舍音]'이라고 불렀으나, 지방에 따라서는 '대택인(大宅人)', '농막 주인(農幕主人)', '수작인(首作人)'이라고도 불렀으며, 궁방전과 역둔토의 마름은 '도장(導掌)'이라고 불렀다.

마름의 중요한 역할로는 ① 소작인의 선정, ② 소작료의 징수, ③ 소작인의 해제, ④ 소작지의 변경, ⑤ 지주에게 소작료의 완납, ⑥ 소작료의 간평, ⑦ 소작료의 보관, ⑧ 소작료의 판매, ⑨ 소작인의 감독, ⑩ 소작지의 관리, ⑪ 조세 대납, ⑫ 재해 소작지의 복구 등이 있었다. 그러나 소작지의 개량이나 지목 변경, 소작료의 증감과 같은 중요한 사항은 사전에 지주의 승인을 얻고 행하는 것이 보통이었다.

7. 지주·소작인의 사회신분과 사회관계

(1) 지주제도와 사회신분

사적 지주제도가 성립된 조선왕조 초기 지주제도에서는 사회신분과 정치적 권력 그리고 경제적 부는 대체로 일치되어 통합되어 있었다. 즉 양반 신분은 특권 관료임과 동시에 지주였다. 그리고 자작농은 양인(良人) 신분이면서 군역(軍役)의 의무를 지고 있었으며, 소작인은 양반 주인의 외거노비로서 자기 주인의 토지를 소작하는 예속적 노비가 대부분이었다.

그러나 지주제도가 널리 확산되어 전개됨에 따라 17세기부터 이러한 일치관계는 깨졌다. 특히 19세기 초엽에 들어서면서부터는 사회 각 부분의 사회학적 지위 불일치가 널리 일반화되었다.

19세기 초엽에는 사회신분제와 신분제의 폐쇄성이 현저히 해체되어, 이제는 지주 계층이 반드시 양반 신분이어야 한다는 신분적 규제는 더 이상 지배하지 못하게 되었다. 양인 신분의 농민 가운데서도 여러 가지 경로로 부를 축적한 소수의 성공한 양인 농민들은 '양인 지주(良人地主)' 또는 '서민 지주(庶民地主)'가 되었다. 반면에 지주제도의 전개에 따라 다수의 양인 농민들이 자작지를 상실하고 소작농으로 몰락하게 되었는데, 이 경우 양인 소작농들은 지주로부터 신분적 규제는 받지 않았으며, 양인 신분으로서 자유로운 소작인의 지위를 확보하였다.

뿐만 아니라 이 시기에는 극소수이지만 지방의 양반 신분 후손들 가운데서도 경제적으로 완전히 몰락한 경우에는 불가피하게 소작농으로 되어 신분은 양반이면서 계급은 소작농이 됨으로써 신분(양반)과 계급(소작농)이 완전히 불일치하게 되는 경우도 나타나게 되었다.

가장 큰 변동은 노비 신분의 소작농에서 나타났다. 1801년 공노비의 혁파는 노비제도와 신분제도가 해체되어가는 과정에서 조선왕조 정부가 공노비를 해방시켜 양인 신분을 만들어서 재정 수입이라도 증가시키려는 개혁 정책이었는데, 이것은 사노비제도의 해체도 한층 촉진하게 되었다. 19세기 초엽에 이르러서는 신분제도 해체의 진전에 따라 사노비 가운데 외거노비 신분의 소작인도 자기의 주인에게 신공(身貢)으로 포(布) 2필을 납부할 의무를 가질 뿐, 소작지 경작에 대한 신분적 규제를 별로 받지 않게 되었다. 뿐만 아니라 사노비 신분의 소작인이 자기의 지주를 선택하여 신분상의 자기 주인이 아닌 타인의 토지를 '차경(借耕)'하는 일이 많게 되었으며, 소작인이 한 지주의 토지에서 다른 지주의 토지로 소작을 자유롭게 이동할 수 있게 되었고, 이 경우에는 사노비 신분의 소작인에 대한 지주의 신분적 강제는 거의 존재하지 않게 되었다. 또한 이 시기에는 소수지만 사노비 출신으로서 근검절약하여 부를 축적해서 자작농이 되는 경우도 출현하게 되었다.

그리하여 19세기 초엽의 지주제도에서는 사회신분과 사회계급은 일치하지 않게 되었다. 농촌사회에서는 양반·중인·양인·천인(노비)의 신분과 함께 지주·자작농·자소작농·소작농의 계급이 중요한 분류 개념으로서 실제의 사회생활에 활용되었다.

지주제도의 전개에 수반하여 농촌사회의 계급적 분화는 급진전되어 18세기 말 19세기 초엽에는 소작농의 비율이 매우 높게 증가하였다. 정약용은 자기 시대 호남지방의 계급 분화 상태에 대하여, 농민 호구 가운데서 지주는 약 5%에 불과하고, 자작농은 약 25%이며, 소작농이 약 70%에 달하게 되었다고 기록하였다. 박지원도 충청도 면천군의 사례를 들면서 자작농은 농민 호구의 2% 이내라고 기록하였다. 농촌사회의 계급 분해가 18세기 말~19세기 초엽까지에 이미 크게 진전되어 있었음을 알 수 있다.

19세기 초엽의 농촌사회에서 신분과 계급은 확연히 분리되어, 지주의 소작인에 대한 신분적 규제는, 신분적 주인 지주의 자기 노비 소작인에 대한 경우를 제외하고는, 대체로 지배하기 어렵게 되어 있었으며, 소작인과 농민의 사회적 지위는 현저히 상승되어가다가 1894년의 동학농민 혁명운동과 갑오경장이 일어나게 되었다.

(2) 사회신분제의 폐지와 지주제도의 변동

동학농민혁명운동의 흐름과 갑오경장 개화파 개혁운동의 흐름이 합류하여 성취된 1894년의 사회신분제도 폐지와 사노비의 혁파는 노비 해방의 최후의 것으로서, 법제적으로 사노비 신분의 소작인을 신분적으로 완전히 해방시켰다. 물론 이러한 법제상의 노비해방 그 자체만으로는 지주의 자기 노비 소작인에 대한 신분적 강제가 의식과 관행상으로 완전히 그리고 즉각적으로 철폐되는 것은 아니었고 그 유제(遺制)가 일정 기간 지속되게 마련이었다. 그럼에도 불구하고 1894년의 사회신분제 폐지와 노비 해방은 제도와 법률로서 신분제도를 완전히 폐지한 것이며, 그 이후 잔존한 것은 오직 '유제'로서 잔존한 것에 지나지 않은 것이었다.

1894년 사회신분제의 폐지는 지주제도의 사회사적·경제사적 성격에도 직접 영향을 미쳤다. 1894년 갑오개혁 이후의 지주제도가 전근대적 또는 봉건적 지주제도인가 근대 자본제적 지주제도인가를 판별하기 위해서는 최소한 세 가지 기준으로서 ① 잉여 생산물의 수취율과 수취 형식, ② 사회신분적 강제의 유무, ③ 소작료의 노동·현물·화폐 형태 등을 검토해 볼 필요가 있다.

첫째, 잉여생산물의 수취율과 수취 형태에서 볼 때 조선왕조 말기 지주제도에서 생산물의 50% 및 그에 접근하는 고율 소작료는 재론의 여지없이 잉여 생산물의 '일부'가 아니고 '전부'에 해당하는 것이며, 때로는 소작인의 '필요 생산물'까지 침식하는 것으로서, 지주가 소작인으로부터 (농업 자본가나 이윤의 중간 개입 없이) 직접 수취한 것이었다. 이 점에서 조선왕조 말기 지주제도의 소작료는 근대 자본제 지대나 이윤의 일부가 아니라 전근대적 지대의 범주에 속하는 것이며 '사회신분적 강제' 요소만 갖추어지면 봉건적 지대로 범주화할 수 있는 성격을 가진 것이었다고 볼 수 있다.

둘째, 소작료가 '사회신분적 강제'에 의하여 징수되었는가 '경제적 강제'에 의하여 징수되었는가를 보면, 조선왕조 말기 지주제도에서는 사회신분적 강제 그 자체는 대체로 소멸되고 그 '유제'가 남았으며, 경제적 강제가 더 중요한 작용을 한 것으로 볼 수 있다. 특히 1894년의 사회신분제 폐지와 사노비 해방 이후에는 지주제도에서 사회신분적 강제는 철폐되고 그 '유제'만 남았다. 따라서 '사회신분적 강제' 철폐의 기준에 비추어볼 때는 지주제도에서 지주·소작인 사이 사회관계의 전근대성 또는 봉건성은 일단 제도적으로 해체되었다고 볼 수 있을 것이다.

셋째, 조선왕조 말기 지주제도에서 소작료의 형태는 앞에서 본 바와 같이 현물소작료가 대부분이었으며, 화폐소작료는 매우 적었다. 이 사실은 조선왕조 말기 지주제도에서 소작료의 지대 범주가 전근대적 범주의 것이었음을 보강하여 증명해주는 것이라고 볼 수 있다.

위의 세 가지 기준에 비추어 볼 때 얻어지는 잠정적 결론은 1894년 이후의 지주제도는 '사회신분적 강제'의 해체로 말미암아 순수한 전근대적 봉건적 지주제도로 볼 수 없고, 그렇다고 근대 자본제적 지주제도라고도 볼 수 없다는 사실이다. 그것은 전근대 사회체제가 해체과정에 있을 때 사회신분제도 폐지의 영향을 크게 받아 나타나는 것이다. 바로 전근대적 봉건적 지주제도에서 근대적 지주제도로 이행하는 과도기에 나타나는 지주제도라고 볼 수 있으며, 구태여 이름을 붙이자면 반(半)봉건적 지주제도라고 부를 수 있을 것이다.

8. 농민층의 토지 관련 권리

조선왕조 후기사회에서 농민들은 비록 소작농의 경우에도 토지와 관련하여 다음과 같은 몇 가지 중요한 권리들을 성립시켜 갖고 발전시켜 나가고 있었다.

(1) 경작권(耕作權)

조선왕조 후기에는 비록 지주제도 아래서 소작농일지라도 자기의 소작지에 대하여 일종의 '경작권'을 형성하여 갖고 있었다. 이것은 법전에 법제화하여 수록된 것은 아니지만 '관습'으로서는 전국적으로 널리 행해지던 '관습상의 경작권'이었다.

따라서 조선왕조 후기에는 소작료를 태납하지 않는 한 자기의 소작지를 '무기한' 경작할 수 있었다. 소작인은 이 '경작권'을 타인에게 판매할 수는 없었지만 자기 호적상의 후계자에게 승계시킬 수는 있었다.

주목해야 할 것은 조선왕조시대 특히 그 후기 농민의 '경작권'은 서양 봉건사회에서 볼 수 있는 봉건적인 '토지에의 긴박'을 수반하는 경작권(점유권)이 아니라 보다 더 자유로운 '경작권'이었다는 사실이다. 물론 노비 신분의 소작농은 1894년 갑오경장 이전까지에는 자기 주인의 토지를 소작하는 경우에 신분적 속박을 받았으나, 갑오경장 이후에는 이러한 신분적 속박도 폐지되고 그 유제만 남게 되었다. 뿐만 아니라 조선왕조 후기에는 많은 소작농이 신분적으로 양인 신분이었으며, 노비 신분(외거노비)의 경우에도 자기 주인의 소유지를 경작하지 않으면 소작지에 관련된 신분적 속박을 받지 않았다. 즉 조선왕조시대 농민의 '경작권'은 토지에 긴박당하는 부담이나 봉건적인 신분적 속박에 수반하는 권리가 아니었다. 농민의 '경작권'은 그러한 부담이 없는 농민의 일방적 권리였으며, 농민은 언제든지 자기의 자유로운 의사에 따라 소작지를 자유롭게 떠날 수 있었다.

일제 강점 이후 조선총독부 조사까지도 이 사실을 인정하지 않을 수 없어 다음과 같이 기록하였다.

일한병합(日韓竝合) 이전에 지주의 토지는 소작인의 자유에 방임되어 취중(就中) 지주의 간망(懇望)에 의하여 소작인이 이를 경작하였던 상태로서, 소작기간을 정하는 것은 전혀 없고, 소작은 영년(永年) 계속하였다. (《京畿道小作慣行調査書》, pp.104~105)

조선왕조 후기 지주제도에서는 소작농이 이와 같이 '경작권'을 가지고 있었기 때문에 소작농은 매우 빈곤했음에도 불구하고 그 사회적 지위는 비교적 안정되어 있었다고 볼 수 있다.

(2) 개간권(開墾權)

조선왕조 후기사회에서는 농민들은 무주한광지(無主閑曠地; 미간지)를 개간하는 경우에 그 개간지의 소유주가 되는 권리인 '개간권'을 갖고 있었다.

농민의 개간권은, 정부의 처지에서는 개간을 장려하고 지세 수입의 증대를 위해서, 농민의 처지에서는 자기의 소유지를 만들기 위해서, 이미 고려시대부터 인정되기 시작하여 조선왕조에서 법제화되었으며, 조선왕조 말기까지 확고부동한 농민의 권리로 정립되고 발전되어왔다. 농민의 개간권은 조선왕조 초기에는 관습상의 권리로 널리 관행되어오다가 17세기 말에서 18세기 초엽에 걸쳐 이루어진 《신보수교집록(新補受敎輯錄)》(1699~1743)에서 명문으로 법제화하였고, 《속대전(續大典)》(1744), 《대전통편(大典通編)》(1785), 《대전회통(大典會通)》(1865) 등에서 일관되게 법제화해 수록된 농민의 중요한 권리였다.

또한 주목할 것은 이 개간권은 경작 농민의 권리로서 확립되었지 지주의 권리로서 인정된 것이 아니라는 사실이다. 즉 경작 농민은 미간지를 자기의 가족 노동력으로 개간하면 그 개간지를 자기의 사유지로 인정받아 등록할 수 있었지만, 직접 경작하지 않는 지주가 일정한 미간지를 점유했다가 경작 농민이 이를 개간하면 이를 지주의 소유지로 간주하고 개간한 경작 농민을 그 소작인으로 하는 것을 엄금하여 처벌했던 것이다. 따라서 개간권은 순전한 농민의 자작지 창설의 권리였다.

19세기에 들어오면 농민의 개간권은 더욱 강화되어 농민들은 미간지를 개간해서 자기 사유지로서 자작 농지를 창설하여 외연적으로 농민적 토지 소유(자작지)를 확대시켜나갈 수 있었다.

(3) 도지권(賭地權)

조선왕조 후기에는 소작농이 자기 소작지에 소작농의 소유권의 일종으로서 '도지권(賭地權)'을 형성하여 갖고 있었으며, 19세기에는 이 권리가 더욱 현저히 성장하게 되었다. 도지권의 성립 기원에 대해서는 몇 가지 계기가 있으나, 대체로 황무지의 개간 또는 제방의 수축 과정에서 소작인이 노동력 또는 금전을 제공하였거나 지주에게 영대소작(永代小作)의 경작권을 일정한 대가를 지불하고 획득함으로써 성립한 것으로 볼 수 있다.

농민의 '도지권'은 경작권의 일종이 아니라 소유권의 일종이었다. 즉 '도지권'은 소작농이 아래로부터 토지 소유권에 참여하여 획득한 소유권의 일부분이며 소유권의 일종이었다. 따라서 소작농의 '도지권'은 지주에게뿐만 아니라 제3자에게도 대항하여 자유롭게 매매·양도·저당·상속이 가능하였다.

소작농의 '도지권' 가격은 보통 토지 총 가격의 1/3, 지주의 소유권 가격의 1/2 정도에 달해 있었다. 이에 따라 제3자가 도지권이 정립된 토지를 구입하려 할 때에는 그 토지 가격의 2/3는 지주에게 지불하고, 나머지 1/3은 도지권을 가진 소작농에게 지불하여 도지권을 구입하지 않으면 안 되었다. 또한 지주가 소작농의 도지권을 소멸시키고자 할 때에도 지주는 토지 총 가격의 1/3을 소작농에게 지불하여 도지권을 구입하지 않으면 안 되었다. 반면에 도지권을 가진 소작농이 다른 곳으로 이주하거나 도지권이 정립된 소작지를 떠나고자 할 때에는 이를 다른 사람에게 토지 총 가격의 1/3 가격으로 판매하였다.

소작농의 '도지권'은 또한 소작료율을 절하시키는 권능이 있었다. 일반 소작지에서의 소작료율이 생산물의 1/2이었다고 한다면 생산물의 1/3(33%) 또는 1/4(25%)로 절하되었다. 이 경우에 대체로 소작료율이 생산물의 1/4(25%)까지 떨어지는 것이 보통이었다. 한편 소작농이 '도지권'이 정립된 소작지를 스스로 경작하지 않고 다른 일반 소작농에게 소작을 주는 경우에는 '도지권'은 그 차액만큼의 소작료를 징수하는 권리가 되어 생산물의 약 25%를 소작료로 징수하고 도지권 소유자는 중간 지주 또는 '중답주(中畓主)'가 되었다.

도지권은 이미 소작농의 소유권으로 성장했기 때문에 심지어 소작료를 내지 않거나 소작지의 경작을 소홀히 하는 경우에도 소작권은 소멸되지 않고 소작농의 재산권으로 간주되면서 존속하였다. 지주가 소작인의 불성실한 경작이나 소작료 태납을 이유로 도지권을 소멸시키고자 할 때에는 반드시 소작인과 협의하여 그 동의를 얻은 다음 대가를 지불하고 문기(文記)를 작성하여 도지권을 매입하지 않는 한 불가능하였다.

조선왕조 후기와 말기 한국 소작농의 도지권 성장은 소작농이 스스로의 힘으로 '근대'를 형성시켜나가는 사회역사 발전의 원동력 가운데 하나를 나타내는 것이기도 하였다.

(4) 입회권(入會權)

조선왕조 후기사회의 농민들은 무주임야(無主林野)나 미개간지에 들어가서 자유롭게 가축 방목, 연료 채취, 비료 채취, 풀 채취, 토석 채취, 수렵, 어획 등을 할 수 있는 권리인 '입회권'을 갖고 있었다.

한국사회사에서 농민의 '입회권'을 명문으로 법령화한 것은 멀리 고려 시대부터이며, 《고려사》에 그 기록이 남아 있다. 조선왕조 사회에서도 과전법을 실시할 때 농민들의 입회권을 법령으로 보장했으며, 조선왕조 말기까지 농민의 입회권은 잘 보호되고 지켜졌다.

농민의 입회권은 농민의 사회생활과 경제생활에 많은 편의와 이익을 준 농민의 매우 중요한 권리로 존속되어 오다가 일제의 토지조사사업에 의하여 부정되었다.

9. 농민층의 의무와 부담

한편 조선왕조 후기사회에서 농민들은 토지 및 농업 생산과 관련하여 여러 가지 의무와 부담을 지고 있었다. 조선왕조 정부의 농민에 대한 정책은 보통 전정(田政)·군정(軍政)·환정(還政) 등 삼정의 분류와 내용으로 실행되었으므로, 여기서도 이 삼정의 분류에 따라 농민층의 의무와 부담을 간단히 살펴보기로 한다.

(1) 전정(田政)

조선왕조 후기사회 농민들은 토지와 관련하여 무엇보다도 먼저 전세(田稅)를 납부해야 하는 의무와 부담을 졌다. 원래 법률로 정해진 전세는 토지 1결에 대하여 18세기~19세기 초엽의 경우 ① 전세미(田稅米)가

6두(斗), ② 대동미(大同米)가 6두, ③ 삼수미(三手米)가 1.2두, ④ 결미 (結米)가 3두 등 모두 16.2두 정도였다. 당시 1결의 평균 총 생산량을 약 600두라고 본다면 이것은 총 생산량의 2.7%에 해당하는 것으로서, 이것 만으로는 그다지 과중한 것이라고 볼 수는 없다. 그러나 전세와 관련된 농민의 부담은 여기에 그치지 않고 온갖 종류의 부가세를 이에 첨가하 였다.

중앙정부도 법전에 없는 각종 명칭의 부가세를 부과했을 뿐만 아니 라 특히 지방관들은 낱낱이 그 이름을 들기도 어려울 만큼의 각종 부 가세를 부과하여 지방관청의 재정과 지방관들의 경비로 사용하였다. 그 부가세의 명칭도 40여 가지에 달하는 것이 보통이었고, 그 부과량도 합하면 본래의 전세보다 훨씬 많아서 농민이 1결당 실제로 부담하는 전세에 관련된 세금 총계는 무려 50여 두에 달하였다. 따라서 실제의 전세는 총 생산량(1결 600두)의 약 9~10%에 달하는 것이었다.

그러므로 당시에 자작농은 전세를 총 생산량의 10%(1할)라고 생각하 고 있었다. 그러나 이 가운데에서 국납(國納)은 1결에 약 16.2두에 불과 하였고, 나머지 1결당 약 33.8두는 지방관과 아전들이 지방 경비의 명목 으로 처분하는 것이었다. 따라서 당시에는 지방 행정관이 어떠한 인물 인가에 따라 농민들에 부과되는 부담에 상당히 큰 차이가 나게 되어 있 었다.

소작농의 경우는 자작농이 부담하는 것과는 전혀 달랐다. 호남지방을 비롯한 일부 지방에서와 같이 전세를 지주가 부담하지 않고 소작농이 부담하는 경우에는, 소작농은 소작료(도조)로서 총 생산물의 50%를 지 주에게 납부하고, 또 전세로서 총 생산물의 10%를 국가(관청)에 납부하 여 무려 총 생산물의 60%를 지주와 국가에 납부하는 부담을 진 것이었 다. 이것이 소작농에게 매우 과중한 부담이었음은 더 말할 필요도 없을 것이다.

(2) 군정(軍政)

조선왕조는 원래 병농일치의 국민개병 원칙에 의한 군역제를 수립했는데, 16세기에 들어와서 직접적인 군역 대신 포(布)를 수납하는 제도로 전환하면서 군역제는 무너져서 군포제로 되고 따라서 양인의 부담으로 변질되고 말았다. 양반 신분은 이 군역과 군포의 부담이 면제되고 양인 신분만이 부담하는 의무로 규정되었다. 양인 신분 대부분은 농민으로 구성되어 있었으므로 군포세의 의무는 바로 모든 농민만의 부담이었다.

군포세는 원래 양인 1정(丁)에 포 2필[전(錢) 4량(兩)]로 규정되어 실시되어 왔다. 이것이 빈곤한 농민들에게는 큰 부담이었고, 폐해가 많자 18세기 말에 균역법(均役法)을 제정하여 실시하였다.

균역법의 내용은 양인 농민들이 1년에 2필씩 납부하던 군포를 1필로 절감하여 부담을 줄여주고, 그 대신 줄여진 부분은 결미(結米)를 1결당 2두씩 징수하여 충당한다는 것이었다.

그러나 균역법은 시행 과정에서 농민의 부담을 전혀 줄여주지 못했다. 균역법 이전에 군포세 납부 대상자는 약 50만 정으로서 포 100만 필(전 400량)이었다. 균역법에 의해 1정당 군포세액이 1필로 감소되자 지방관과 아전들은 중앙정부의 묵인 아래 군포세 납부대상자를 이제까지의 50만 정에서 약 100만 정으로 증가시켰다. 그 결과 군적 대장에서 사망자도 사망으로 처리해주지 않고 사망자에게도 군포를 징수하는 '백골징포(白骨徵布)', 아직 장정으로 성장하지 않은 어린애를 장정으로 간주하여 군포를 징수하는 '황구첨정(黃口簽丁)', 농민이 군포를 납부할 능력이 없거나 망해 도망한 경우에 마을 사람들로부터 대신 군포를 징수하는 '인징(隣徵)', 일가친척들로부터 군포를 징수하는 '족징(族徵)'이 널리 성행하였다. 또한 양인 상층이 납속(納粟)과 모칭(冒稱) 등 각종 방법으로 양반 신분으로 상향 이동을 하면서 군포세 납부 대상자가 축소되는 경향이 발생하자 이러한 무리한 부담의 부과는 더욱 강화되었다.

이 때문에 양인 농민들의 경우 1명의 장정이 별세한 부친과 갓난 어린 이와 이웃 친척의 몫까지 2~3명의 몫에 해당하는 군포세를 부담하는 일도 많게 되어, 농민들의 군포세 부담은 더욱 과중하게 되었다.

군포세는 양인 신분만이 전담하는 부담이었으나, 지방관들은 외거노비 신분의 농민에게도 이를 부담시켰다. 대원군 집권 때에 군포제의 폐해가 심하다고 해서 호포제(戶布制)를 실시하여 양반도 1호당 포 1필씩을 납부하도록 개정한 일이 있었다. 그러나 이것은 '군역 면제'라는 양반 신분의 특권을 소멸시킨 것이라고 양반층의 반발이 일어났으며, 결국 대원군 실각 뒤에 다시 양인 신분만 부담하는 군포제로 되돌아갔다.

(3) 환정(還政)

한편 환정은 원래 흉년에 굶주린 백성들을 구제하기 위한 사회복지제도로서 환자제도[還上制度], 즉 환곡(還穀)을 만들어 운영한 것이었다. 그러나 이 환자제도는 조선왕조 후기에 이르러서는 완전히 농민을 착취하는 고리대제도로 변질되어버리고 말았다.

환곡은 원칙적으로 절반을 창고에 남겨놓고 나머지 절반만을 진대(賑貸)하도록 한 제도였는데, 다산 정약용이 잘 지적한 바와 같이 관료와 아전들은 이를 모두 풀어서 농민들에게 모두 배당 대여한 것처럼 문서상으로 꾸미고 추수 뒤에는 각종 협잡 방법을 총동원해서 고율의 이자곡(利子穀)을 붙여 징수해서 착복하였다.

환곡의 부담은 농민에 따라, 그리고 지방에 따라 큰 차이가 있어서 일률적으로 통계 숫자를 제시할 수는 없으나, 18~19세기에는 농민들의 환곡 부담이 전세나 군포세의 부담보다 더 과중하고 가혹하게 되었다고 실학자들은 한결같이 지적하였다.

(4) 그 밖의 농민 부담

이 밖에도 농민들의 부담이 된 제도로서는 진상(進上), 공물(貢物), 부역(賦役) 등이 있었다. 진상은 각 지방에서 국왕과 왕실에 지방 특산물을 바치는 제도였는데 모두 농민들의 부담이었다. 공물은 지방의 특산 수공업 제품이나 차·인삼과 같은 특산물을 바치는 제도였는데 이 또한 주로 농민들의 부담이었다. 부역은 각종 건설 공사에 농민들을 무상 노동으로 동원하는 제도였는데, 국가는 필요할 때마다 수시로 농민들을 부역에 동원하였다.

조선왕조 후기사회 농민들의 부담은 위와 같이 전세뿐만 아니라 군포세와 환곡의 부담이 부과되었기 때문에 과중한 것이었으며, 이 위에 진상·공물·부역의 부담이 더해졌으므로 더욱 과중한 것이었다. 자작농의 경우도 그러했지만 특히 소작농은 지주에게 생산물의 50%를 소작료로 납부하고 그 나머지에서 또 위와 같은 조세 공과와 환곡 그리고 각종 부담을 져야 했기 때문에 그들이 져야 하는 부담이 너무 과중하여 소작지를 버리고 유랑하는 농민들이 계속 발생하였다.

다산 정약용은 《목민심서》에서 당시 농민들의 부담 실상에 대하여 다음과 같이 통탄하였다.

생각해보라. 백성들이 어떻게 견딜 수 있겠는가. 1결의 전지(田地)는 그 수확량이 많으면 800두(斗)이고 적으면 600두이요 최하는 400두뿐이다. 농부들은 토지가 없어서 모두 남의 토지를 경작하는데, 해가 저물도록 근고(勤苦)하여도 가을의 수확에 이르러 지주가 반을 갈라가니 600두 가운데서 8구의 식량이나 사린(四隣)의 수용(酬傭)으로 스스로 들 수 있는 것은 300두뿐이다. 다시 여기에서 종자를 제하고, 채무를 제하고, 그 세전(歲前)의 식량을 제하면 남는 것은 100두에 지나지 않는다. 여기에서 다시 조세(租稅)를 벗겨 빼앗아 가면 농부는 이와 같이 극에 이르게 된다. 슬프다. 이 백성들이

어떻게 살 수 있겠는가. [《목민심서》, 권12, 전정(田政)]

정약용은 또한 그가 귀양 가 관찰했던 호남지방의 사정을 다음과 같이 기록하였다.

시론(試論)하면 남방의 정형은 수전(水田)에 종자 10두를 심어서 개략 곡식 20포(석)을 얻는데, 이 가운데서 10포(석)는 지주에게 바치고, 2포는 종자에 넣고, 또 2포는 환자(還上)에 넣고 2포는 잡부(雜賦, 번잡하여 각 색은 다 적지 아니한다)에 들어가니 소작농이 자식(自食)하는 것은 3, 4포에 지나지 않는다. 선왕(先王)의 10분의 1세가 지금은 10분의 7, 8이 되었으니 백성들이 어찌 살 것인가. (《경세유표》, 지관 호조, 제2)

조선왕조 후기사회의 지주제도와 농민에 대한 부담은 위와 같이 매우 과중했으므로 농민들은 농업 경영에 투자할 자본이나 민부를 축적하기는커녕 가족의 생존도 유지하지 못하여 유랑하는 농민들이 계속 증가하게 되었다. 뿐만 아니라 고율 소작료의 지주제도는 소작농이 아무리 농업 증산에 노력할지라도 생산 순증가분을 모두 지주가 수취하는 제도였기 때문에 농업 생산력의 발전을 저해하고 농촌사회를 피폐케 하는 제도였다. 이 때문에 조선 후기의 실학자를 중심으로 한 개혁적 지식인들은 지주제도의 폐지나 토지개혁을 주장하였다. 유형원의 균전제(均田制) 토지개혁안, 이익과 박지원의 한전제(限田制) 토지개혁안, 정약용의 여전제(閭田制) 토지개혁안과 정전제(井田制) 토지개혁안 등이 그 대표적인 것이었다고 말할 수 있을 것이다.

(신용하 · 박명규 · 김필동 외, 《한국사회사의 이해》 1995).

참고문헌

강동진, 《한국 농업의 역사》, 한길사, 1982.

김영모, 〈일제하의 지주계층〉, 《한국의 사회와 문화》 제7집, 1986.

김용섭, 《조선후기 농업사연구》, Ⅰ·Ⅱ, 일조각, 1970·1971.

김필동, 《한국사회 조직사연구》, 일조각, 1992.

김태영, 《조선전기 토지제도사연구》, 지식산업사, 1983.

김홍식, 《조선시대 봉건 사회의 기본구조》, 박영사, 1981.

문소정, 〈대한제국기 일본인 대지주의 형성〉, 한국사회사연구회 논문집 제2집, 《한
국 근대농촌사회와 일본제국주의》, 문학과 지성사, 1986.

박명규, 〈식민지 지주제의 형성 배경〉, 한국사회사연구회 논문집 제2집, 《한국 근대
농촌사회와 일본제국주의》, 문학과지성사, 1986.

신용하, 〈조선왕조 말기의 지주제도와 소작 농민층〉, 《효강(曉岡) 최문환(崔文煥)
박사 추념 논문집》, 1977; 《한국근대사회사 연구》, 일지사, 1987.

──── , 《조선 토지조사 사업연구》, 한국연구원, 1979; 지식산업사, 1981.

윤수종, 〈일제하 일본인 지주회사와 농장 경영 분석, 한국사회사연구회 논문집 제12
집, 《일제하 한국의 사회계급과 사회변동》, 문학과지성사, 1988.

이경식, 《조선전기 토지제도 연구》, 일조각, 1986.

이상백, 《이조 건국의 연구》, 을유문화사, 1949.

이영호, 〈18, 19세기 지대형태의 변화와 농업경영의 변동〉, 《한국사론》 제11집,
1984.

정진상, 〈농민 집강소를 통해 본 갑오농민전쟁의 사회적 지향〉, 한국사회사연구회
논문집 제27집, 《한국의 전통사회와 신분구조》, 문학과지성사, 1991.

조성윤, 〈조선후기 제주도지방의 신분구조〉, 한국사회사연구회 논문집 제27집, 《한
국의 전통사회와 신분구조》, 문학과지성사, 1991.

지승종, 〈조선전기 주노(主奴)관계와 사노비의 성격〉, 한국사회사연구회 논문집 제3
집, 《한국의 사회신분과 사회계층》, 문학과지성사, 1986.

최재석, 《한국 농촌사회의 연구》, 일지사, 1975.

X. 조선왕조 말기 · 일제강점기 농민의 사회적 지위와 경제적 상태

1. 머리말

조선왕조 말가~일제강점기 한국사회에서는 농민이 총 인구의 80% 이상을 차지했으며, 또한 농업이 전체 산업의 주종산업이었다. 따라서 이 시기의 농민과 농촌사회의 변동을 고찰하는 것은 한국사회와 한국민족 동태의 핵심을 고찰하는 것으로 된다고 말할 수 있다.

이 시기는 사회사적 관점에서 보면 '중첩된 위기'의 시대라고 볼 수 있다. 그 하나의 위기는 밖으로부터 선진자본주의 열강의 침입으로 말미암아 조성된 '민족적 위기'로서, 조선왕조를 식민지로 만들려는 열강의 기도가 한국민족에게 닥친 위기였다. 다른 하나의 위기는 내부에서 농민을 선두로 한 하위 신분층이 봉건적 구체제를 타파하고 보다 더 자유롭고 평등한 신질서의 수립을 요구하면서 변혁운동을 전개함으로써 나타난 '봉건적 위기'였다. 이 두 개의 위기가 19세기에 중첩 조성되어서 동시에 해결할 것을 한국민족에게 요구하였다.

조선왕조의 전근대적 · 봉건적 사회체제는 농민을 기본적 생산자층으로 하여 편성되었으면서도 농민에 대한 신분적 차별과 경제적 수취가 가열하여 심각한 문제를 내포하고 있었다. 농민들의 개혁요구는 기존의 신분제적 중세사회체제 내부에 대한 재조정의 요구가 아니라 사회신분제를 폐지하고 봉건적 구체제를 철폐하여 새로운 유형의 근대사회체제 수립을 요구하는 것이었기 때문에 양반지배층과 농민층 사이에 매우 심각한 갈등이 수반되었다. 그리하여 19세기에는 해마다 크고 작은 '민란'이 끊임없이 일어났으며, 1811년의 '홍경래(洪景來)난', 1862년의 '진주민란', 1894년의 동학농민혁명운동 등은 그 대표적인 대규모의 '민란'이었다. 19세기에는 한국역사에서 가히 '민란의 세기'라고 부를 수 있는 시기였다. 이 시기에 농민들은 그들 자신의 힘으로 민족적 위기와 봉건적 위기를 타개하여 그들이 바라는 개혁을 실현하려고 노력하였다.

이 글에서는 19세기 초부터 20세기 전반기까지 한국 농민들의 사회적 지위와 경제적 상태가 어떠한 방향으로 변동했으며, 이러한 동태 속에서 농민들이 민족적 위기와 봉건적 위기의 중첩을 어떻게 타개하려 했는가를 집강소(執綱所)에서 농민들 자신이 추진한 개혁정책을 통해서 알아보고, 일제하 식민지 상황에서 한국 농민층의 처지가 실제로 어떠한 변화를 겪었으며 어떠한 기본문제에 부딪쳐 있었는가를 지주제도를 중심으로 하여 고찰하려고 한다. 그리하여 19세기 초부터 20세기 전반기까지 한국 농민들의 사회적 지위와 경제적 상태 '변동'의 기본 흐름을 밝히고자 한다.

2. 19세기 농민의 사회적 지위

조선왕조 말기 19세기에 나타나는 특징 가운데 하나는 농민들의 사회적 지위를 억압해 오던 사회신분제도가 현저히 분해되어 그들의 사회적 지위가 상승되었다는 사실이다.

조선왕조 초기 15세기에는 사회신분과 정치적 권력 및 경제적 부는 대체로 일치하여 통합되어 있었다. 양반신분은 특권관료임과 동시에 지주계급이었다. 그리고 농업과 관련된 부분만 볼 때 양인 신분은 군역(軍役)의 의무를 진 자작농이었으며, 노비 신분(주로 외거노비)은 양반주인의 토지에서 신분적으로 강제되어 예속되어 있던 소작농이었다. 그러나

19세기에 들어오면 이러한 일치관계는 깨지고 사회적 지위의 각 부분과 지위불일치(地位不一致)가 일반화되었다.

19세기에는 사회신분제도와 신분적 폐쇄성이 현저히 붕괴되어, 이제는 지주가 반드시 양반신분이어야 한다는 신분적 규제는 더 이상 지배하지 못하게 되었다. 양인(良人)농민 가운데서도 여러 가지 경로로 부(富)를 축적한 소수의 성공한 농민들은 양인 지주(良人地主)·서민 지주(庶民地主)가 되었다. 반면 지주제도의 전개에 따라 다수의 양인 농민들이 소유토지를 상실하고 소작농으로 몰락하게 되었는데, 이 경우에는 지주로부터 신분적 규제를 전혀 받지 않았으며, 양인신분으로서 자유로운 소작농의 지위를 확보하였다.[1]

가장 괄목할 만한 변화는 노비신분층의 소작농에서 나타났다. 1801년 공노비(公奴婢)의 혁파(革罷)는 노비제도와 신분제도가 붕괴되어가는 과정에서 조선왕조 정부가 공노비를 해방시켜 양인신분을 만들어서 재정수입이라도 증대시키려는 개혁정책이었는데, 이것은 사노비(私奴婢) 제도의 해체도 한층 촉진하게 되었다. 19세기에는 신분제도 해체과정의 진전에 따라서 사노비 출신의 소작농도 자기의 지주에게 신공(身貢)으로서 포목 2필을 바칠 뿐 소작지 경작에 대한 신분적 강제를 크게 받지 않게 되었다. 뿐만 아니라 사노비 신분의 소작농이 자기의 지주를 자기가 선택하여 신분상의 자기 주인이 아닌 타인의 토지를 '차경(借耕)'하는 일이 많게 되었으며, 소작농이 한 지주의 토지로부터 다른 지주의 토지로 소작을 자유롭게 이동할 수 있게 되었고, 이 경우에는 사노비 신분의 소작인에 대한 지주의 신분적 강제는 거의 존재할 수 없게 되었다. 또한 이 시기에는 많지는 않았지만 사노비 출신으로서도 부를 축적하여 자작농이 되는 경우도 출현하게 되었다.

그리하여 19세기에는 농민층에서 사회신분과 사회계급은 일치하지

---

1) 《宗親府謄錄》, 제11책, 高宗 27년 庚寅(1890) 2월 19일조, 淸風了 참조.

않게 되었고, 지주의 농민에 대한 신분적 규제(身分的 規制)는, 신분적 주인지주의 자기 노비소작농에 대한 경우를 제외하고는, 대체로 지배하기 어렵게 되었다. 그 결과 19세기 농민의 사회적 지위는 현저히 상승하게 된 것이었다.

또한 19세기에 농민의 사회적 지위 상승과 관련하여 주목할 것은 토지에 대한 농민의 권리들이 여러 가지 형태로 정립되어 성장하고 있었다는 사실이다.[2] 먼저 첫째로, 지주제도의 전개에 병행하여 소작농은 소작지에 대한 '관습상의 경작권(耕作權)'을 정립하여 19세기에 오면 상당히 중요한 농민의 권리로 정착시켰다. 이 경작권은 명문으로 법제화되지는 않았지만 관습상으로는 농민의 권리로서 튼튼하게 정립되고 잘 존중되어 소작료를 납부하는 한 소작지는 매우 장기적으로(무기한으로) 경작할 수 있었으며, 타인에게 이 경작권을 판매할 수는 없었지만 자기 호구상의 후계자에게 승계시킬 수는 있었다.

둘째로, 농민들은 미간지를 개간하여 여기에 자작지를 설정할 수 있는 '개간권(開墾權)'을 갖고 있었다. 이 개간권은 17세기 말에서 18세기 초에 걸쳐 《신보수교집록(新補受敎輯錄)》(1699~1743)에서 명문으로 법제화되었고, 《속대전(續大典)》(1744), 《대전통편(大典通編)》(7185), 《대전회통(大典會通)》(1865) 등에서 일관되게 법제화된 농민의 중요한 권리였다. 19세기에 이 개간권은 더욱 강화되어 농민들은 미간지를 개간해서 이에 '자작사유지(自作私有地)'를 창설하여 외연적으로 농민적 토지소유를 확대시켜 나갈 수 있었다.

셋째로, 조선 후기에는 소작농이 자기 소작지에 소작농의 소유권 가운데 하나로서 '도지권(賭地權)'를 형성하였는데, 19세기에는 이 권리가 크게 신장하게 되었다.[3] 이 소작농의 도지권은 지주에게뿐만 아니라 제

---

2) 愼鏞廈, 〈日帝下의 '朝鮮土地調査事業'과 農民의 耕作權·開墾權·賭地權·入會權〉, 《朝鮮土地調査事業硏究》, 1979 참조.

3) ① 愼鏞廈, 〈李朝末期의 '賭地權'과 日帝下의 '永小作'의 關係〉, 《經濟論集》 6의 1,

3자에게도 대항하는 권리로 확립되었으며, 소작농의 재산권으로서 자유롭게 매매되었고, 그 가격은 일반적으로 토지 총가격의 1/3, 지주 소유권 가격의 1/2 수준에 달하고 있었다.4) 이에 따라 제3자가 도지권이 성립된 토지를 구입하려 할 때에는 그 토지가격의 2/3는 지주에게 지불하고, 나머지 1/3은 도지권을 가진 소작농에게 지불하지 않으면 안 되었다. 또한 지주가 소작농의 도지권을 소멸시키고자 할 때에는 토지 총 가격의 1/3을 소작농에게 지불하여 도지권을 구입하지 않으면 안 되었다. 도지권은 이미 소작농의 소유권으로 성장했기 때문에 심지어 소작료를 내지 않거나 소작지의 경작을 방기하는 경우에도 도지권은 소멸하지 않고 소작농의 재산권으로 간주되면서 존속하였다. 19세기 한국 소작농의 도지권 성장은 소작농이 스스로의 힘으로 자기의 소작지에 농민적 토지소유를 성립시켜 나가는 과정이었으며, 그것은 농업부문과 토지제도에서 소작농민이 스스로의 힘으로 '근대'를 형성시켜 나가는 역사발전의 원동력 가운데 하나를 나타내는 것이기도 하였다.

넷째로 19세기에 농민들은 그 이전부터의 전통적 권리로서 무주임야(無主林野)나 미간지에 들어가서 자유롭게 가축 방목, 연료 채취, 비료 채취, 풀 채취, 토석 채취, 수렵, 어획 등을 할 수 있는 권리인 '입회권(入會權)'을 갖고 있었다. 이 입회권은 조선왕조 전 시기에 걸쳐 잘 준행되었을 뿐 아니라, 19세기 전 기간에 걸쳐 농민생활에 많은 편의와 이익을 준 농민의 매우 중요한 권리로 전개되고 있었다.5)

19세기에 농민들이 가졌던 '경작권'·'개간권'·'도지권'·'입회권' 등 여러 권리들은 한편으로 지주제도가 전개되어 가는 소용돌이 속에서

1967.

② 金容燮, 〈韓末에 있어서 中畓主와 驛屯土地主制〉, 《東方學志》 20, 1978.

③ 都珍淳, 〈19세기 宮廣土에서의 中畓主와 抗租〉, 《韓國史論》 13, 1985 참조.

4) 朝鮮總督府, 《朝鮮의 小作慣行》(下), 參考編, 〈從來의 小作慣行調査資料〉, 1932, p.389.

5) 朝鮮總督府, 《慣習調査報告書》, 1912, pp.93~117 참조.

도 농민들이 내포적으로 소작을 안정시키고 토지소유에 참여하여, 외연적으로 농민적 지주소유를 꾸준히 정립해 나가고 농민의 사회생활을 향상시켜 나가도록 농민 스스로 정립하여 발전시킨 중요한 농민의 권리들이었다. 이러한 농민의 권리들은 19세기 농민의 사회적 지위를 향상시키는 데 크게 이바지했을 뿐 아니라, 이 권리들 자체가 이 시기 농민들의 사회적 지위의 상승을 나타내는 것이기도 하였다. 또한 이러한 농민들의 사회적 지위의 상승은 이 시기 실학(實學)에도 반영되었다.6)

또한 19세기에는 양반관료와 지주들의 농촌지배 속에서도 농민들이 마을 공동체의 자치를 유지하였고, 농민 상호 간의 상부상조를 위한 농민조직도 발전하였다. 농민들의 상부상조를 위한 대표적인 자발적 협동조직으로서는 '두레'·'품앗이'·'동계'·'계'… 등이 있었다.

'두레'는 오랜 기원을 가지고 있으나 조선왕조 후기에 부활되어 19세기에는 중부 이남의 답작지대에서 극성했던 마을 농민들의 공동체적 공동노동 조직이었다.7) 농민들은 두레의 공동노동으로 마을의 모든 농경지의 농사작업을, 마을의 과부·병약자 등 노동력 결핍자의 경작지와 공유지까지 포함하여, 상부상조하면서 협동하여 무상으로 수행해서 노동능률을 높임과 동시에 마을 농민들의 공동체 의식과 공동체적 단결을 발전시켰다. 두레는 이 과정에서 풍물[農樂]을 형성시켜 농업노동과 농악을 융합시킴으로써 독특한 농민문화를 창조하고 발전시켰다. 두레는 개인적 이익을 계산하기에 앞서 마을 농민의 전체사회적 집단적 이익을 추구하여 의무적으로 결합한 공동체적 조직이었으며, 공동노동에 공동

---

6) ① 金容燮, 〈朝鮮後期의 社會變動과 實學〉, 《東方學志》 58, 1988 참조.
   ② ──── , 《朝鮮後期農業史研究-農村經濟·社會變動-》(一潮閣, 1970) 참조.
7) ① 愼鏞廈, 〈두레 共同體와 農業의 社會史〉, 《한국사회연구》 2, 1984.
   ② ──── , 〈두레 共同體와 農民文化〉, 《崔弘基教授華甲紀念論文集》,
   ③ ──── , 〈甲午農民鬪爭과 두레와 執綱所의 폐정개혁〉, 韓國社會史研究論文集 8, 《한국사회의 신분계급과 사회변동》, 1987.
   ④ 李泰鎭, 〈17·8세기 香徒 조직의 分化와 두레〉, 《震檀學報》 67, 1989 참조.

오락과 공동향연을 충분히 결합하여 노동능률과 노동생산성을 높였을 뿐 아니라 고통스러운 노동을 '즐거운 노동'으로 전화시켜 즐거움과 노래 속에서 생산노동을 해내는, 한국 민족과 한국 농민의 슬기가 제도화된 공동체적 공동노동의 조직이었다. 또한 농민들은 '품앗이'라고 하는 소규모의 노동력 교환을 위한 결사체적 공동노동의 조직도 만들어 상부상조하면서 농사경작을 수행하였다.

농민들은 또한 동계[洞契, 또는 동약(洞約)]를 조직하여 일정 수준에서 마을의 자치를 실시하였다.[8] 동계는 마을의 모든 사람들로 조직되어 미풍양속을 유지 보존하고, 효제와 선행을 표창 선양하며, 비행을 징벌하고, 마을 농민들의 환난을 서로 구제하며, 마을 주변의 산림을 금양(禁養)하고, 관혼상제를 부조하며, 동제(洞祭)·동회(洞會)·동연(洞宴)을 같이하는 등 모든 동사(洞事)를 자치적으로 공동 수행하였다. 또한 농민들은 동계 이외에도 혼계(婚契)·상계(喪契)·송계(松契)·보계(洑契)·동갑계(同甲契)·문계(門契) 등 특정 목적의 각종 계(契)를 조직하여 상부상조하면서 자치적 농민생활을 발전시켜 나갔다.[9]

이와 같이 19세기 농민들이 조직한 두레·품앗이·동계(동약)·각종의 계 등 상부상조를 위한 농민들의 자발적 조직체들은 양반관료들과 지주들의 억압 밑에서도 농민들이 스스로 자기의 사회적 지위와 권리를 지키고 낙천적으로 발전하는 데 크게 이바지하였다.

또한 주목할 것은 19세기에 들어와 농촌에서 서당교육이 광범위하게 보급되고 농민들의 교육수준과 비판의식이 크게 성장했다는 사실이다. 조선왕조 후기에 농촌에도 보급되기 시작한 서당은 19세기에는 농촌의 거의 모든 마을에 보급되어 마을마다 서당이 설립되었으며 양인신분의 농민 자제들도 서당에서 일정한 교육을 받게 되었다. 양인농민들 가운

---

8) 金炅一,〈朝鮮末에서 日帝下의 農村社會의 '洞契'에 관한 硏究〉,《韓國學報》35, 1984 참조.

9) 金弼東,《朝鮮時代 契의 構造的特性과 그 變動에 관한 硏究》, 1989 참조.

데서 특히 영민한 자제들은 양반의 독서와 학문을 능가하는 공부를 하여 농촌지식인이 형성되고 이들이 농촌사회에서 여론 형성을 하는 지도층의 역할을 수행하기 시작하였다.

양인신분 출신의 농촌지식인들은 공공연히 유학(幼學)임을 자칭하면서 향교(鄕校)・향청(鄕廳)에도 출입하여 다수를 점하게 되었으며, 양인신분의 상층인 한량층(閑良層)은 자기의 실력으로 양반으로의 상승이동을 추구하였다. 농민들의 이러한 교육수준과 지식수준의 향상은 바로 양반신분사회와 양반신분에 대한 비판의식의 고양을 수반하였다. 그리하여 양반신분에 대한 비판의식의 고양과 확산 속에서 19세기 전 기간에 걸쳐 농민들의 교육수준과 지식수준이 높아지면서 농민들의 사회적 지위는 현저히 상승하게 되었다.

3. 19세기 지주제도와 농민의 경제적 상태

19세기 전반에 걸쳐 농민들의 사회적 지위는 현저히 상승되었음에도 불구하고, 농민들의 경제적 처지는 일반적으로 조금도 나아지지 않고 오히려 빈곤이 누적되었다. 무엇보다도 토지 겸병(土地兼倂)을 자행하면서 봉건적 지주제도가 전개되어 많은 농민들이 자기 소유의 토지를 상실하고 소작농[佃戶]으로 전락하는 추세가 전국적으로 지배했기 때문이었다. 그리하여 19세기 농촌사회에는 지주・독립소농(자작농)・자소작농・소작농[佃戶]의 4개 계층이 존재했으며, 이 가운데서 자소작농과 소작농의 빈농이 다수를 차지하는 추세를 나타내게 되었다.

다산(茶山) 정약용(丁若鏞)은 19세기 초 호남지방의 지주・자작농・소작농의 비율을 추산한 일이 있는데, 이에 따르면 지주가 총농가의 약 5%, 자작농이 약 25%, 소작농(자소작농 및 순소작농)이 약 70%였다.[10)]

19세기 지주제도는 크게 나누어 병작법(竝作法)과 도작법(賭作法)의 두 가지 종류가 있었다. '병작법'은 보통 '어우리'[打作法]라고도 불리던 제도로서, 매년 수확량을 지주와 소작인 사이에 반분(半分)해서 지주가 총 생산량의 50% 소작료를 징수하는 제도였다. 병작법은 전국적으로 일반농지에서 가장 광범위하게 시행되었다.

'도작법'은 '도지'·'도지법(賭地法)'이라고 불리던 제도로서 매년 수확량의 풍흉에 관계없이 일정의 고정된 소작료를 징수하는 제도였는데, 대체로 총 생산량의 1/3(33%)이 소작료의 표준이 되었다[때로는 집수법(執穗法)을 도작법(賭作法) 안에 포함시키기도 하였다]. 도작법은 주로 역둔토(驛屯土)나 궁방전(宮房田)에서 시행되었으며, 민유지에서는 주로 지주의 거주지로부터 멀리 떨어진 원격지에 있는 비옥답(肥沃畓)이나 전(田)에서 실시되었다.11)

도작법은 풍년에는 소작료가 저렴하게 되고 흉년에는 상대적으로 높아지지만 장기간에 걸쳐서 보면 전체적으로 병작법보다 저렴하므로 소작농민들은 병작법보다 도작법을 선호하였다. 이에 소작농민들과 개혁파들은 병작법을 도작법으로 전환시키려는 운동을 추구하였다.12) 반면에 지주와 마름들은 역둔토에서까지도 도작법을 병작법으로 역전시키려고 시도하여 갈등이 심하였다.13) 그러나 대세는 '병작제'로부터 '도작제'로 점차적으로 전화하는 추세에 있었다고 말할 수 있다. 그리고 그 소작료율은 총 생산량의 33~50%에 분포되어 있었으면서, 도작법의 보급 정도에 비례하여 그만큼 점차 절하되어가는 추세에 있었다고 말할 수 있다.14)

---

10) 《丁茶山全書》(文獻編輯委員會版) 上, 詩文集, 文, 第1集, 卷 9, p.6 참조.

11) 愼鏞廈, 〈朝鮮王朝末期의 地主制度와 小作農民層〉, 《曉岡崔文煥博士追念論文集》, 1977 참조.

12) 《高宗實錄》, 建陽元年(1896) 11월 25일조 참조.

13) 《英祖實錄》 英祖 34년(戊寅, 1758) 7월 20일조 및 《日省錄》 高宗 30년(癸巳, 1893) 10월 28일조 참조.

14) 金容燮, ① 〈韓末·日帝下의 地主制 : 사례 1-江華金氏家의 秋收記를 통해 본 地主經

소작료 형태는 현물소작료가 대부분이었고 화폐소작료는 미미하였다. 그러나 도작법에 의거하던 역둔토·궁방전 등에서는 미미하지만 순수한 화폐소작료가 일부 행해지면서 점차 성장하고 있었다.15) 소작기간은 일반적으로 미리 정하는 사례는 드물고, 소작료를 태납(怠納)하지 않는 한 '무기한'(매우 장기간) 지속되었다. 소작지의 관리는, 소지주는 스스로 소작지를 관리했으나, 대지주나 중지주는 대체로 '마름'[舍音]을 현지에 두어 지주를 대리해서 소작지를 관리하고 소작료를 징수케 하였다.

이러한 지주제도의 지배 아래에서 소작농은 총생산물의 50%(병작법)~33%(도작법)를 지주에게 납부해야 했을 뿐 아니라, 종자도 소작농 부담이었으며, 심지어 호남지방의 병작법에서는 전세(田稅)도 소작인 부담이었고, 도작법에서는 전세와 종자가 모두 소작인 부담이어서, 소작농은 극도로 빈곤하게 되어 빈채농이 되지 않을 수 없었다.16)

이러한 속에서도 농민들의 노력으로 19세기에 농업기술과 생산력 증대에 일정한 진전이 있었다. 이앙법(移秧法)에 의한 수전농업이 더욱

營〉,《東亞文化》 11, 1972.
② ───, 〈韓末·日帝下의 地主制 : 사례 2-載寧東招農場에 있어서의 地主經營의 變動-〉,《韓國史研究》 8, 1972.
③ ───, 〈韓末·日帝下의 地主制 : 사례 3-羅州李氏家의 成長과 그의 農場經營〉,《震檀學報》 42, 1976.
④ ───, 〈韓末·日帝下의 地主制 : 사례 4-古阜金氏家의 地主經營과 資本轉換-〉,《韓國史研究》 19, 1978.
⑤ 李景植, 〈17세기의 土地開墾과 地主制의 展開〉,《韓國史研究》 9, 1973.
⑥ ───, 〈16세기 地主層의 動向〉,《歷史敎育》 19, 1976.
⑦ 洪性讚, 〈韓末·日帝下의 地主制 研究-江華洪氏家의 秋收記와 長州分析을 중심으로-〉,《韓國史研究》 33, 1981 참조.
15) ① 李榮昊, 〈18·19세기 地代形態의 變化와 農業經營의 變動-宮廣土·屯土를 중심으로-〉,《韓國史論》 11, 1984 참조.
16) ① 朴明圭, 〈植民地 地主制의 형성 배경〉, 韓國社會史研究論文集 2,《한국근대농촌사회아 일본제국주의》(문학과 지성사, 1986).
② 文昭丁, 〈大韓帝國期 日本人 大地主의 형성〉, 上揭論文集, 1986.
③ 金錫俊, 〈東洋拓植會社의 사업전개 과정〉, 상게논문집, 1986 참조.

확대되었으며, 품종개량이 진전되었고, '감자'가 신품종으로 도입되었다. 경작기술에서도 한해 건너 고랑과 이랑을 교대하면서 토지를 이용하는 대전법(代田法)이 널리 보급되었다. 또한 도시 부근에서는 채소·인삼·담배 등에서 상업적 농업도 일정하게 성장하였다.[17]

그러나 이러한 약간의 농업기술 혁신 성과도 조선왕조 정부와 양반관료들이 저지른 전정(田政)·군정(軍政)·환정(還政)의 삼정 문란과 농민 수탈로 말미암아 농민에게는 거의 혜택이 돌아가지 못하였다.

전정의 경우를 보면, 원래 전세는 토지 1결에 대하여 ① 전세미가 6두, ② 대동미(大同米)가 6두, ③ 삼수미(三手米)가 1.2두, ④ 결미(結米)가 3두 등 모두 16.2 두였다. 그러나 조선왕조의 중앙관청과 지방관아는 여기에 각종 명목의 부가세를 징수하여 그 종류만도 40여 가지가 되었으며, 토지 1결당 징수하는 전세에 관련된 총 세금이 실제로는 무려 50여 두에 달하는 것이 보통이었다.[18]

군정의 경우를 보면, 군역은 법제상 양인신분의 역(役)으로 되어 농민 부담으로만 되었는데, 18세기 말 균역법(均役法)이 실시되기 전에는 양인 1정(丁)에 포(布) 2필(4량)이었던 군역부담을 균역법을 시행하면서 양인 1정에 포 1필로 형식상 세율을 줄이자, 관청에서는 역정(役丁)의 숫자를 허위로 늘리는 방법으로 군포의 징수를 증가시켰다.[19] 그리하여 죽은 사람으로부터 군포를 징수하는 '백골징포(白骨徵布)', 어린애로부터 군포를 징수하는 '황구첨정(黃口簽丁)', 마을 사람들과 일가친척들로부터 군포를 징수하는 '인징(隣徵)'과 '족징(族徵)' 등이 18세기에 이어 19세기에는 더욱 만연하게 되었다. 이 때문에 1명의 장정이 2~3명 몫에 해당하는 군포세를 부담하는 일도 많게 되어 농민들의 군역(군포세) 부

---

17) 金容燮, 《朝鮮後期農業史研究-農業變動·農學思潮-》, (一潮閣, 1971) 참조.

18) 《丁茶山全書》(下), 政法集, 《牧民心書》 6, 戶典, 平賦 참조.

19) ① 鄭萬祚, 〈朝鮮後期의 民役變通 論議에 대한 檢討〉, 《同德女大論文集》 7, 1977.
　　② ───, 〈均役法의 選武軍官〉, 《韓國史研究》 18, 1977.

담은 더욱 과중하게 되었다.

한편 환정은 원래 기민(飢民)을 구제하기 위한 사회복지제도로서 환상(還上)제도를 만들어 운영하게 된 것이었는데, 19세기에 이르러서는 완전히 농민을 착취하는 고리대제도로 전화해 버리고 말았다. 원칙적으로 환곡(還穀)은 절반을 창고에 남겨놓고 나머지 절반만을 진대(賑貸)하도록 한 것이었는데, 다산 정약용이 잘 지적한 바와 같이 관료와 아전들은 이를 모두 풀어서 농민들에게 모두 배당한 것처럼 문서상 억지로 할당 대여하고 추수 뒤에는 각종 협잡의 방법을 총동원해서 고율의 이곡(利穀)을 부치어 징수해서 착복하였다.20) 그리하여 19세기에는 농민에 대한 환곡의 부담이 전세나 군포세의 부담보다도 더 과중하고 가혹하며 착취적인 것으로 되기에 이르렀다.21)

당시 지주제도와 삼정의 문란의 부담과 폐해가 위와 같이 컸기 때문에, 농민들은 물론이고 실학자를 중심으로 한 개혁적 지식인들은 지주제도의 폐지나 토지개혁을 주장하였다.22) 반계(磻溪) 유형원(柳馨遠)의 균전제(均田制) 토지개혁안,23) 성호(星湖) 이익(李瀷)과 연암(燕巖) 박지원(朴趾源)의 한전제(限田制) 토지개혁안,24) 다산 정약용의 여전제(閭田制) 토지개혁안25)과 정전제(井田制) 토지개혁안26) 등이 그 대표적인 것

---

20) 愼鏞廈, 〈丁若鏞의 還上制度 改革思想〉, 《사회과학과 정책연구》 3의 2, 1981 참조.

21) 《萬機要覽》, 財用編 2, 收稅, 6, 還摠 참조.

22) 愼鏞廈, 〈朝鮮後期 實學派의 土地改革思想〉, 《韓國思想大系》 II, 1976 참조.

23) ① 千寬宇, 〈磻溪柳馨遠研究〉, 《歷史學報》 2-3, 1952, 1953.
  ② 鄭求福, 〈磻溪 柳馨遠의 社會改革思想〉, 《歷史學報》 45, 1970 참조.

24) ① 韓沽劤, 《星湖 李瀷研究》, 1980.
  ② 鄭求福, 〈星湖 李瀷과 燕巖 朴趾源의 限田制 土地改革思想〉, 《李元淳教授華甲紀念 史學論叢》, 1986 참조.

25) ① 鄭奭鍾, 〈茶山 丁若鏞의 經濟思想-그의 田制改革案을 중심으로-〉, 《李海南博士華甲 紀念論叢》, 1970.
  ② 金容燮, 〈18·9세기의 農業實情과 새로운 農業經營論〉, 《大東文化研究》 9, 1972.
  ③ 愼鏞廈, 〈茶山 丁若鏞의 閭田制 土地改革思想〉, 《奎章閣》 7, 1983 참조.

26) ① 朴宗根, 〈茶山 丁若鏞の土地改革思想の考察〉, 《朝鮮學報》 28, 1963.

이었다고 말할 수 있다.

그러나 19세기 전 시기에 걸쳐 개혁안은 제의와 주장에 그친 채 실천되지 않고 농민의 경제적 상태는 악화되어 빈곤이 누적되었으며, 농민의 경영규모는 영세화되는 추세에 있었고, 자작농의 소작농으로의 몰락은 끊임없이 진행되어 농민의 빈곤은 심화되어 갔다. 다산 정약용은《목민심서(牧民心書)》에서 다음과 같이 썼다.

  생각해 보라. 백성들이 어떻게 견딜 수 있겠는가. 1결의 토지는 그 수확량이 많으면 800두고 적으면 600두요, 최하는 400두뿐이다. 농민들은 토지가 없어서 모두 남의 토지를 경작하는데, 한 해가 다 가도록 힘써 일해도 가을의 수확에 이르러 지주가 반을 잘라가니 600두 가운데에서 여덟 식구의 식량이나 사린(四隣)의 수용(酬傭)으로 스스로 쓸 수 있는 것은 300두뿐이다. 다시 여기에 종자를 제하고, 채무를 제하고, 그 세전(歲前)의 식량을 제하면 남은 것은 100두에 지나지 않는다. 여기에 다시 조세를 벗겨 빼앗아가면 농민은 이와 같이 극에 이르게 된다. 슬프다, 이 백성이 어떻게 살 수 있겠는가.27)

요농(饒農)·부농을 제외하고는 대부분 농민들의 경제적 상태가 이러했기 때문에 농민들은 해마다 3, 4월의 '보릿고개'(춘궁기)에는 완전히 절량(絕糧) 상태에 빠져서 초근목피로 연명하거나, 지주·고리대금업자로부터 고리대금이나 고리대식량을 차입하여 빈채농이 되었다. 그리고 부채가 누적되면 마침내 소작농의 상태도 유지하지 못하고 일가가 이산되어 '유민(流民)'이 되는 경우도 적지 않게 되었다.

그리하여 19세기에는 전반적으로 농민의 사회적 지위는 현저히 상승

---

  ② 愼鏞廈, 〈茶山 丁若鏞의 丁田制 土地改革思想〉,《金哲俊博士華甲紀念論叢》, 1983.
  ③ 朴贊勝, 〈丁若鏞의 丁田制論 考察〉,《歷史學報》110, 1986 참조.
27)《丁茶山全書》(下), 政法集,《牧民心書》卷 12, 田政.

되었음에도 불구하고 그들의 경제적 상태는 오히려 빈곤이 심화되어, 사회적 지위와 경제적 상태 사이에는 사회학적 개념의 지위불일치(地位不一致)와 현격한 간격이 확대 심화되어 갔다. 이 추세 속에서 사회적 지위가 상승되었음에도 불구하고 경제적으로 몰락하여 구조적으로 지위불일치가 가장 커진 양인신분과 천인신분의 빈곤한 소작농층은 끊임없이 크고 작은 민란을 일으키면서 구체제를 타파하려고 추구하게 되었다.

4. 1894년 동학농민혁명운동과 농민 집강소(執綱所)의 폐정개혁

19세기에 들어와 농민의 사회적 지위의 상승과 경제적 빈곤의 심화라는 '지위불일치'가 더욱 확대된 구조적 모순과 관련하여 1894년 이른 봄에 동학농민혁명운동이 일어났다. 동학농민혁명운동의 주체세력은 동학과 '결합'된 양인신분과 천인신분의 소작농·빈농층이었다.[28] 농민들은 무장(茂長)에서 봉기하여 고부(古阜)를 비롯한 전라도 20여개 고을의 관아를 점령한 다음 1894년 5월 7일(양력 6월 10일) 마침내 전라도 수도인 전주(全州)에 입성하였다. 그러나 농민군은 청국군과 일본군이 농민들의 봉기를 구실로 조선에 침입하자 두 나라 군대를 철수시키기 위하여 관군과 '전주화약(全州和約)'를 성립시켰다. 그 결과 농민군은 일단 형식상 자진 해산하여 외국군 철수의 조건을 만들면서 전라도 53개 군현에 '집강소'를 설치하여 농민들의 처지에서 폐정개혁을 단행하기 시작하였다.[29] 우리는 갑오동학농민혁명운동 때 이 집강소가 폐정개혁을

---

28) ① 愼鏞廈,〈甲午農民戰爭의 主體勢力과 社會身分〉,《韓國史研究》50·51 합집, 1985.
　　② ─────,〈甲午農民戰爭의 第·次 農民戰爭〉,《韓國學報》40, 1985 참조.

29) 愼鏞廈,〈甲午農民戰爭 시기의 農民執綱所의 設置〉,《韓國學報》41, 1985 참조.

실시한 내용을 통하여 19세기 농민들이 추진한 개혁의 지향을 파악할 수 있다.

집강소의 폐정개혁은 〈폐정개혁 요망〉을 제정해 놓고 모든 집강소에서 실시되었는데, 오지영(吳知泳)의《동학사》간행본(1940년 간행)과 새로 발견된 초고본(1924년 완성) '폐정개혁 요강 12개조'의 내용에서 약간의 차이가 있다. 이를 표를 만들어 대비해 보면 <제1표>과 같다.30)

〈제1표〉에서도 알 수 있는 바와 같이 초고본에 수록되어 있음에도 불구하고 간행본에서 빠진 것은 ① 인명을 남살(濫殺)한 자는 버힐 사(제1조), ② 천민 등의 군안(軍案)은 불지를 사(제5조), ③ 농민의 두레법은 장려할 사(제12조) 등이다.31)

반면 초고본에는 수록되어 있지 않았는데 간행본에는 수록되어 있는 것은 ① 도인(道人)과 정부 사이에는 숙혐(宿嫌)을 탕척(蕩滌)하고 서정(庶政)을 협력할 사(제1조), ② 청춘과부는 개가(改嫁)를 허할 사(제7조), ③ 관리채용은 지벌(地閥)을 타파하고 인재를 등요할 사(제9조) 등이다.32)

그 밖에 초고본과 간행본의 조항이 동일한 것 가운데서는 초고본의 표현이 좀 더 강경하고 직설적인 것을 알 수 있다. 예컨대 초고본에서는 양반신분에 대한 것을 "유림과 양반배의 소굴을 토멸(討滅)할 사"라고 하여 유림과 양반신분층 전체를 적으로 하고 그 소굴을 '토멸'한다고 매우 강경하고 전투적인 표현을 한 데 견주어, 간행본에서는 "불량한 유림과 양반배는 징습(懲習)할 사"라고 하여 '불량한' 이라는 한정을 하고 '토멸' 대신 '징습'이라고 완화된 표현을 하고 있는 것이다.

---

30) 愼鏞廈,〈甲午農民戰爭과 두레와 執綱所의 폐정개혁〉,《韓國社會史學會論文集》 8,《한국사회의 신분계급과 사회변동》(문학과 지성사, 1987) 참조.

31) 吳知泳,《草稿本東學史》, 1924, 第3冊, pp.43~44 참조.

32) 吳知泳,《刊行本東學史》, 1940, pp.126~127 참조.

〈제1표〉《동학사》의 '초고본'과 '간행본'의 집강소 폐정개혁 요망 비교

	초고본	간행본
제1조	인명을 남살한 자는 버힐 사	도인과 정부 사이에는 숙혐을 탕척하고 서정을 협력할 사
제2조	탐관오리는 거근(袪根)할 사	탐관오리는 그 죄목을 사득(査得)하여 일일 엄징할 사
제3조	횡포한 부호배(富豪輩)를 엄징할 사	횡포한 부호배는 엄징할 사
제4조	유림과 양반배의 소굴을 토멸할 사	불량한 유림과 양반배는 징습할 사
제5조	천민 등의 군안은 불지를 사	노비문서는 소거할 사
제6조	종 문서는 불지를 사	칠반천인(七班賤人)의 대우는 개선하고 백정 두상(頭上)에 평양립(平壤笠)은 탈거할 사
제7조	백정의 머리에 패랭이를 벗기고 갓을 씌울 사	청춘과부는 개가를 허할 사
제8조	무명잡세 등은 혁파할 사	무명잡세는 일병(一幷) 혁파할 사
제9조	공사채를 물론하고 과거의 것은 병물시할 사	관리 채용은 지벌을 타파하고 인재를 등용할 사
제10조	외적과 연락하는 자는 버힐 사	왜(倭)와 간통하는 자는 엄징할 사
제11조	토지는 평균분작으로 할 사	공사채를 물론하고 기왕의 것은 병물 시할 사
제12조	농군의 두레법은 장려할 사	토지는 평균으로 분작케 할 사

이러한 차이가 발생한 것은, 초고본의 폐정개혁 12개 조항은 집강소가 공식적 승인을 받지 못하고 농민들이 독자적으로 폐정개혁을 단행했던 초기 집강소 때의 것이고, 간행본의 폐정개혁 12개 조항은 동학농민군이 음력 6월 15일 남원대회(南原大會)를 연 뒤 전라 관찰사 김학진(金

鶴鎭)이 동학농민군 총대장 전봉준(全琫準)을 전라감영에 초청하여 농민군의 군집강소(郡執綱所) 설치를 공식적으로 승인하고 '관민상화지책(官民相和之策)'을 결의하여 전봉준이 전주감영에서 실질적으로 전라도 53개 군현을 통치하던 후기 집강소 때의 것으로 이해된다.[33] 이것은 간행본의 폐정개혁요강 제1조가 "도인과 사이에는 숙혐을 탕척하고 서정을 협력할 사"인 것에서도 알 수 있다.

집강소의 폐정개혁 기본 내용을 위의 2개 폐정개혁요강과 기타 실제 자료에서 보면 ① 탐관오리의 징계, ② 신분해방운동과 사회신분제의 폐지, ③ 횡포한 부호의 응징과 토재(討財), ④ 삼정[전정(田政)·군정(軍政)·환정(還政)]의 개혁, ⑤ 고리채의 무효화, ⑥ 미곡의 일본 유출 방지, ⑦ 지주제도의 개혁과 폐지 시도, ⑧ 인민 소장(訴狀)의 처리, ⑨ 관리 문부(文簿)에 대한 검열, ⑩ 동학의 전도와 농민군의 강화, ⑪ 농민군의 무기와 마필의 공급, ⑫ 군수전(軍需錢)과 군수미(軍需米)의 비축 등이 중심을 이루었다.[34] 이 가운데에서 제2차 농민혁명운동 봉기를 위한 준비인 농민군의 무기 및 마필의 공급과 군수전 및 군수미 비축을 별도로 하면, 이 시기 집강소의 폐정개혁이 가장 역점을 둔 개혁사업은 사회신분제도의 폐지, 삼정의 개혁, 고리채의 무효화, 지주제도의 개혁·폐지 등이 핵심을 이루었다.

집강소의 사회신분제 폐지운동은 폐정개혁 12개 조항 가운데 3분의 1이 이의 실천에 관한 것임을 보아도 농민들이 얼마나 강렬하게 이를 추구했는가를 알 수 있다. 위정척사파 유림 황현(黃玹)은 《오하기문(梧下記聞)》에서 다음과 같이 기록하였다.

적당(동학농민군…필자)은 모두 천인노예(賤人奴隷)이므로 양반·사족을 가장 증오하였다. 그래서 양반을 나타내는 뾰족관을 쓴 자를 만나면 곧

---

33) 鄭碩謨, 〈甲午略歷〉, 《東學亂記錄》(國史編纂委員會版 上, p.65 참조.

34) 愼鏞廈, 〈甲午農民戰爭 시기의 農民執綱所의 活動〉, 《韓國文化》 6, 1985 참조.

바로 꾸짖으며 말하기를 "너도 역시 양반인가" 하고 관을 벗기어 빼앗아 버리거나 또는 그 관을 자기가 쓰고 거리를 돌아다니면서 양반을 욕주었다.

무릇 집안의 노비로서 도적들(동학농민군…필자)을 따르는 자는 물론이오, 비록 도적들을 따르지 않는 자라 할지라도 모두 지극히 천한 자가 주인을 위협 강제하여 노비문권을 불사르고 양인이 됨을 강제로 승인케 하거나 또는 그 주인을 결박하여 주리를 틀고 곤장과 매를 치기도 하였다. 이에 노비를 가진 자들은 바람에 따라 노비문권을 불살라서 그 화를 덜었다. (노비로서) 삼가는 자가 혹시(노비문권을) 불사르지 말기를 원하는 경우에도 그러나 기염(氣焰)이 맹렬하게 타오르고 있어서 주인이 더욱 이를 두려워하였다.

혹은 노(奴)와 사족(士族) 주인이 모두 함께 도적을 따르는 경우에는 서로 (평등하게) 접장(接長)이라 부르면서 그들의 법을 따랐다. 도한(屠漢, 백정)·재인(才人) 등속의 무리도 역시 평민·사족과 평등하게 같이 예를 했으므로, 사람들이 더욱 치를 떨었다.35)

이 기록에서도 집강소의 농민들이 얼마나 강렬하게 양반신분제도의 비판과 부정, 노비문서의 소각과 노비해방의 쟁취, 백정[屠漢]·재인[倡優] 등 칠반천인(七班賤人)들의 신분해방과 평등을 추구했는가를 알 수 있다. 대접주 손화중(孫化中)은 천민들로 수천 명의 천민 출신 농민군 부대를 편성했고,36) 김개남(金開男)도 약 1천 명의 천민 출신 농민군 부대를 편성했는데,37) 이 백정·재인·역부 등 천민으로 편성된 농민군 부대들이 집강소의 사회신분제 폐지에 막강한 무력으로 활동하였다. 뒤에 관군이 동학농민군의 죄목들 가운데 하나에 "평등을 가칭하여 명분('신분'을 의미-인용자)을 부수었다"38) 고 한 것은 바로 집강소 농민들

---

35) 黃玹,《梧下記聞》, 제 2필의 p.97.

36)《梧下記聞》, 第 3筆의 p.35 참조.

37)《梧下記聞》, 第 3筆의 p.23 참조.

의 사회신분제 폐지를 죄목으로 지적한 것이었다.

집강소의 삼정 개혁으로서는 먼저 관청에 대한 부채로 되어 있는 '환곡'을 무효화하고 환상제도를 폐지하였다. 폐정개혁 요강 가운데 하나에 "공사채를 물론하고 이왕의 것은 일병 물시할 사"에서 공채는 바로 환곡을 가리킨 것이었다. 또한 군정에 대해서는 폐정개혁 요강의 "잔민(殘民) 등의 군안(軍案)은 불지를 사"에서 군포제(軍布制)를 폐지한 것을 알 수 있다. 또한 전세도 삭감하여 징수했는 바, 장성도호 부사(長城都護府使)는 이를 농민군의 죄목으로 "공납(公納)을 저알(沮遏)하였다"39)라고 기록하였다. 동학농민군이 강릉에서 "삼정의 폐막을 교혁(矯革)하고 보국안민한다"40)는 방문을 붙인 것이나, 영월·평창·정선 등지에서 "삼정을 마음대로 정했다"41)는 기록이나, 동학농민군이 강릉에서 "부중(府中)에 4, 5일 유주(留住)하는 동안에도 군포세(軍布稅)와 조적세(糶糴稅, 환곡)를 바로 잡아서 삼정을 임의로 삭감했다"42)고 관변 측이 기록한 것을 보면 농민군이 삼정의 개혁을 과감하게 단행한 것을 알 수 있다.

또한 집강소는 고리채를 모두 무효화했는바, 폐정개혁 요강의 "공사채를 불문하고 이왕의 것은 일병 물시할 사"에서 '사채'가 바로 고리대를 가리킨 것이었다. 또한 1894년 7월 초에 전봉준이 도내의 모든 집강소에 보낸 〈통문〉에서 "사채는 시비를 물론하고 절대로 시행치 못하게 하며 이 지시를 어기는 자는 마땅히 영(營)에 보고하고 처벌하라"43)고 엄명한 데서도 고리채의 무효화와 고리대 및 사채 징수의 엄금을 강력

---

38) 〈兩湖右先鋒日記〉, 《東學亂記錄》 上, p.272.

39) 〈先鋒陣呈報牒〉, 《東學亂記錄》 下, p.245.

40) 《臨瀛討匪小錄》, p.7 참조.

41) 《臨瀛討匪小錄》, p.7 참조.

42) 〈東匪討論〉, 《韓國學報》 3, p.265.

43) 《梧下記聞》, 第2筆의 p.66 참조.

히 실행한 것을 알 수 있다.

다음에 집강소의 지주제도·농업경영제도에 대한 폐정개혁 정책을 보면, 초고본과 간행본의 "토지는 평균으로 분작(分作)할 사"와 초고본의 "농군의 두레법을 장려할 사"의 2개 조항이 핵심이 되어 있다.

여기서 먼저 "토지는 평균으로 분작케 할 사"는 세 가지로 해석될 수 있다. 첫째는 '균작(均作)'을 소유권과는 별도로 경작지·차경지만을 '평균으로 분작케' 하는 것으로 해석하는 것이다. 둘째는 '평균으로 분작'을 '평균분전(平均分田)'으로 해석해서 토지소유권도 균등하게 '소유'하면서 균등하게 분작하는 것으로 해석하는 것이다. 이 문제에 대한 해답을 줄 수 있는 자료로서 《강진읍지(康津邑誌)》의 〈명승 초의전(名僧草衣傳)〉에는 다음과 같이 기록되어 있다.

초의는 다산의 시우(詩友)일 뿐만 아니라 도우(道交)이기도 하였다. 다산이 유배로부터 고향에 돌아가기 직전에 《경세유표》를 밀실에서 저작하여, 그의 문하생인 이청과 친한 승려인 초의에게 맡겨서 비밀리에 보관하여 전포(傳布)하도록 의뢰하였다. 그러나 그 전문은 도중에 유실되고, 그 일부는 대원군에게 박해당한 남상교(南尚敎)·남종삼(南鍾三) 부자 및 홍봉주(洪鳳周) 일파에게 전해졌다. 그 일부는 그 뒤 강진의 윤세현(尹世顯)·김병태(金炳泰)·강운백(姜雲伯) 등과 해남의 주정호(朱挺浩)·김도일(金道一) 등을 통하여 갑오년에 기병한 전녹두(전봉준…필자)·김개남 일파의 수중에 들어가서 그들이 이용하였다. 전쟁 후 다산의 비결이 녹두 일파의 비적(匪賊)을 선동했다고 하여, 다산의 유배지 부근의 민가와 고성사(高聲寺)·백련사(白蓮寺)·대둔사(大苞寺) 등을 수색한 일까지 있다.[44]

---

44) 朴宗根, 〈李朝後期의 實學思想-茶山 丁若鏞의 社會改革論〉(下), 《思想》, No. 567, 1971, p.1284의 《丁茶山》, p.32의 引用에서 再引用. 필자는 여기서 인용된 《康津邑誌》는 입수하지 못하여 그 편자와 간행연도를 알지 못한 채, 이 인용구의 내용이 매우 중요한 것이어서 그대로 재인용함에 그친다. 추정컨대 이 〈康津邑誌〉는 일제 초기에 편찬되면서, 甲午農民戰爭에 참가했던 당시의 생존 인사들의 증언을 채록한 것

즉, 이 자료에서 우리는 전봉준·김개남 등 농민군 지도자들이 집강소의 토지개혁정책에 활용한 다산 정약용의 저작이 《경세유표(經世遺表)》였음을 알 수 있다. 그리고 다산이 《경세유표》에서 제안하여 설명한 토지개혁안은 '정전제(井田制)' 토지개혁안이었다. 다산이 이 저작에서 제안한 '정전제' 토지개혁안은 반드시 지형상으로 정자전형(井字田形)을 만들려고 한 것이 아니라, 원리적으로 각각 균등한 면적의 8구(區)의 사전(私田)과 1구의 공전(公田)을 만들어서 사전 경작자가 1구의 공전을 공동경작하여 그 공전의 수확물로 공세(公稅)를 납부하고 사전의 수확물은 모두 경작농민의 소득으로 하면 이것이 바로 정전제의 실(實)을 거두는 것이라고 구상한 것이었다.45) 집강소가 다산의 정전제 토지개혁안을 채택한 경우에는 정전제의 사전 8구를 농민 가구별로 정확하게 '토지는 평균으로 분작'하게 되어 딱 맞아 떨어지는 것이다.

집강소가 정전제 토지개혁을 실시하는 경우 지주제도의 문제는 어떻게 처리되는가? 갑오동학농민혁명운동 중에 농민들은 지주제도에 매우 적대적이었으며, 소작료 납부를 거부하고, 납부된 소작료도 압수하는 일이 매우 많았다. 예컨대 공주의 소지주인 남선달(南先達)은 동학농민혁명운동으로 동학농민들에게 도조(賭租; 소작료)를 모두 빼앗겼다.46) 또한 장성 동학농민군 두령들의 죄상들 가운데 하나로 '다른 사람'(지주를 의미…필자)의 도조를 늑탈한 것47)이 중요한 죄목으로 지적되어 뒤에 관군에게 처벌되었다. 고부에서도 동학농민군 두령이 농민군을 이끌고 부민(富民)의 도조를 수색하여 가져오려고 시도하였다.48) 동학농민

이 아닌가 한다.

45) 《丁茶山全書》, 政法集 《經世遺表》 天官吏曹, 第 1참조.

46) 〈雜記(雜抄)〉, 《東學亂記錄》 下, p.297 참조.

47) 〈巡撫先鋒陣謄錄〉, 《東學亂記錄》 上, p.650 및 〈先鋒陣呈報牒〉, 《東學亂記錄》 下, p.245 참조.

군이 압수한 도조 70석을 명례궁(明禮宮) 마름집에 맡겨두었던 기록도 남아 있다.49) 강릉에서는 동학농민군이 부호에 대하여 전재(錢財)를 토색할 뿐 아니라 "전답문서를 빼앗고자 했다"50)는 기록도 남아 있다. 중앙정부는 뒤에 동학농민혁명운동을 진압한 지역에서 "서울과 지방인의 지주소유 전답을 물론하고 마름 및 소작인배가 이번의 소요(동학농민혁명운동…인용자)를 적탁하여 지주에게 소작료를 납부하지 않은 자"51)와 "이미 징수한 소작료를 동학농민군에게 빼앗긴 자"52)를 별도로 관리를 임명하여 조사케 하였다. 이러한 자료들과 사례들은 비록 간접적이지만 모두 동학농민군이 지주제도에 대하여 적대활동을 했으며, 지주제도를 폐지하려고 한 의지를 나타내 주는 것이었다고 볼 수 있다. 실제로 동학농민군이 농민혁명운동을 일으켜 집강소에서 양반신분제도를 폐지하고 대대적 폐정개혁을 단행하는 마당에 봉건적 지주제도를 존속시킬 어떠한 이유도 없는 것이었다.

집강소는 지주제도를 폐지하고 다산의 정전제 원리를 채용하여 토지개혁을 단행하려 한 것이었다. 이 경우에 사전 8구의 소유는 국유, 또는 마을의 공동체적 소유, 또는 농민가구별 소유의 어느 한 곳으로 귀결될 것인데, 정전제에서 공전 1구가 별도로 존재하므로 국유 또는 마을공동체 소유는 가능성이 매우 희박하고, 당시의 현실적 조건 및 대세와 정전제의 원리를 종합해 보면 사전 8구는 농민적 소유(농민 사유에 의한 자경자작)의 정립을 의미한 것이었다고 볼 수 있다. 즉 지주제도를 폐지하고 정전제의 원리에 의거하여 사전 8구에 농민적 토지소유를 정립하려

---

48) 〈巡撫先鋒陣謄錄〉, 《東學亂記錄》 上, p.628 참조.

49) 〈先鋒陣各邑了發關及甘結〉, 《東學亂記錄》 下, p.364 및 〈宣諭榜文竝東徒上書所志謄書〉, 《東學亂記錄》 下, p.412 참조.

50) 〈東匪討論〉, 《韓國學報》 3, p.365.

51) 《關草存案》, 甲午(1894) 10月 初 8日條, 〈京畿·三南·關東 關文〉 참조.

52) 《關草存案》, 甲午(1894) 10月 初 8日條, 〈京畿·三南·關東 關文〉 참조.

고 한 것이 집강소 농민들의 토지개혁 방향이었다고 해석되는 것이다.

집강소의 이러한 지주제도 폐지를 전제로 한 정전제의 토지평균분작 토지개혁정책에 초고본의 "농군의 두레법은 장려할 사"의 조항을 적용하면 어떻게 되는가? 두레는 정전의 공전 1구에 대해서는 공동노동뿐만 아니라 공동경영·관리를 하고, 사전 8구에 대해서는 공동노동만을 제공하는 것으로 된다. 이때 사전 8구는 면적이 완전히 동일하므로 '평균분작'과 완전히 일치하는 것이다. 또한 이때는 공전 1구는 공동경영이 되어야 하므로 '두레'는 필수의 제도가 된다고 볼 수 있다. 즉 집강소의 토지개혁정책은 지주제도를 폐지하고, 정전제의 원리를 참조한 토지평균분작제도와 이를 공동노동으로 경작하는 '두레농장제도'였던 것으로 해석된다.

우리는 이상과 같은 집강소의 토지개혁정책·농업경영정책을 통하여 19세기 우리나라 농민들이 추구한 그들 자신의 농업문제 해결의 방향을 이해하고 확인할 수 있다.

5. 갑오개혁 및 대한제국의 농업정책과 농민

동학농민혁명운동의 집강소 농민통치 시기인 1894년 6월 25일 수립된 갑오개혁 정부는 군국기무처(軍國機務處)를 설치하여 대대적 개혁을 단행하면서 농민들의 요구를 개화파식으로 번역하여 국정에 상당한 부분 반영시켰다.[53] 먼저 중앙정부의 조직 안에 농상아문(農商衙門)을 새로이 설치하고, 여기서 농업·상업·생산기술·어업·산림·목축·광산 지질 및 회사 등을 관리하도록 하였다. 그리하여 그 내부 기구로서 개간, 식수, 양잠, 차 재배, 목축 및 농업서적 편찬을 담당하는 농상국(農

---

53) 柳永益, 〈甲午更張을 圍繞한 日本의 對韓政策-甲午更張他律論에 대한 修正的 批判-〉, 《歷史學報》 65, 1975 참조.

桑局), 내외상업·도량형·생산품의 검사 및 공업 장려를 담당하는 공상국(工商局), 산림경제·개인산림 통제 및 산림학교의 관리 등을 담당하는 산림국(山林局), 어선·어로 도구·양식·수산물 가공과 수산회사 등을 관리하는 수산국(水産局), 지질조사·광물분석, 측량·지도 작성 등을 담당하는 지질국(地質局), 산업장려와 전매특허를 담당하는 장려국(獎勵局) 등을 두었다. 이로써 농업과 농민을 담당하는 중앙정부의 근대적 전담부서가 조직된 것이었다.

갑오개혁 정부는 농민들이 추진한 아래로부터의 사회신분제 폐지운동의 흐름을 위로부터의 자기들의 흐름과 합류시켜 6월 28일 군국기무처 회의에서 사회신분제 폐지의 대개혁을 단행하였다. 이것은 양반·상민 차별제도 폐지, 노비제도 폐지, 문무 차별제도 폐지, 서얼 차별제도 폐지, 문벌제도 폐지, 과부재가 금지제도 폐지, 조혼제도 폐지, 연좌제도 폐지, 평민의 정치적 의견 제출 승인 등을 포함한 것이었으며, 뒤이어 역인(驛人)·창우(倡優)·피공(皮工) 등 천민층의 해방도 법제화하여 농민들의 요구대로 전면적인 사회신분제 폐지를 실현한 것이었다.[54]

갑오개혁은 또한 궁내부(宮內府)를 설치해서 궁중사무와 정부사무를 엄격히 준별하여 조세와 재정은 탁지아문[度支衙門, 뒤에 탁지부(度支部)]에서만 통일하여 관장하도록 하고, 궁실의 재정도 탁지부에서 관장하며, 궁실이 농민으로부터 직접 조세와 잡세를 징수하던 제도를 전면 폐지하였다. 역(驛)과 둔(屯)을 폐지함과 동시에 무토역둔토(無土驛屯土)를 폐지하고 면세지조사를 실시하여 이제까지 면세였던 역둔토와 궁방전(宮房田)으로부터도 모두 탁지부에서 지세를 징수하였다. 또한 획기적인 것은 지세를 농경지 1결에 연 25~30량으로 하여 금납(金納)으로 하도록 정하고 그 외의 모든 잡세를 혁파하였다. 이 개혁에 따라 궁내부 소속 각사에서도 잡세를 징수하지 못하게 되었음은 물론이고 모든 수입

---

54) 愼鏞廈, 〈1894년의 社會身分制의 폐지〉, 《奎章閣》 9, 1985 참조.

을 탁지부를 통해서만 예산 범위 안에서 조달하게 되었다. 정부 각 부처나 지방관청·양반토호들이 잡세를 징수하지 못하게 되었음은 물론이다. 이 개혁에 따라 농민들의 조세공과(租稅公課) 부담은 크게 감소하게 되었다.

갑오경장 정부는 또한 지방통치기관의 일부로 각 면에 '향회(鄕會)'를 설치토록 하고, 향회의 결정에 따라서 지방행정을 시행하도록 하였다. 그 결과 지방행정에서 그 이전보다는 농민의 의견이 많이 참작되었다.

그러나 갑오경장 정부는 지주제도의 개혁이나 폐지를 전혀 추진하지 않았다. 이것은 소작농·빈농들의 간절한 소망을 외면한 것으로서 갑오경장 정부가 취한 농업정책의 근본적인 한계였다고 볼 수 있다.

갑오경장 정부는 1896년 2월 '아관파천'에 의해 무너지고, 뒤이어 1897년 10월에는 대한제국으로 국호를 개정하여 국내외에 자주독립의 의지를 재천명하였다. 대한제국이 성립된 직후부터 정치체제를 입헌대의군주국(立憲代議君主國)으로 개혁하여 민권에 기초한 대개혁을 단행하려는 독립협회 개혁파와 대한제국을 전제군주국체제로 고수하려는 수구파 사이에 1898년 내내 정치투쟁이 전개되다가, 그 해 말에 정권을 장악한 친러 수구파가 무력으로 독립협회를 강제 해산한 뒤, 1899년부터는 전제황권을 강화하는 정책을 집행하였다.

대한제국은 황제의 내탕금(內帑金)과 황실의 수입을 증가시키기 위해 역둔토의 관리를 탁지부에서 궁내부 내장원(內藏院)으로 이관시키고, 어세(漁稅)·염세(鹽稅)·인삼세 등도 내장원에서 징수토록 했으며, 전국의 광산도 모두 내장원의 소유로 그 관할 아래 두도록 하였다. 이에 내장원은 1900년 1월부터 1901년 말에 걸쳐 역둔토 수입증대를 목적으로 역둔토·목장토·궁방전 등에 대한 토지조사를 실시하였다. 이 조사 과정에서 내장원은 '유토(有土)'와 '무토(無土)'의 정밀한 조사와 구분을 하지 않고 민유지인 '무토'의 역둔토·궁방전 등을 다수 내장원 관리의 역둔토에 편입시켜 농민들과 분쟁을 일으켰다.[55] 또한 내장원은 이제까지 유토 역둔토의 소작료율이 일반소작지에서보다 저율이었음에도 불구하고 이를 일반소작지에서와 같은 수준으로 인상시키려고 하여 역시 농민들과 많은 분쟁을 일으켰다.56) 그리하여 황실과 궁내부 내장원의 재정은 확대 강화되었지만 그 지배 아래 있던 농민들의 경제적 상태는 갑오경장 때보다도 더 열악해지게 되었다.

대한제국은 국가재정수입을 증대시키고 통치의 기초를 정비하기 위하여 일반농지에 대한 토지조사사업도 추진하였다. 대한제국은 1898년에 양지아문(量地衙門)을 설치하고 1899년부터 전국의 일반농지 일부에 대하여 토지조사사업을 시작했으며, 1901년에는 양지아문 대신 지계아문(地契衙門)을 설치하여 토지소유권 조사와 등록을 실시하기 시작하였다.57) 이 대한제국의 토지조사사업은 완결을 보지 못하고 1903년에 중단되었지만, 독립국가로서의 대한제국 정부가 토지소유권 조사와 등록까지 실시했다는 점에서 매우 중요한 사업이었다. 그러나 대한제국 정부도 지주제도의 폐지는 물론이요, 그 개혁의 시도조차 전혀 하지 않았다. 뿐만 아니라 갑오개혁 때 폐지되었던 잡세가 하나 둘씩 부활되기 시작하여 농민의 부담은 갑오개혁 때보다 오히려 가중되기 시작하였다.

이러한 상태에서 일제는 1904년 2월 러일전쟁을 도발하여, 일본군을 불법으로 한반도에 침입 상륙시키고, 러일전쟁에서 승리하자 1905년 11월 '을사5조약'을 강제 체결하여 한국의 외교권 등 국권을 박탈하고 일제 통감부를 설치하여 내정을 지배하며 한국을 식민지하기 시작하였다. 이에 한국 농민들은 1904년 여름부터 항일 의병무장투쟁으로 봉기하기 시작했으며, 1905년의 연이은 봉기에 이어 1907년 8월 이후에는 전국 농

---

55) ① 裵英淳, 〈韓末 驛屯土調査에 있어서 所有權紛爭〉, 《韓國史研究》 25, 1979.
　　② 〈韓末司官廣土에 있어서의 導掌의 存在形態〉, 《韓國史研究》 30, 1980 참조.

56) 李榮昊, 〈18·19세기 地代形態의 變化와 農業經營의 변동-宮廣土·屯土를 중심으로-〉, 《韓國史論》 11, 1984 참조.

57) 金容燮, 〈光武年間의 量門·地契事業〉, 《亞細亞研究》 31, 1968 참조.

촌 방방곡곡에서 농민들을 병사로 한 항일의병무장투쟁이 불타오르게
되었다. 이에 농촌과 산간은 의병들의 활동무대가 되었으며, 농민들은
자신의 문제에 앞서 조국과 민족의 독립을 위한 투쟁에 직접 간접으로
참여하고 관여된 상태에서 1910년 8월의 병탄을 접하게 되었다.

6. 일제 강점기의 토지조사사업과 식민지농업정책

일제는 한국을 완전식민지로 병탄하자 1910~1918년에 걸쳐 이른바
'토지조사사업'을 실시해서 식민지 통치의 기반을 만들었다.[58] 일제의
'토지조사사업은 먼저 한국인의 토지를 약탈할 목적으로 하여 ① 먼저
관유(官有) 농경지를 강제 창출해서 조선총독부 소유지로 편입했으며,
② 다음에 한국 민간인의 사유(私有) 농경지에 대해서는 조선총독부에

---

58) ① 朴文圭, 〈農村社會分化의 起點으로서의 土地調査事業에 就하여〉, 《朝鮮社會經濟史
　　　研究》(京城帝大法文學會, 서울, 1933).
　　② 李在茂, 〈朝鮮에 있어서의 '土地調査事業'의 實體〉, 《社會科學研究》(日本 東京, 7
　　　의 5, 1955).
　　③ 權寧旭, 〈日本統治下의 朝鮮에 있어서의 所謂 '驛屯土問題'의 實體〉, 《朝鮮近代史
　　　料集成》 3, (日本 東京 1960).
　　④ 林炳潤, 〈土地調査事業과 商業的農業의 生成〉, 《植民地에 있어서의 商業的農業의
　　　展開》(日本 東京, 1971).
　　⑤ 愼鏞廈, 〈日帝下의 '朝鮮土地調査事業'에 대한 一研究〉, 《韓國史研究》 15, 1977.
　　⑥ ———, 〈日帝下의 '朝鮮土地調査事業'에 있어서의 '國有地' 創出과 '驛屯土' 調査〉,
　　　《經濟論集》 17의 4, 1978.
　　⑦ ———, 〈日帝下의 '朝鮮土地調査事業'과 農民의 耕作權·開墾權·賭地權·入會
　　　權〉, 《朝鮮土地調査事業研究》(韓國研究員, 1979).
　　⑧ 姜英心, 〈日帝下의 '朝鮮土地調査事業'에 관한 研究〉(上·下), 《韓國學報》 33-34,
　　　1983.
　　⑨ 裵英淳, 〈朝鮮土地調査事業 其間의 國有地紛爭에 있어서 所有權의 整理方向〉, 《일
　　　제의 한국식민통치》(정음사, 1985).
　　⑩ 趙錫坤, 〈朝鮮土地調査事業에 있어서 所有權調査過程에 관한 研究〉, 《經濟史學》
　　　10, 1986.
　　⑪ 裵英淳, 〈朝鮮土地調査事業에 있어서 金海郡의 土地申告와 所有權査定에 대한 실
　　　증적 검토〉, 《人文研究》 8, 2, 1987.

‘신고’해서 재법인 받도록 하고 그 밖의 모든 농경지를 조선총독부 소유지로 약탈했으며, ③ 임야(미간지 포함)에 대해서는 관문기(官文記)의 증빙서류를 첨부하여 조선총독부에 신고해서 심사를 받도록 하고, 그 밖의 모든 임야와 미간지를 조선총독부 소유지로 약탈했으며, ④ 농경지와 임야(미간지 포함) 이외의 기타 모든 특수토지들도 모두 조선총독부 소유지로 약탈하였다.

일제가 ‘토지조사사업’에 의해 약탈한 토지면적은 ① 농경지[대(垈) 포함] 등이 27만 2,076정보,[59] ② 임야·산림이 955만 7,856정보, ③ 기타 조선총독부 소유지(국유지)가 137만 7,211정보로 합계 1,120만 6,873정보에 달하는 방대한 것이었다. 이것은 당시 한국의 국토 총 면적의 50.4%에 해당하는 방대한 규모의 것이었다.

일제가 약탈한 이 방대한 규모의 토지에는 이제까지의 관유지(官有地)·황실유지(皇室有地)·무주공산[無主公山, 공유지(公有地)]만 포함되어 있던 것이 아니라 명백하게 사유권이 확립되어 대대로 상속되던 한국 국민의 사유농지 9만 6,700정보와 일제에 의해서도 사유임야라고 추정된 337만 5,662정보 등 합계 347만 2,362정보에 이르는 한국인의 사유토지가 조선총독부의 권력에 의해 약탈당해서 조선총독부의 소유지로 강제 편입되었다.

일제가 ‘토지조사사업’에 의하여 한국 전 국토의 50.4%를 조선총독부 소유지로 약탈한 것은 자본 지출이 전혀 없이 식민지강점의 무력과 권력으로 무상(無償) 약탈한 것만을 계산한 것이었다. 따라서 여기에는 한국에 침입한 일본인 민간 회사지주들과 일본인 이민자들이 점유한 토지면적은 물론 전혀 계산에 포함되지 않은 것이었다.

일제의 ‘토지조사사업’은 또한 소작농민의 ‘관습상의 경작권’을 전면 부정하고, 소작농의 소작지에 대한 어떠한 권리도 인정치 아니했다. 그

---

59) 《朝鮮總督府統計年報》, 1918 年度, pp.3~4 참조.

결과 한국 소작농민의 사회경제적 지위는 '토지조사사업'으로 말미암아 더욱 불안정하게 되었다. '토지조사사업'에 의하여 농업인구의 토지에 대한 비율은 변하지 않았음에도 불구하고 '관습상의 경작권' 상실로 과거 무기한이었던 소작기간이 기본적으로 1년 단위로 되어 한국 소작농민의 지위가 극도로 불안정하게 되었다. 이 때문에 토지수요자로서 소작농의 소작지 획득경쟁이 갑자기 격화되었으며, 이것은 소작조건을 악화시키는 중요한 요인으로 작용하게 되었다.

또한 일제의 '토지조사사업'은 한국 소작농민의 '도지권(賭地權)'을 아무런 보상도 하지 않고 부정하여 소멸시켜 버렸다. 도지권 소유 소작농민이 일제의 이러한 정책에 완강히 저항하자, 일제는 도지권을 '영소작권(永小作權)'으로 인정하기로 결정하여, 도지권 소유 소작농에게는 20~50년의 장기간 소작권을 인정하도록 하였다.[60] 그러나 20~50년이라는 소작기간 보장 정도는 그때까지의 '관습의 경작권'만으로도 보장되는 것이었으며, 농민의 '도지권'은 이러한 미약한 소작권이 아니라 아래로부터 성장하고 있던 소작농들이 정립한 소유권의 일종이었기 때문에 끊임없이 도지권 분쟁이 일어나게 되었다.

일제의 '토지조사사업'은 또한 국유미간지와 무주한광지(無主閑曠地)에서 한국 농민들의 개간권을 전면 부정하고 소멸시켜 버렸다.[61] 그 결과 조선왕조 말기까지 한국 농민은 국유미간지·무주한광지를 개간하여 농민적 토지소유·자작사유지를 정립하고 자작농이 되었었는데 반하여, 일제 아래에서는 국유미간지·무주한광지를 개간해도 조선총독부의 소작농으로 규정되어 조선총독부에 소작료를 납부하지 않으면 안되었다. 한국 농민들은 일제의 '토지조사사업'에 의하여 농민들이 외연적으로 농민적 토지소유를 정립시켜 나가는 개간권이라는 중요한 권리

---

60) 朝鮮總督府, 《朝鮮의 小作慣行》(下), pp.135~142 참조.

61) 愼鏞廈, 〈日帝下의 '朝鮮土地調査事業'과 農民의 耕作權·開墾權·賭地權·入會權〉 참조.

를 박탈당하게 된 것이었다.

일제의 '토지조사사업'은 또한 농민의 '입회권(入會權)'을 부정하여 소멸시켜·버렸다.62) 그리하여 일제 아래 한국 농민들은 무주공산이나 공유지에 자유롭게 들어가서 연료 채취, 토석 채취, 가축 방목… 등을 자유롭게 할 권리를 상실하였다. 결국 일제의 '토지조사사업'은 방대한 규모의 한국 농민들 토지를 약탈했을 뿐 아니라 그들이 토지에 대하여 정립해서 발전시키고 있던 모든 권리들도 박탈하여 완전히 무권리한 상태에 몰아넣은 것이었다.

일제의 '토지조사사업'은 이상과 같이 조선 농민들의 모든 중요한 권리들을 박탈한 반면에, 지주의 사유권은 일물일주(一物一主)의 원칙에 의하여 배타적 사유권으로서 재법인해 줌으로써 지주의 권익만을 엄호해 주어 일본 제국주의와 한국인 지주 사이의 구조적 응착을 형성하였다.

조선왕조 말기까지 한국 농민들의 자주적 성장은 지주의 사유권 확립과 전개에 병행하여, 한편으로 그것을 제약하고 파들어가면서 자주적 근대체제를 향한 농민의 권리들도 현저히 신장시키고 있었다. 이들 권리는 한국 농민들의 장기에 걸친 사회경제적 성장의 결과로 정립·발전하고 있던 것들이었으므로, 만일 토지조사사업이 한국사회의 필요에 의해서 독립된 한국 정부에 의하여 농민의 입장과 권익을 고려하면서 실시되었으면 당연히 법인 받아야 할 중요한 권리들이었다. 그러나 일제의 필요에 의하여 식민지 정책의 일환으로 외부로부터 강요되면서 지주적 방법에 의하여 농민의 권익과 요구를 전적으로 무시하고 강행된 일제의 '토지조사사업'은 식민지 통치 권력과 무력으로 농민의 토지를 약탈하고 권리들을 완전히 부정하면서 지주의 권익과 지주제도만을 엄호한 것이었다.

---

62) 朴文圭, 前揭論文 참조.

일제는 이러한 방법의 '토지조사사업'을 실시하여 조선총독부 자신이 일반농경지에 대해서만도 1918년 12월 현재 13만 7,225정보의 소작지와, 30만 7,800여 호의 소작농을 거느린 국내 최대지주가 되었다.[63] 30만 7,800여 호의 소작농은 당시 총 농가호수의 약 10.7%에 해당하고, 순소작농호수의 약 28.7%에 해당하는 방대한 규모의 것이었다. 일제 조선총독부는 또한 '토지조사사업'에 의하여 은결(隱結)을 찾아내어 지세 징수의 원천을 대폭 확대하고 식민지 조세수탈을 강화하였다. '토지조사사업'의 결과 파악된 농경지 면적은 답이 154만 5,594정보, 전이 279만 1,510정보, 기타가 40만 4,293정보로, 합계 487만 1,071정보에 달하였다.[64] 이것을 1910년 말의 과세지 면적과 비교해 보면, 답이 83.3%, 전이 79.1%, 전 토지에 대하여 80.7%가 증가한 것이었다. 이러한 과세지 면적의 증가는 일제 조선총독부의 재정수입을 대폭 증가시켰다.

일제는 한국 전 국토의 50.4%에 해당하는 광대한 면적의 토지를 무상으로 약탈하여 조선총독부 소유지로 만든 뒤에 이를 일본 회사들과 일본인 이민자들에게 저렴한 가격으로 불하하여 일본인 지주회사와 일본인 지주들을 거대한 규모로 편성했으며, 일본인 지주들과 회사 지주들을 통하여 토지점탈과 한국농민에 대한 착취를 더욱 강화하였다.

일제의 농업부문에 관련된 식민지정책은 기본적으로 한국농촌을 일본의 식량·원료의 공급지와 독점적 상품시장으로 개편하는 것이었다. 일본 공업화를 위하여 필요한 식량·원료를 한국에서 더 많이 착출해 가기 위하여 일제는 한편으로 '산미증식계획'을 비롯한 식량·원료증산정책을 강행해서 증산된 부분보다 더 많은 식량·원료를 일본으로 약탈해 가면서, 다른 한편으로 식량을 최대한 약탈할 수 있는 사회경제제도로서 반봉건적 지주제도를 무력으로 적극 엄호하였다.

---

63) 朝鮮總督府, 《小作農民에 關한 調査》, p.2의 31 참조.
64) 朝鮮總督府臨時土地調查局, 《朝鮮土地調查事業報告書》, p.672 참조.

7. 일제강점기의 지주제도와 농민층의 분해

일제강점기 지주제도는 농촌사회의 기본제도였을 뿐 아니라 이 시기 한국의 전체 사회에서도 가장 중요한 기본적 제도 가운데 하나였다.[65] 예컨대 1920년의 경우를 보면, 한국 총 인구 가운데에서 82.6%가 농민 (농업인구)이었는데, 이 가운데에서 3.3%만이 지주였고, 77.2%가 순소작농 및 자소작농으로서 넓은 의미의 소작농층을 형성하고 있었다. 즉 이 농민인구의 겨우 3.3%에 해당하는 지주가 답 총 면적의 64.3%와 전 총 면적의 43.3%를 소유하면서 총 농업인구의 77.2%를 지배하고 있었 던 것이다.[66] 또한 1930년의 경우를 보면, 한국 총 인구의 75.1%가 농민 이었으며, 이 가운데에서 겨우 3.6%의 지주가 답 총 면적의 66.6%와 전 총면적의 49.1%를 소유하고, 총 농업인구의 77.5%에 해당하는 순소작농 및 저소작농을 지배하고 있었다.[67]

일제강점거의 지주제도는 조선왕조 말기의 지주제도가 일제의 '토지 조사사업'을 거치면서 변용 이행된 것인데, 이제까지의 도작법(賭作法) 을 정조법(定租法), 병작법(倂作法)을 타조법(打租法), 집수법(執穗法)으 로 각각 이름을 바꾸었는바, 일제 아래 지주제도에서 조선왕조 말기의 지주제도와 크게 다른 특징을 몇 가지 들면 다음과 같다.

첫째, 이 시기 상품화폐경제의 현저한 농촌 침투와 지배에도 불구하 고 일제강점기의 지주제도에서 소작료율이 크게 상승하였다. 이러한 소 작료율의 상승 경향은 정조법·타조법·집조법의 모든 지주제도에서

---

65) ① 愼鏞廈, 〈韓國의 地主制度에 관한 一研究-日帝下의 土地小作制度에 대하여-〉, 《經
　　　濟論集》 5의 3, 1966.
　　② ──────, 〈日帝下의 地主制度와 農民階層의 分化〉, 《韓國近代社會史研究》(一志社),
　　　1987.
　　③ 鄭然泰, 〈1910년대 일제의 農業政策과 植民地 地主制〉, 《韓國史論》 20, 1988 참조.

66) 《朝鮮總督府統計年報》 1920 年度 및 《朝鮮의 農業》(朝鮮總督府農林局), 1920年度에서
　　計算함.

67) 《朝鮮總督府統計年報》 1930年度 및 《朝鮮의 農業》 1930 年度에서 계산함.

나타났고, 모든 지역에서 나타났으며, 특히 정조법과 집조법에서 소작료의 높은 증가율이 나타났다. 조선왕조 말기의 지주제도에서 '도지법'이라고 불리었던 정조법과 집조법은 총 생산량의 33%를 표준으로 하여 점차 내려가는 추세에 있었는데, 이것이 1920년대부터는 생산량의 50%를 상회하고 1930년대에는 생산량의 60%에 이르게 되었다.[68] 타조법에서도 소작료율이 원칙적으로는 생산량의 50%였다고 하나 여기에 조세공과, 비료·종자대 등을 소작농에게 부담시키는 경향이 현저히 증가하여 실제의 소작료율은 생산량의 55~60%에 이르렀다. 즉 조선왕조 말기 33~50%이던 소작료율이 일제강점기에는 55~60%로 현저히 상승한 것이었다. 특히 수리조합 권내에 있던 소작지에서는 소작료율이 명목상 생산량의 50%인 경우에도 실제로 수리비의 부담을 소작인에게 전가하여 오히려 수리조합의 영향 아래 있던 소작지의 소작료율이 생산량의 평균 60%에 달하는 고율이었으며, 이 영향으로 수리조합에 들어 있지 않았던 소작지에서도 소작료율의 상승 경향이 촉진되었다.

둘째, 일제 아래 지주제도에서는 이모작의 이작(裏作)에 대한 소작료가 징수되었다.[69] 조선왕조 말기까지에는 이모작이 남부지방에서 성행되었음에도 불구하고 이에 대해서는 소작료를 징수하지 않은 것이 관행이었다.[70] 그러나 일제 아래에서는 이모작 이작의 수확에도 소작료가 징수되어 충청남도에서는 이모작 이작 생산량의 약 40~50%에 달했으며,[71] 경상남도의 경우에는 33~42%,[72] 전라남도의 경우에는 정조법의 경우에 약 30~50%,[73] 타조법의 경우에 약 50%를 징수하였다.[74] 그 밖

---

68) 朝鮮總督府,《朝鮮의 小作慣行》上卷, p.155 참조.

69)《忠淸南道小作慣行調査書》, p.93 참조.

70)《全羅北道益山沃溝郡管內小作制度에 關한 件》, p.21 참조.

71)《忠淸南道小作慣行調査書》, pp.103~106 참조.

72)《慶尙南道小作慣行調査書》, pp.148~150 참조.

73)《全羅南道小作慣行調査書》, p.80 참조.

74)《全羅南道小作慣行調査書》, p.76 참조.

에 전국 다른 지방의 이모작 이작 소작료율도 대체로 이와 비슷하다고 보고되었다. 이모작 소작료는 보통 '모도(牟賭)'·'모세(牟稅)'라고 불렸는데, 소작농민에게 새로운 큰 부담과 착취가 되었으므로 일제치하 소작농민운동의 내용에는 이모작 소작료(모세)의 폐지도 중요한 운동 목표의 하나로 들어가게 되었다.[75]

셋째, 일제 아래 지주제도에서는 소작농의 관습상의 경작권이 부정됨으로써 소작기간이 극히 단기로 되었다. 예컨대 다음 두 개의 자료만을 들어 보아도 그 사정을 알 수 있다.

(전라남도 지방) 지금으로부터 20~30년 전까지는 지주의 간망(懇望)에 의하여 소작인이 이를 경작한 것과 같은 상태에서 자연히 소작기간도 정하는 일이 전혀 없었고, 소작은 영년(永年) 계속되었다. 그러나 그 뒤 역둔토 소작계약과 동척(東拓) 기타 영농회사 등에서 기간을 정한 중서제약을 실시하자 이를 모방하여 많은 소작인 역시 소작권 이동이 많음에 더하여 불안을 느껴 기간 설정을 요구하는 것이 점증의 경향이 있다.[76]

(경상남도 지방) 지금으로부터 25년 전까지는 지주의 간망에 의하여 소작인이 이를 경작한 상태에서 소작기간을 정하는 것은 전혀 없었고 소작은 당연히 영년(永年) 계속되었다. 그러나 역둔토 소작지의 소작기간을 설정하자 이를 모방하여 기간을 정하는 것이 있게 되고 그 뒤 동양척식주식회사 및 내지인(일본인-필자) 경영 농장 등이 소작기간을 정하였다. 특히 근시(近時) 인구의 증가와 농사의 진보에 수반하여 경지가 부족하고 소작권 이동이 많아서 소작기간 설정을 요구하는 일이 심하게 되고 점차 증가의 경향이 있다.[77]

---

75) 《東亞日報》, 1923년 10월 31년자, 〈三鎭勞動共濟〉 참조.

76) 《全羅南道小作慣行調査書》, p.56.

77) 《慶尙南道小作慣行調査書》, p.123.

위에서 든 자료 이외에 그 밖의 전국 각 지방의 소작관행 조사보고서들도 거의 동일한 사실을 보고하였다. 그러면 조선왕조 말기까지 '영년계속(永年繼續)'되었던 소작농의 소작권이 일제 아래 지주제도에서는 어느 정도의 기간으로 변동되었는가? 일제 측 자료에서 보면, 황해도 지방에서는 1~3년,[78] 경기도 지방에서는 3~5년,[79] 강원도 지방에서는 2~3년,[80] 평안남도 지방에서는 5~10년,[81] 평안북도 지방에서는 1~3년,[82] 함경북도 지방에서는 1~3년,[83] 함경남도 지방에서는 1~4년,[84] 경상북도 지방에서는 3~5년,[85] 경상남도 지방에서는 2~5년,[86] 충청북도 지방에서는 2~5년,[87] 충청남도 지방에서는 1~5년,[88] 전라북도 지방에서는 1~2년,[89] 전라남도 지방에서는 2~5년[90] 등으로 보고되었다. 더욱 주목해야 할 것은 이 짧은 소작기간도 그 변동의 추세는 1~2년으로 더욱 단기화하고 있었다는 사실이다.

(전라남도) 근시 소작권의 이동이 격증하여 1~2년 동안으로서 이동하는 것이 점차 증가하고 연수(年數)가 단축되어 가고 있는 중이다.[91]

---

78) 《黃海道小作慣行調査書》, p.30 참조.

79) 《京畿道小作慣行の數字的調査》, p.7 참조.

80) 《江原道小作慣行調査書》, p.36 참조.

81) 《平安南道小作慣行調査書》, p.47 참조.

82) 《平安北道小作慣行調査書》, p.84 참조.

83) 《咸鏡北道小作慣行調査書》, p.55 참조.

84) 《咸鏡南道小作慣行調査書》, p.42 참조.

85) 《慶尙北道小作慣行調査書》, p.40 참조.

86) 《慶尙南道小作慣行調査書》, pp.125~126 참조.

87) 《忠淸北道小作慣行調査書》, p.57 참조.

88) 《忠淸南道小作慣行調査書》, p.65 참조.

89) 《全羅北道小作慣行調査書》, p.65 참조.

90) 《全羅南道小作慣行調査書》, p.57 참조.

91) 《全羅南道小作慣行調査書》, p.58 참조.

(경상북도) 근시 소작권의 이동이 격증하여 1~2년 동안으로서 이동하는 것이 점차 증가하고 연수가 단축되어 가고 있다.92)

(경상남도) 근시 소작권의 이동이 격증하여 1~2년으로서 이동하는 것이 점차 많고 따라서 연수가 단축되어 가고 있다.93)

(황해도) 근년 지주 측에서는 소작권 쟁탈 등에 분주한 소작인을 이용하여 소작료를 인상하고 기타 부수입을 도모하기 위하여 소작권의 이동·박탈 등이 격증하여 1~2년 동안에 이동하는 것이 점차 많아지고 소작연수가 단축의 경향이 있다.94)

일제 아래 지주제도에서 지주와 소작인의 사회관계는 신분적 주종관계가 아니라 경제적 계약관계였다. 그러나 이전의 양반지주와 천민소작인 사이에는 사회관습으로서 신분적 주종관계의 '유제(遺制)'가 일부 잔존하였다. 지대의 수취에서 비록 신분적 경제외적 강제는 해체되었다 할지라도 소작료율은 총 생산량의 55~60%로 더욱 상승하여 잉여생산물 '전부'를 지주가 직접 수취했으며, 소작료 형태도(1930년의 경우) 현물소작료가 답에는 93.2%, 전에는 92.1%에 이르렀으며, 화폐소작료의 비중은 미미하였다.95) 일제 아래 지주제도는 신분적·경제외적 강제라는 봉건적 요소가 법제적으로 해체되었다 할지라도 잉여생상물의 전부를 초과하는 더욱 상승된 고율소작료와 현물소작료라는 봉건적 요소가 강인하게 엄존하여 응고되었다는 측면에서 일종의 '반(半)봉건적 지주제도'라고 볼 수 있다.

또한 일제하 반봉건 지주제도에서 지주는 일제의 '조선산미증식계획(朝鮮産米增殖計劃)' 등 식량증산정책의 강행과 더불어 고리대자본의

---

92) 《慶尙北道小作慣行調査書》, p.40 참조.

93) 《慶尙南道小作慣行調査書》, p.126 참조.

94) 〈黃海道小作慣行調査書〉, p.30 참조.

95) 《朝鮮의 小作慣行》, 上, pp.104~105 참조.

기능을 동시에 중첩하여 수행했으며, 이 시대의 소작료에는 본래의 지대(地代) 이외에 고리대적 성격의 이자가 첨가되었다. 이것은 일제의 식민지정책으로 말미암아 첨가된 것으로서, 소작료율을 더욱 상승시켜 새로운 농업 생산자재의 투입에 의한 생산증가분을 지주가 즉각 소작료로 흡수하여 궁극적으로 일본으로 실어가는 사회경제적 기구로 되었다. 이러한 측면에서 일제하 반봉건 지주제도는 곧 '식민지 반(半)봉건지주제도'라고도 말할 수 있다.

일제하에서는 일제자본이 광범위하게 한국농촌에 침입하여 농장회사를 차리고 회사지주들이 되었는데, 일본인 연구자들 가운데에는 한국인 개인지주와는 달리 일본인 회사지주는 '자본주의적 지주',96) '전형적인 자본주의적 기업자',97) '자본제적 경제기구를 창조한 개척자',98) '기업적 지주'99)라고 강조해 왔으며, 그 근거로 일본인 회사지주들이 소유했던 '소작농장'이 제시되어 왔다. 그리하여 일본인 연구자 가운데에는 일본인 '소작농장' 지주를 '제1형 지주'라고 부르면서 한국인 지주를 가리키는 '제2형 지주'와는 달리 일본인 제1형 지주는 '자본주의적인 기업가'100)라고 역사적 성격을 특징짓기도 하였다. 그러나 그들의 한국토지에 대한 점유 자금의 원천이 자본가이든 재벌이든 관계없이, 일단 그들이 회사지주가 되어 이른바 '소작농장'에서 한국인 소작농과 가진 사회관계와 생산관계는 소작인에게서 반봉건 지대를 징수하는 반봉건적 지주였으며, 여기에 농업생산의 주체이고 담당자이며 책임자인 한국 소작농민에게 일제의 식민지정책에 따라 농업자재를 선대(先貸)하여 고리대 이자와 상업이윤을 수취하는 고리대자본과 상업자본의 기능을 중첩하

---

96) 久間建一, 〈巨大地主의 農民支配〉, 《朝鮮農政의 課題》, 1942, p.284.

97) 久間建一, 〈巨大地主의 農民支配〉, 《朝鮮農政의 課題》, 1942, p.284.

98) 久間建一, 〈巨大地主의 農民支配〉, 《朝鮮農政의 課題》, 1942, p.284.

99) 久間建一, 上揭書, p.283.

100) 鈴木武雄, 《朝鮮의 經濟》, 1942, pp.261~263 참조.

여 수행한 '식민지 반봉건제도'에 불과하였다. 이렇듯 일제하 한국에서 일본인 농장회사의 지주제도는 일종의 전형적인 '식민지 반봉건지주제도'의 하나라고 볼 수 있다.

일제하 식민지 반봉건 지주제도 아래에서 농민의 가계수지는 적자였으며 사회경제생활은 비참하였다. 예컨대 호경기인 1925년의 경우를 보면, 자작농은 간신히 적자상태를 면했으나, 0.3정보 이하의 자작 겸 소작농과 3정보 이하의 모든 순소작농은 적자상태였다.101) 또한 공황기였던 1931년에는, 비단 자작 겸 소작농 및 순소작농 뿐만 아니라 자작농도 모두 적자였다.102) 따라서 이러한 농민들은 이듬해의 농업 재생산을 위해서는 적자부분을 부채로 메울 수밖에 없었으므로 일제하 한국 농민들은 어떠한 농민계급이든지간에 부채농이 되지 않을 수 없었다.

일제하 한국 농민들의 이러한 가계 적자와 부채농 상태는 수확 직후에 채무변제 등을 위하여 생산물을 궁박판매(窮迫販賣)하지 않을 수 없게 만들었기 때문에 그들은 이듬해 봄이 되면 벌써 '절량농가(絶糧農家)'가 되어 아사선상에서 헤매게 되었다. 일제하 한국 농촌사회에서 '보릿고개'(춘궁기)라고 불린 절량기(絶糧期)는 모든 농민들이 해마다 직면한 아사상태의 고개였다. 예컨대, 1930년 전국 통계를 보면, 자작농의 18.4%, 자소작농의 37.5%, 순소작농의 68.1%가 이른 봄부터 절량상태가 되어 아사의 지경에 놓이게 되었다.103) 그들이 생명을 유지하려고 풀뿌리와 나무뿌리를 벗겨 먹으며 문자 그대로 초근목피로 연명하는 중에 많은 농민들이 아사하거나 또는 기아로 말미암아 병사하였다.

이러한 농민의 빈곤 및 식민지 반봉건 지주제도의 전개와 관련하여 농민계층의 분해가 빠르게 진행되었다. <제2표>에서 볼 수 있는 바와 같이 몇 가지 특징을 들면 다음의 경향들이 특히 주목되는 것이다.

---

101) 朝鮮總督府, 《韓國의 小作慣習》 p.38 참조.

102) 朝鮮農會, 《農家經濟調査》에 의함.

103) 《朝鮮에 있어서의 小作에 關한 參考事項摘要》, 1932, p.24 참조.

〈제2표〉 일제 강점기 농민계층별 농가호수의 비율(단위: %)

	지주	자작농	자소작농	소작농	농업 노동자	소작 겸 화전민	순 화전민
1913	3.1	22.8	32.4	41.7			
1914	1.8	22.0	35.1	41.1			
1915	1.5	21.7	40.8	36.0			
1916	2.5	20.1	40.6	36.8			
1917	2.8	19.6	40.2	37.4			
1918	3.1	19.7	39.4	37.8			
1919	3.4	19.7	39.3	37.6			
1920	3.3	19.5	37.4	39.8			
1921	3.6	19.6	36.6	40.2			
1922	3.7	19.7	35.8	40.8			
1923	3.7	19.5	35.2	41.6			
1924	3.8	19.4	34.6	42.2			
1925	3.8	19.8	33.2	43.2			1.2
1926	3.7	18.7	31.8	42.5		2.1	1.0
1927	3.7	18.1	31.7	42.4		3.1	1.2
1928	3.6	17.7	30.9	43.9		3.2	1.2
1929	3.5	17.4	30.5	44.1		3.3	1.3
1930	3.5	17.0	30.0	45.0		3.2	1.4
1931	3.5	16.2	28.8	46.9		3.2	20.
1932	3.5	15.7	24.6	51.1		3.1	20.
1932		18.4	24.9	51.8	2.9		2.8
1933		18.1	24.1	51.9	3.1		2.7
1934		18.0	24.0	51.9	3.4		2.5
1935		17.9	24.1	51.9	3.6		2.4
1936		17.9	24.1	51.8	3.8		2.4
1937		18.0	25.1	51.7	3.8		2.3

1938		18.1	23.9	51.9	3.8		2.3
1939		17.9	23.7	52.4	3.7		2.2
1940		18.1	23.3	53.1	3.3		1.9
1941		17.9	23.5	53.7	3.0		1.9
1942		17.3	23.9	53.8	3.1		1.7
1943		17.6	27.8	48.6	4.3		2.2
1944		13.9	34.7	49.2			2.7
1945		13.8	34.6	48.9			

첫째, 자작농층이 자소작농 및 순소작농으로 전락하는 현상이 광범위하게 일어났다. 자작농의 비중은 1913년의 22.8%로부터 '토지조사사업'이 종료된 1918년에는 19.7%로 급속히 감소했으며, 농업공황이 휩쓸었던 1932년에는 15.7%로 다시 급속히 감소하였다. 자작농의 몰락에 당황한 일제는 이를 호도하기 위하여 1932년 이른바 '자작농창정계획(自作農創定計劃)'을 수립하기도 하고,104) 이른바 '농촌진흥운동'을 표방하기도 했으며,105) 통계처리 방법을 변경해 재촌지주(在村地主)를 자작농의 범주에 넣어서 1932년의 자작농 비중을 15.7%로부터 18.4%로 수정 발표하기도 하였다. 그럼에도 자작농의 몰락은 계속 심화되어 1944년의 자작농 비중은 13.9%로 급속히 감소하였다.

둘째, 자소작농이 순소작농으로 몰락하였다. 1915년까지는 자작농이 자소작농으로 몰락하여 자소작농층의 범주에 들어갔기 때문에 총 농가 호수에 대한 자소작농층의 비중은 1913년의 32.4%로부터 1915년 40.8%로 오히려 증가하였다. 그러나 1916년부터는 한편으로 자작농이 몰락하

---

104) 朴明圭, 〈日帝下 自作農創定計劃에 관한 고찰〉, 《韓國學報》 37, 1984 참조.

105) 韓道鉉, 〈1930년대 '農村振興運動'의 성격〉, 韓國社會史學會論文集 2, 《한국근대농촌 사회와 일본제국주의》(문학과 지성사), 1986 참조.

여 자소작농층의 범주로 유입되어 들어옴에도 불구하고 자소작농이 순소작농으로 몰락하는 정도가 격심하여 총 농가호수에 대한 자소작농가의 비율은 1916년의 40.6%에서 1928년에는 30.9%로, 1932년에는 24.6%로, 1942년에는 23.9%로 격감하였다. 일제하 농촌사회에서 자소작농층의 몰락이 얼마나 격심했는가를 여기서 잘 알 수 있다. 일제하 한국농촌에서 자소작농층은 반봉건적 지주제도의 수취와 일본제국주의의 자본주의적 수취의 이중의 중압을 가장 직접적으로 받은 계층의 하나였다. 이 때문에 자소작농층의 몰락은 다른 어떤 계층보다 격심하고 가속적이었다.

셋째, 농민계층의 분해에서 가장 충격적인 사실은 순소작농층의 격증이었다. 총 농가호수에 대한 순소작농의 비율은 1915년의 36.0%에서 1918년에는 37.8%, 1925년에는 43.2%로, 1932년에는 51.1%, 1942년에는 53.8%로 증가하였다. 즉 조선왕조 말기에는 총 농가호수에 대한 순소작농의 비율이 약 3분의 1이었는데, 일제치하에서는 그 비율이 2분의 1을 훨씬 초과하게 격증한 것이었다.

이 순소작농층과 자소작농층을 합쳐서, 일단 소작관계에 들어간 농민층의 총 농가호수에 대한 비율을 보면, 1932년을 기준으로 할 때 무려 76.7%에 이르렀음을 알 수 있다.

넷째, 일본인 지주의 급격한 증가와 한국인 지주의 몰락이 펼쳐졌다. 200정보 이상 대지주층의 경향을 보면, 일제자본의 한국인 토지점유에 의한 일본인 대지주화가 급속히 진전되다가 1930년 무렵 세계대공황을 만나자 이를 기회로 악용하여 일본인 대지주화는 더욱 빠르게 진전되었으며, 반면에 한국인 대지주는 이러한 계기에 부딪칠 때마다 점차 몰락과정을 거치었다.106) 또한 중소지주층의 경우를 보면, 한국인 중소지주

---

106) ① 金泳謨, 〈日帝下의 地主階層〉,《韓國의 社會와 文化》, 7, 1986.
　　 ② 金錫俊, 〈東洋拓植會社의 사업 전개과정〉, 韓國社會史學會論文集 제2집,《한국농촌사회와 일본제국주의》(문학과 지성사), 1986.

는 세계대공황 이전까지는 일제의 지주 엄호지원정책의 영향으로 증가
하다가 세계대공황 이후에는 급속히 몰락하게 되었으며, 반면에 일본인
중소지주는 일제 초기부터 빠르게 증가하다가, 세계대공황을 만나 농산
물 가격과 토지 가격이 빠르게 하락하자 한국인 자작농의 토지뿐만 아
니라 한국인 지주들의 토지까지도 더욱 급속히 점유하여 경제기구를 통
한 토지약탈을 자행해서 더욱 급속히 증가하였다. 즉 지주계급에서도
일제하 전 기간에 걸쳐 일본인의 지주화가 빠르게 진전되고 한국인 지
주는 1928년 이전까지만 증가했으며 1929~1930년 이후부터는 지속적
으로 급격한 몰락이 진전된 것이었다.

　위에서 고찰한 농민계층 이외에도 농촌사회의 주요 계층으로 농업노
동자와 화전민 계층이 있었다. 농업노동자층은 '머슴'과 '근대적 농업노
동자'의 두 개 집단으로 나눌 수 있다. '머슴'은 전통적 농업노동자의 성
격이 강한 것으로서 지주나 부농의 직영지에서 가족노동력 부족의 보충
양식으로 존재했었으며, 이미 조선왕조시대부터 존재하여 일제 아래서
도 널리 존재했었다.

　'근대적 농업노동자'는 주로 비옥한 평야지대에서 농번기에 농업노동
에 고용당하는 임금노동자층이었다. 일제 아래에서는 소작지마저 잃고
토지에서 완전히 분리된 이전의 소작농이나, 또는 극소 면적의 소작지를
경작하고 있지만 도저히 생계를 유지할 수 없는 영세소작인이 소작지를
포기하고 평야지대를 유랑하면서 농번기에 경작과 이앙과 제초와 수확
등 농업노동에 고용되어 마침내 농업노동자층을 형성하게 되었다. 이러
한 근대적 농업노동자층의 전국 통계는 1932년부터 발표되고 있지만, 이
때에 농업노동자층이 새로 형성된 것이 아니라 이미 조선왕조 말기부터
형성되어 일제 아래에서는 하나의 상당히 큰 계층을 형성하기에 이르렀

---

③ 尹秀鍾, 〈日帝下 日本人 地主會社의 농장경영 분석〉, 韓國社會史學會論文集, 제12
　집,《일제하의 사회계급과 사회변동》(문학과 지성사), 1988.
④ 張失源의 《日帝下 大地主의 存在形態에 관한 연구》, 1989 참조.

던 것이다. 이러한 '근대적 농업노동자층'은 1937년의 경우에 약 11만 7천 호(약 50만 명)에 달했으며, 전체 농가호수에 대하여 전국적으로는 약 3.8%, 평야지대에서는 약 5%의 비율을 점하고 있었다.107)

화전민은 토지를 잃은 농민들이 농촌에서 소작인 또는 농업노동자가 되거나 도시로 나가 유랑하지 않고, 산간으로 올라가서 임야에 불을 놓아 화전을 일구어서 잡곡을 재배하며 생계를 유지하다가 지력(地力)이 고갈되면 다른 산간임야로 이동하여 화전을 일구면서 생계를 유지한 특수한 농민계층이었다. 일제 아래에서는, 예컨대 1937년의 경우에, 약 7만 5천 호(약 35만 명)의 화전민이 존재하였다.108)

일제의 한국 농민들에 대한 식민지 수탈정책으로 말미암은 이러한 한국 농민들의 비참한 실태 위에, 일제는 1941년 태평양전쟁을 도발하여 제2차 세계대전이 아시아·태평양에서도 본격화되자 이른바 '공출제도(供出制度)'라는 것을 만들어서 한국 농민들로부터 미곡 등 식량과 각종 농산물을 백주에 약탈해 갔으며, 군수물자에 쓰기 위해 숟가락·밥사발·대접 등 쇠붙이로 된 것은 모두 약탈해 갔다. 뿐만 아니라 일제는 한국 농민들을 군용도로와 비행장 설치 등 부역노동에 무상으로 강제 동원하고, 심지어 징용령을 만들어 한국 농민들을 일본과 남양군도, 사할린 등지로 끌고 가서 주로 탄광, 각종 금속광산·군수공장·철도공사·군사도로공사·비행장공사·항만공사·군사기지공사 등에 투입하였다. 일제에 의해 1939~1945년 사이에 한국인으로서 한반도 안의 일제 작업에 강제 노력동원된 한국인은 약 480만 명에 이르렀으며, 일본과 남양군도 등에 노동력으로 강제연행된 한국인은 약 153만 명에 달했다.109) 일제에 '징용'당한 한국 농민들은 극악한 노동조건과 일본군인들의 감시와 학대 속에서 사망자, 부상자, 질병이환자가 속출하였다. 일제

---

107) 《朝鮮總督府統計年報》 1937年度에서 계산함.

108) 姜萬吉, 《日帝下 貧民生活史硏究》(創作社, 1987) 참조.

109) 朴慶植, 《日本帝國主義의 朝鮮支配》(청아출판사, 1986), p.359 참조.

는 '군사기밀'이라고 하여 징용 당했다가 사망한 한국인의 사망통지도 해주지 않아서 정확한 통계를 파악할 수 없으나, 현재 일본과 남양군도, 사할린 등지에서 사망한 것으로 판단되는 한국인 피징용자의 수는 일본측 통계로도 약 15만 명으로 추산되고 있다.

일제는 또한 1943년부터 이른바 '조선여자정신대(朝鮮女子挺身隊)'라는 것을 만들어서 12세부터 40세까지의 한국 농촌 처녀들과 부인들 및 농촌 출신 공장 여공들을 군수공장에 끌고 갔고, 그 대부분은 '종군위안부'로 끌고 가 희생시키는 만행을 자행하였다.

일제의 이러한 착취와 박해와 만행에 대항하여 한국 농민들은 3·1독립 운동 등 민족독립운동, 소작쟁의, 농민조합운동, 농민사운동…… 등으로 1945년 8·15까지 완강하게 반항투쟁을 전개한 것이었다.[110]

8. 맺음말

이상에서 살펴본 바와 같이, 소농경영의 경제적 빈곤 속에서도 조선왕조 말기까지 사회적 지위, 농민적 권리, 농민적 토지소유, 농민적 자치 등에서 근대를 향해 아래로부터 자주적으로 꾸준히 상승하고 있던 한국 농민들의 성장은 일제의 식민지 병탄과 '토지조사사업' 그리고 식민지 농업수탈정책으로 말미암아 탄압당하고 좌절되어 버리고 말았다.

특히 일제의 '토지조사사업'과 식민지 농업수탈정책과 식민지 반(半)봉건 지주제도의 엄호는 한국 농민들을 몰락시키고, 농촌사회를 극단적인 빈곤 속에 정체시켰으며, 반봉건적 사회관계를 온존시키면서 농촌사회와 농민문화의 자유로운 자주적 발전을 극도로 억압하고 저지하였다.

한국 농민들이 일제의 반봉건적 지주제도를 철폐하기 위하여 끊임없

---

110) 姜萬德,《日帝下 農民運動의 一研究》, 1989 참조.

이 소작쟁의와 각종 농민운동을 전개했음에도 불구하고 1945년까지 이 제도가 엄존하여 지속될 수 있었던 비밀은, 이 폐해 많은 반봉건 지주제도가 일본 제국주의를 위하여 일본으로 수탈해가는 식량의 극대화를 달성하는 데 가장 적합하고 효율적인 제도로 일제에 의해 판단되어 엄호되었기 때문이었다. 한국 농민들의 식량소비 수준을 기아선상까지 최저수준으로 절하시키고 최대한의 잉여생산물을 척출하여 이것을 수집해서 일본으로 실어갈 수 있는 제도로서는 총생산물의 55~60%를 현물소작료로 징수 · 수취하는 반봉건적 지주제도가 매우 적합한 제도였다. 일본 제국주의의 처지에서는 한국의 식민지 반봉건 지주제도는 일본 경제발전에 소요되는 막대한 부족식량을 가장 효율적으로 최대한 수집해서 공급해 주는 사회경제제도였다. 그 대가는 일본 공업제품을 지주계층에 판매함으로써 자동적으로 결제되었으며, 이것은 동시에 한국을 일본의 독점적 식민지 상품시장으로 편성하는 길이기도 하였다. 이 때문에 일제는 무력으로 이 제도를 극력 엄호하고 옹호한 것이었다.

조선 농민들이 소작쟁의와 각종 농민운동을 통하여 지주제도를 철폐하려고 분투했으나 성공하지 못했던 것은 일제 조선총독부의 무력적 탄압에 말미암은 것이었다. 또한 일제 아래에서는 매우 강력하고 견고한 제도로 보였던 이 식민지 반봉건 지주제도가 1945년 8 · 15 해방 뒤에는 갑자기 취약한 제도로 부각된 것은 바로 일제의 이 무력적 엄호체제가 갑작스럽게 무너진 것과 관련된 것이었다. 이러한 이유 때문에 이 폐해 많고 조선 농민들을 착취하며 조선 사회의 발전을 저해하고 있던 반봉건 지주제도는 일본 제국주의를 한국에서 몰아낸 1945년 이후 한국인들의 농지개혁에 의해서 비로소 철폐할 수 있었던 것이다.

(《한국사시민강좌》 제6집, 1990)

찾 아 보 기